上海市紧缺人才系列教材

企业信用管理

主编 李敏 张美灵 韩家平

復旦大學出版社

内容介绍

本书是上海市紧缺人才培训工程指定教材，全书以企业信用管理为中心，收集了国内外信用管理的相关理论及实践经验，系统地论述了信用管理的概念、信用管理的模式以及信用管理的内容，具体包括客户管理、合同管理、赊销管理、担保管理、风险控制等方面的理论知识与操作实务。书中附有大量图表、案例，对读者更好理解教材内容具有辅助说明作用。

本书可以作为从事信用管理的领导及工作人员提高专业水平和管理能力的学习资料，也可以作为从事信用评估、资信评级的中介机构及从业人员的培训教材，还可作为社会各界人士、广大企事业单位职工学习和了解社会信用建设的必要性、重要性及信用评价体系的参考资料。

上海市信用评估分析师系列教材

序

随着我国国际化进程的加快，大力整顿和规范市场经济秩序，切实推进社会信用体系建设，为国民经济健康发展创造良好的信用环境已成为经济可持续发展的关键。

近年来，我国社会主义市场经济体系的法律体系初步形成，使市场经济由无序竞争走向有序竞争有了可能，为信用行为的记录和失信行为的惩戒提供了一个基本的法律规范。

马克思曾经说过，人是社会关系的总和。有了人类以后无外乎是人和人的接触，人和物的接触，人和各方面的接触，而这些接触都是按照双方的约定或法律规定来订出一定的处理办法。如果大家不讲信用，就根本没法处理这些关系，建立"信用经济"就成了无本之木，无源之水了。因此，中央和地方都把诚实守信纳入整个"社会诚信体系"建设的工程中，这充分说明了个人对社会的承诺，企业对客户的守信是全体公民的事情。从这个意义上说，只有在全社会倡导"守信为荣，失信为耻"的公民道德规范，发扬中华文明"一诺千金"文化精神，"信用经济"才有稳固的基石。

正是基于此，上海市人民政府 2003 年 8 月专门印发了《关于加强本市社会诚信体系建设的意见》和《上海市 2003—2005 年社会诚信体系建设三年行动计划》的文件。其中，加强行业信用管理和企业信用管理等内容占据了显著的位置，由此可见政府推进社会诚信建设的决心。

行业信用管理和企业信用管理是社会诚信体系的重要支撑。在操作运行层面，近年来，我国各主要大城市和沿海口岸，以信用评价为代表的信用评价中介机构的出现和发展，为我国市场经济向更高境界——信用经济过渡构建了广阔的实践平台。

为此，政府相关部门在转变政府职能，把社会公益性活动，诸如上海工商局系统的“重合同守信用”企业评比改变为由中介机构，按照国际通行三等九级标准进行信用专业评估的卓有成效的工作，已经开辟了符合中国国情的、具有国际标准的企业资信评价的新路。

上海是全国率先创新使用“企业合同信用评价体系”对企业合同信用状况进行评估的城市。在上海市工商行政管理局的关心下，以企业信用评价为主业的上海立信天友资信公司去年对沪上三千余家企业进行合同信用等级的评估，开拓了我国企业合同信用评估的新领域。

建设社会诚信体系，光大中华民族优秀的文化传统，是承前启后，关乎子孙后代的千秋大业，更是中国经济能否融入国际先进行列的制胜关键。要实现这宏伟蓝图，归根结蒂，还是落实在人才培养这个结点上，培养和造就一大批信用评估领域的专业人才已是摆在我国教学科研单位面前的重要课题。值得欣喜的是，在上海市紧缺人才办公室的支持下，上海市信用评估分析管理师考核办委托上海立信资产评估有限公司，荟萃业内专家、学者在总结以前工作经验及科研成果的基础上，编写了这套包括《企业信用管理》、《信用评估理论与实务》和《中国信用建设法律法规汇编》的系列教材，把我国企业信用评估、管理、科研的普及、深入到实处。

人才培养，教材先行。由于时间仓促及水平的局限，这套教材还会有许多不尽如人意的地方，希望能得到读者和专家的批评指正。

庄晓天

2004 年 5 月

前　言

市场经济的进一步发展使“信用”成为经济生活中日趋关注的问题。个人信用、企业信用、政府信用等等，但在其中都暴露出这样或那样的问题，显现出来更多的是制度的滞后、管理的缺陷和长期以来人们道德观念形成的不良习惯和思维定势。

随着社会经济的发展和市场经济的推进，“信用”已不再是一个抽象的名词，它与经济活动已经紧密相连，日渐成为经济活动链中不可缺少的一环。市场经济说到底就是信用经济。在市场经济条件下，如果离开“信用”两字，一切商品生产和商品交换就无法进行。特别是市场经济的发展需要信用制度来保障。2001年可以称为中国的信用年，在这一年的政府工作报告中，朱镕基总理在“十五”计划中专门提到了要加快我国信用体制的建设；2001 年的高考作文题目就是“我们还要不要诚信”；全国工商联、国务院发展研究中心、外经贸部计算中心等九家单位倡议将 9 月 19 日定为“诚信日”并征集百万企业签名；2001 年 9 月 19 日至 21 日，“中国信用经济论坛”在北京隆重召开，全国各地的新闻媒体对这些活动做了广泛的报道。广东省以汕头为试点，成立信用办采集企业数据，设立黑名单；浙江省计委和信息产业厅积极推进“信用浙江”建设，建立企业信用发布查询系统；2003 年 1 月深圳发布《深圳市个人信用征信及信用评级管理办法》。上海从 1999 年 8 月起，开始进行个人征信的试点。2000 年 7 月，作为当年上海市政府实事项目的个人信用联合征信系统建成开通，面向社会提供个人信用报告。2001 年 10 月，上海联合征信向企业信用建设延伸，进入拓展阶段。2002 年 3 月，上海企业信用联合征信服务系统开通试运行；同时，行业信用管理和社会诚信活动也取得较大进展。2003 年初，以上海市委提出建设社会诚信体系为标志，上海市社会诚信体系建设进入深化阶段，重点是在个人和企业信用联合征信服务系统建设的基础上，研究、推动建立覆盖社会经济生活各个方面的社会诚信体系。2003 年 8 月 6 日上海市人民政府印发《关于加强本市社会诚信体系建设的意见》、《上海市 2003 年～2005 年社会诚信体系建设三年行动计划》的通知。

近年来，全国许多省份和城市已经或正在逐步建立信用体系，建立一个良好的信用环境已经成为市场经济健康、持续发展的保证。

基于大量的信用管理咨询和诸多高级信用管理专家的参与设计，本书主要从信用管理的基本概念、管理模式和具体操作实施的流程来介绍企业信用管理的理论知识和操作实务，同时书中附了大量的图表、案例，希望能对更好地理解教材起辅助说明作用。

第一、二章简单介绍了信用、信用管理相关的基本概念，以及提高信用管理意识的意义进行分析，同时简单介绍了信用管理的基本过程、模式和内容，对信用管理进行总述。

第三章介绍了“3＋1”的信用管理模式，比较系统地介绍了如何开展信用管理工作。

第四章到第十章分别从资信调查、赊销管理、客户管理、合同管理、担保管理、内部控制和信用风险管理这七个不同的侧面来分别论述了信用管理工作的内容。

希望读者通过对本书的学习能够得到启发和帮助。

编　者

2004 年 5 月

目　录

第一章　概　论

学习提要：目前国内企业的失信现象非常严重，通过何种方式来解决这些问题是一个非常重要的课题。本章就信用管理相关的一些基本概念进行简单阐述，具体包括立足于经济学的角度对信用的解释、对中国信用失信现象的探讨、企业信用管理的内容、企业信用管理的职能和开展信用管理工作的意义等方面的内容。掌握这些知识对于进一步地了解和掌握企业信用管理的具体工作有非常重要的意义。

第一节　信用概述

一、信用概念

信用是现代经济活动的重要基础，是现代经济金融运行的平台。在现代市场经济中，信用作为买卖双方交易完成的根本保障之一，构成了契约关系的最重要的基础。随着信用关系的成熟和发展，现代企业间的交易方式已经从以现金支付方式为主，向以信用支付方式为主过渡。这是现代市场经济的显著特征之一。在发达的市场经济国家中，信用关系或信用方式已构成了企业间交易的主要形式。随着中国市场经济进一步发展和加入世界贸易组织，中国经济将进一步融入国际经济贸易范畴，以信用方式完成交易活动已成为必然。据统计，目前国际商业企业间的信用支付方式已经占到80％以上。正是从这个意义上来说，现代市场经济本质上也是信用经济。

信用到底是什么？我们该如何定义信用呢？

一般而言，信用(Credit)包含两层含义，一是狭义的信用，主要是各种借贷关系中恪守承诺的给付行为(如信用贷款、信用担保、信用消费等等)以及各种给付形式(如信用证、抵押、担保等)。二是广义的信用，即一般交往中的对承诺之事的如实履行以及对他人按照承诺之事行事的信赖。

在《辞海》中就信用从两个角度做了解释，从社会学角度讲：信用是遵守诺言，实践成约，从而取得别人对他的信任；从经济学角度讲：信用是以偿还为条件的价值运动的特殊方式。信用在传统意义上主要是指货币贷款，到期按时归还的"守时"原则。而在今天的市场经济中，信用本身已经成为一种商品，并成为资本或资本的载体，成为一种可以快速赚取利润的工具。信用的含义由开始的仁义、诚实的道德范畴已经逐步演化扩展到包含履约、交换和偿还的现代含义的社会、经济范畴。关于信用在学术界各个领域有不同的解释和定义。

所谓信用，从经济学的意义上讲，是指在商品交换过程中，交易的一方，以将来偿还的方式获得另一方财务或服务的能力。信用的根据是获得财务或服务的一方所做出的给付承诺。

信用是和商品生产、货币流通、市场贸易、资本借贷等市场经济关系相联系的范畴，在市场经济中，信用主要表现为资本借贷运动，是资本价值运动的一种特殊形式。其特点是：贷款者将货币贷给借款者，约期归还，借款到期后除归还本金外，还需支付一定的利息。在这种信用关系中，贷款者在贷出一笔资金的同时获得了一种权利，即可以要求借款人以后偿还一笔资金的权利，又称债权。借款人则承担以后偿还一笔资金的义务，又称债务。由于在经济活动中，货币被广泛地作为支付手段，所以这种债务偿还通常是用支付一定的货币金额来完成的。在比较成熟的市场经济中的大部分交易，都是以信用为中介的交易，因此信用是现代市场交易的一个必备的要素。

二、信用与诚信、信誉的区别与联系

我们对信用、诚信和信誉这三个词已经比较熟悉了，但在日常使用中常常会混淆起来，特别是信用和诚信在使用中有时竟无法区别和不可捉摸。这三者虽有联系却又是有所区别的。

1. 区别

信用是指社会行为主体之间的一种交易关系。信用是互生的，既有授信方，又有受信方。信用是价值运动的一种特殊形式。

诚信是指社会行为主体（如企业或个人）的一种自发、自愿的行为，是自己对他人的承诺，是一种行为规范。诚信是内生的，取决于自身的品德。

信誉是指社会主体由于自身的行为，而由外部给予的一种评价。信誉是外生的，来自于社会的评定和推断（估价）。

诚信是每一个社会主体的义务，而不是权利，但"信誉"有时可以是某些人的权利，"信用"是权利和义务的结合。

2. 联系

信用和诚信都是在“自愿”原则下支配，但诚信的程度却主要取决于信用关系的完善程度。信誉和信用大都需要通过第三方来确立，而诚信则不需要，诚信是信用制度的思想道德基础和精神支柱，诚信必须从提高人们的精神追求和道德品位上来把握而不应该作为一种交换手段。信用关系可以形成“链”形，形成相互的传动，但诚信和信誉却不会形成“链”形，也不应当形成“链”形。

诚信是中国自古以来的一种行为准则和道德准则。现代信用制度已经发展成为一种经济关系、借贷关系，这种关系仍然建立在信任的基础之上。

三、与信用有关的几个概念

1. 信用主体与信用客体

信用主体：是指信用活动中的债权人和债务人。而政府、企业、事业单位、金融机构、居民家庭或个人都可能成为债权人、债务人。

信用客体：即是指信用工具或信用载体。

现代信用经济的蓬勃发展使得社会信用框架越来越复杂，信用主体越来越多，传统的信用关系显然已经无法满足要求。在信用活动中，信用主体、信用客体和信用基础都是必不可少的构成要素；品德、资本和能力这三个要素构成了信用活动得以正常进行的基础性要素。

2. 信用行为

信用行为是指信用主客体能够进行的活动，是不断深化发展的过程。

3. 信用关系

信用关系是指产权边界明确，具有独立财产权的债权人和债务人在交易过程中给付承诺实现与否形成的关系。这种关系在“自愿性原则”支配下，在经济主体的交往或交易关系中体现。在现实生活中，信用关系比比皆是，我们将钱存入银行形成的银行与客户之间的关系；在购买大件家电产品时先付款后由店家送货上门的关系；商店与生产厂之间先供货后结款等等的关系都会形成一种信用关系。

4. 信用体系的作用

信用体系是一种社会机制，是由与信用相关的立法与执法、信用管理机构、信用管理行业运行惯例与约定、社会信用行为与道德规范、不良信用惩罚机制、教育培训等多个体系共同作用，交织形成的社会信用的管理机制。它的主要作用就是规范一个国家或地区、一个行业或企业的信用活动，它既是一个整体又是一个多层次的互相交织、互为基础或保障的机制。

信用体系是支撑市场经济的关键，如果市场经济缺乏良好的信用体系的支撑只能是无源之水，无本之木。建立一个良好的社会信用体系，关键是要建立一套使守信用者得到利益，失信者必然付出代价的制约机制。在发达的市场经济国家中，完善的信用体系正是依靠企业间的制约机制建立起来的。在这种体系中，企业具有足够的识别、评估和规避信用风险的能力，不仅能够使企业自身的经营管理水平从根本上得到提高，而且最重要的是使信用不良者受到惩罚——被排斥在市场经济之外，即是来自于同行业所有供应商的排斥。而对于信用良好的客户，将获得更大的信用融资和交易机会。

四、信用产生的历史条件

信用与商品交换、货币流通一样，是一个古老的经济范畴。自古中国人的道德规范就是崇尚与人为善、与人为信。“信”者，诚实、不欺也，《国语·周语上》说：“礼所以观忠，信，仁、义也……，信所以守也”。“信”也是中国儒家着重提倡的道德规范。孔子把“信”作为“仁”的重要表现之一，要求“竟事而信”，“谨而信”（《论语·学而》），孟子认为“可欲之谓善，有诸己之谓信”（《孟子·尽心下》）。由“信”而引申出的“信用”概念，除包含原来“诚实”的含义外，已经逐渐偏重于体现“价值交换”的特征。不难看出，信用已经由原来含义的仁义、诚实的道德范畴逐步演化成交换和偿还的现代含义的经济范畴。

从历史资料记载看，信用在历史上长期以实物借贷和货币借贷两种形式共存。无论是实物借贷还是货币借贷，信用产生的基本前提条件都是私有制条件下的社会分工和大量剩余产品的出现。从逻辑上说，私有财产的出现是借贷关系存在的前提条件，而只有社会分工，劳动者才能占有劳动产品；只有剩余产品的出现，才会有交换行为和借贷行为的发生。显而易见，私有制是货币与信用存在的共同前提。人类社会的发展，乃是分工深化和市场扩大两者之间的互动过程。信用是随着分工的深化和市场的扩大而产生的。最初的商品交换盛行的是实物交易，货币的介入使交易较之物物交换容易达成。但是，一手交钱、一手交货的要求也常常造成不便，为了克服这种不便，卖主往往同意买主在未来约定的时间再行付款，即进行赊账。这样，便出现了最早的信用关系。赊账意味着授信人给予受信人的未来付款承诺以信任。赊账的方式使得物流和货币流由原来的无信用中介的交易方式，转而被以信用为中介的交易所取代。在交易发展进程中，信用已经逐渐从单纯的支付承诺中转为信用本身已成为商品参与交易，信用超出了商品买卖的范围，作为支付手段的货币（信用货币）本身也加入了交易的过程，出现了借贷活动。贷款意味着债权人给予债务人未来还款付息的承诺以信任。现在通行的纸币（信用货币）本身，也是在这种信用关系的基础上产生的。所以说，现代金融业就是信用关系发展的产物。在市场经济发展的过程中，信用交易大大降低了交易成本，扩大了市场规模。

英文的“信用”(Credit)一词的源于拉丁文“CREDERE”，同中国古代一样，其本意最初也是“信任、信赖”之意。随着社会的不断发展，到了12世纪，欧洲已经开始出现赊账销售，从那时起，“信用”的经济含义开始凸现出来。“信用”真正的在商业活动中扮演主要角色是在16世纪以后。随着全球探险和发现越来越多的“新大陆”，欧洲一些国家的经济活动开始迅猛发展，其国内商业活动和跨国的商品进出口变得异常活跃，赊销在一定程度上发展起来。商人们必须经过长途跋涉、远洋运输，通常需要数月才能将到达的货物存放在异地，交给当地的“贸易代理商”，等到货物销售完毕后才能收回货款，这就要求对这些代理商的行为和信誉做出评估。17世纪后，欧洲的银行业加快了商业步伐，开始大量向贸易商融通资金。由于银行的贷款利率低，仅为2%，销售商也大大放宽了销售条件，赊销行为更为普遍，甚至长达12个月的赊销都是十分平常的事。这种状况一直持续到19世纪末。

20世纪的前半叶是在残酷的战争和贫乏的资源中度过的。商品变成紧俏品，所有的商品都不用发愁卖不出去，商品一投放市场就会被抢购一空。这时，生产商和销售商们对“商业信用”的概念印象不深，他们并不需要卖力推销货物，只要倾全力最大限度地生产即可。他们更需要的是生产管理和技术革新，而不是信用管理。世界大战结束后，经济在世界范围内高速发展，新技术新产品不断涌现，商品市场空前繁荣。商人们渐渐感到，市场已经在不知不觉中由卖方市场转向买方市场，竞争使销售的压力越来越大。于是，信用的工具——赊销又开始盛行起来。到20世纪八九十年代，在欧美发达国家的贸易中，赊销已经达到全部销售的90%以上，而且这个比例仍在上升。也就是在这个时期，中国开始复苏和腾飞，中国的经济像脱缰的野马高速奔驰，在很短的时间内，中国已经完成了从商品稀缺到商品剩余的过渡。中国的销售商们也开始了信用销售的尝试，虽然他们还不了解和掌握赊销的规则和做法。于是，因为信用销售引起的各种问题和副产品——比如商账拖欠、三角债、坏账——也大量地出现了。

五、信用风险的根源

1. 国际因素

随着我国改革开放的深入，我国企业对外进出口贸易的金额逐年增长，探讨国际因素影响造成的企业风险越来越重要。

(1) 宏观环境的不确定性。

宏观环境直接或间接地影响企业的对外贸易的走向和预期。例如各国贸易政策变化，经济政策的调整，国际市场变化，银行利率，货币汇率变化以及各种自然灾害等等情况的出现，都会导致企业贸易的信用风险。我们可以将这些因素称之为“宏观环境的不确定性”，这些宏观环境的不确定性大致可以分为四大类：A. 政治的不确定性，例如战争、革命、政变、骚乱等；B. 宏观经济的不确定性，例如通货膨胀、外汇汇率变化、贸易条件的变化等；C. 国家政策的不确定性，例如财政货币政策变化、价格控制、贸易限制和壁垒等；D. 自然环境的不确定性，例如台风、暴雨以及其他自然灾害。在这些分类当中我们也可以看出除了自然环境因素以外，其他三方面都与一个国家政府密切相关。可见政府的“作用”非常广泛，例如，有些国家虽未产生政府更替或战争的不稳定风险因素，但其有关政策法规不断的调整，立法和执法的不成熟，均会影响该国市场上的经济环境，导致该国债务水平提高，相应的，与该国进行贸易交往的风险就会加大。又如，一国的政局稳定，其贸易政策及措施也是连续的、稳定的，但从长远来看，一国的贸易政策及措施必然受其他国家政治、经济、文化、军事等力量对比度的影响，必然随着世界局势的变化而变化。因此全面、综合地考虑宏观环境的变化，并及时制定相应对策，抓住有利的时机，能够给企业带来发展机遇。

(2) 对外贸易的金融环境的变化和不确定性。

国际金融和国际贸易是世界经济在漫长历史发展中培育出来的“孪生兄弟”，两者是相互依存、相互促进的关系。企业对外贸易的顺利发展离不开良好的金融环境。1997 年亚洲金融危机造成该地区大批企业破产，给各国经济贸易带来沉重打击，相信许多人都不会忘记。

(3) 信用风险管理水平国际间失衡。

美国、欧洲大多数国家以及日本等发达的贸易国家在信用风险管理方面已有多年的研究和实践经验，形成了较有效的监控机制，并提供较有力的司法保障。例如，欧盟国家已作出规定，将收账程序化并纳入本国立法。这样做的好处是使本国进口商在相当程度上不敢冒险无理违约，同样也为贸易方在追讨账款方面提供了有力的法律保障，从而最大限度避免信用风险的发生。但是相比之下，广大发展中国家在信用风险管理领域还是非常落后，导致相关的费用成本大大提高，阻碍了贸易国际化、市场化的发展。

(4) 信用欺诈司法约束不足。

尽管国际社会为促进贸易公平、健康的发展而制定了一系列公约或规则，但缺乏特别有效的制约手段和强制力的惩罚措施。

2. 国内因素

(1) 国内企业恶性竞争。

我国国内大部分企业生产的产品在一段时期内以劳动密集型、产品附加值低的服装、鞋类、玩具以及一些代加工产品为主，由于大部分产品技术含量低，各地企业千军万马一拥而上，同类产品，同类水平，在市场上不得不面临恶性竞争，盲目打价格战，虽然在一段时期能维持，但从长期看，必然导致企业忽略品质管理，从而引发各种纠纷，削弱了企业的长期发展优势。

(2) 国内有关信用风险管理滞后。

目前，企业管理在我国已经成为热门学科，但遍览其有关书籍和章节，很少有提及信用风险管理的。同时在企业内部很少专门设置信用管理部门，以及专业管理人员，即使是有兼职人员，其信用风险意识也非常薄弱。这也说明为什么我国的坏账损失远远大于其他发达国家的原因。

(3) 信用欺诈等有关信息不够畅通。

尽管我国一些银行和一些贸易公司在防范信用风险和欺诈方面积累了丰富的经验，也整理了很多案件案例，但在信息沟通、信息共享方面远远不够，造成相同的信用欺诈、相同的案件在不同地点、不同时间重复发生。故各银行和相关政府机关、商业机构加强信息交流，及时主动地传达客户信息，共同警惕，才能有效筑起防范信用风险的"长城"。

(4) 国内信用风险监管力度不够，惩罚机制薄弱。

信用风险管理体系中的最重要一环是惩罚机制。一方面，惩罚机制的设置能对失信者起到威慑作用，堵住大多数贸易欺诈和不良动机行为。另一方面，惩罚机制能够强化国内企业信用管理意识。

六、我国的信用现状及成因

改革开放至今，困扰我国社会经济的一个重大问题是社会信用的普遍缺失。反映在经济生活中就体现为：注水猪肉、注水鸡肉、鸭肉；为使陈年变质米变成"新米"而添加有毒原料制成为有毒米；制造外形美观而内芯肮脏的"黑心棉"制品；用富尔马林溶液浸泡、加工肉制品、水产品；给黄鱼涂抹黄色素；用工业颜料加工"褪色"小豌豆；房产市场的一房二卖、房产装修中的"鱼目混珠"等等。表现在经济市场中为：企业赖账、商业企业拖欠账款、上市公司造假等等，据不完全统计，至2000年末，粤、桂、琼三省(区)改制企业9 321户，逃废债企业5 419户，涉及贷款本息合计431.36亿元，其中企业悬空逃废银行贷款本息合计364.43亿元，分别占改制企业全部贷款本息和逃废债企业全部贷款本息的56.10%和84.48%。从商业信用看，企业之间相互拖欠比较严重。"三角债"问题自20世纪80年代中期爆发以来，虽屡经治理，却从未根除，并且有蔓延扩大之势。目前，国企之间的"三角债"已经高达16 000亿元。从消费信用看，我国开办消费信用业务的时间虽然较短，业务量不大，但各种拖欠、恶意透支、信用卡诈骗案件发生较多，严重危害了债权人的合法利益，严重制约了我国消费信贷业务的正常开展。由于信用制度的不健全，失信企业的行为没有得到及时和应有的惩处，还有一些地方政府的不正当干预，使很多原本守信的企业感到守信吃亏，造成很多企业形成"不守信用反而可以占便宜，贷款拖欠不拖白不拖，借款本息不欠白不欠"的想法，使得信用秩序严重混乱，社会信用环境进一步恶化。探究信用缺失原因，既有深刻的历史原因，又有众多的现实原因；既有授信主体的原因，又有授信客体的原因；既有内部制度的原因，又有外部环境的原因。

在以自给自足为主要特征的小农经济或庄园经济或是在计划经济体制下，受交通条件和信息条件限制，交易并不是时时刻刻不断发生着的，商品的潜在供给方和需求方经常遇到的一个问题是找不到交易对方，使交易无法进行，或有计划调拨方式进行，计划外的交易基本被严格控制。所有的交易都是在"背靠背"下进行，不存在交易秩序混乱情况。即交通条件和信息条件限制了市场半径，而市场半径又限制了价格的形成和其供求反映功能。在交易过程中，没有人考虑客户的实力、信用状况、履约能力等，因为在这种市场环境和背景下，"跑了和尚跑不了庙"，交易双方都在有限的市场半径中，"抬头不见，低头见"，再不行，可以找家人、找上级。谁也不会因为一次的不守信，而葬送了永远的交易机会。因此，这一时期的信用在地域半径内只受道德的约束。

我国目前正处在向市场经济过渡时期，从历史的原因看，信用缺失问题是深深植根于这一时代背景的，可以说有其客观必然性：在经济转轨中，新的、以信用交易为基础、以健全、高效的法律体系和执法体系为依托、适应市场经济条件的社会信用体系还未真正建立起来；而原先以"人文"为背景的、靠熟人、靠关系的交易方式和观念正在急剧改变并逐步解体；旧的已破，新的未立，于是在这一阶段，信用体系出现了转型的真空，信用缺失作为一个越来越严峻的经济问题和社会问题日益突出，成为我国目前经济乃至社会整体所面临的严峻问题之一。

信用风险是伴随着信用的产生与发展而运动的，只要有信用活动存在，客观上便存在着信用风险。而且伴随着信用活动范围的扩大（诸如赊销、与付、发行债券、股票、拆借、国际信贷等）以及社会经济生活不确定性因素的增多（如经济周期、国家宏观经济政策、公司企业经营管理等）使信用风险出现了更多更新的特点。市场经济的形成，使市场半径迅速扩大，但由于信息的不对称、不畅通，因此失信行为的成本很低。

经济社会的急剧转型导致法律系统不得不随之经常变更，而法律系统的不连续性则使其强制性信用维持机制功能被大大削弱。在市场化交易体制下，法律的约束力给交易者一种"威慑"的机制。我国现阶段社会经济结构的迅速发展演变使法律系统本身能够维持其原有的稳定性和连续性，从而使其上述两个信用维持功能受到极大的限制。高速发展的经济转型使原本不完善的制度在形成之初，就遭遇不断的修改和变化，因此，制度本身就严重显现出系统性和整体性的缺陷，市场的法制规范系统无法有效建立，社会信用体系的维持也就失去了可靠的外部保障，失信行为无法律制约。

由于我们没有能足够认识和充分领会到在转轨过程中信用发展和信用制度建设以及发挥其积极作用的必要性和重要性，信用制度的建立与发展严重滞后于市场经济的发展。现在看来，这主要还是信用体制方面存在一些问题：

(1) 缺乏信用意识，不仅仅表现在个人身上，作为信用主体的企业、银行以及政府都存在着这种现象。在转型期间，不规范行为出现最多，由于没有信用意识、被利益驱动且失信成本低；再加上计划经济体制下，行政指令性的经济运行方式也阻碍了信用制度的市场化发展。于是，缺乏信用制度约束下的市场，失信现象随处可见，造成社会的不信任状态。人与人之间、企业与企业之间、企业与银行之间，甚至与政府之间都存在着这种不信任状态，这种不信任限制了经济规模的增长和市场的健康发展。

(2) 缺乏完善有效的社会信用体系。信用结构是指一个信用体系的各个组成部分的构成和排列，也就是说信用结构是一个信用体系中，属于宏观层次的政府信用、属于微观层次的企业信用和个人信用以及中间层次的银行信用构成的相互关系。从目前看，政府信用还未能完全建立；企业信用是目前最为严重的问题，可以说伪劣商品充斥市场，企业间相互拖欠严重，逃废债务严重，偷税漏税惊人，证券市场造假、违规事件接连发生，这些行为已经严重阻碍市场的发展。社会信用体系的基本内容应该包括透明规范的市场环境；信用管理行业的发展；信用管理的立法和执法；政府对信用交易和信用管理行业的监管职能；市场化资信机构的建立；信用管理教育和研究的发展等等。目前，虽然一些地区和省市成立了相关的组织或机构，也在开展这方面的工作，但是这些工作与我国的经济发展的速度是不相匹配的。我国信用体系的建立还不完善，有许多方面是短缺的。信用数据的市场开放度低，缺乏企业和个人信息的正常获取和检索的途径，企业信用等级的建立和评估几乎是空白，信用立法滞后，没有公认的较权威的评级机构，各机构之间的结果不通用等等。

(3) 企业的产权制度也是造成企业不良信用的一个方面。由于目前的企业领导者往往只在任几年，为在任期内有较好的个人业绩，求得个人利益最大化，往往注重眼前利益，“明哲保身”，而对企业信用建设、信用管理甚至信用交易都采取“多一事不如少一事”等消极的态度，使对企业长期发展和长远效益有明显作用的信用管理建设等工作搁置一边，造成企业短期经营行为居多。

七、我国企业将按四级信用标准管理

我国的诚信体系建设已经纳入国家经济建设的规划中。国家工商总局局长王众孚在 2003 年 11 月 7 日举行的“世界经济发展宣言大会暨中国企业高峰会”上作演讲，表示工商行政管理机关将大力推进和不断完善企业信用分类监管制度。以企业登记和监管信息为基础，根据企业信用标准，将企业相应地分为 A、B、C、D 四个管理类别。

王众孚局长在演讲中谈到：诚实信用是市场经济的基石。随着我国加入世贸组织和社会主义市场经济体制的初步建立，中国经济与世界经济的联系更加密切，市场化、国际化程度越来越高，必须大力加强社会信用体系建设，营造公平竞争的市场环境，保障市场经济健康运行。企业是市场经营的主体，加强企业信用建设，是构建社会信用体系的重要方面。工商行政管理机关作为国家的市场监管和行政执法机关，将把加强企业信用建设作为规范和维护市场经济秩序的治本之策，坚持不懈地抓紧抓好。

王众孚局长还对加强企业信用建设，抓紧抓好规范和维护市场经济秩序从以下三方面做了说明：

（1）积极完善企业信用数据库，维护市场交易安全。

工商行政管理机关已经并将继续充分利用掌握的企业登记和监管信息，促进企业信用建设，维护市场交易安全。一是完善企业登记数据库。完整、准确记录企业设立登记、变更登记、注销登记等基础信息，依法予以公告或向社会提供查询服务。二是完善企业“经济户口”数据库。以基层工商所为依托，以各级登记机关掌握的企业登记静态信息和日常监管动态信息为内容，为辖区内每户企业建立“经济户口”档案。通过现代信息技术手段与登记机关联网，实现资源共享，为工商所和各级登记机关依法对企业实施分级管理和属地管理提供重要的基础信息。三是完善“守合同重信用”企业数据库。将“守合同重信用”创建活动中涌现出来的“守合同重信用”企业，记录在案，予以公布，宣扬其诚信守约的行为，促进全社会良好信用观念的形成。四是在整合上述三种数据库资源的基础上，建立企业信用监管数据库。全面反映企业在市场准入、经营活动和退出市场过程中的信用状况，为实施企业信用分类监管提供可靠的依据。

（2）大力推进企业信用分类监管，营造公平竞争的市场环境。

各级工商行政管理机关在积极探索的基础上，将大力推进和不断完善企业信用分类监管制度。以企业登记和监管信息为基础，根据企业信用标准，将企业相应地分为 A、B、C、D 四个管理类别。A 级为守信企业，用绿牌表示；B 级为警示企业，用蓝牌表示；C 级为失信企业，用黄牌表示；D 级为严重失信企业，用黑牌表示。根据上述分类，建立相应的管理机制，依法实施分类监管。一是建立企业信用激励机制。对A级企业，重点予以扶持，并享受年检免审、免于日常检查、提供优质服务等待遇。二是建立企业信用预警机制。对B级企业，实行警示制度，在日常工作中予以提示。三是建立企业失信惩戒机制。对C级企业，作为重点监控对象，加强日常检查，并实施案后回查、办理登记和年检时重点审查等监管措施。四是建立企业严重失信淘汰机制。对D级企业，依法办理注销登记或发布吊销公告。为有效实施企业信用分类监管，工商行政管理机关实行企业信用信息披露制度。依法公开企业身份记录（即企业登记信息）和违法行为记录，并对情节特别严重、社会反响强烈的典型案件予以曝光。

(3) 充分运用现代科技手段，切实提高企业信用监管效能。

搞好企业信用监管，必须建立完善与现代经济、现代科技相适应的监管手段。工商行政管理机关将充分运用现代信息技术，积极推进"金信工程"建设，重点是建立完善企业信用监管信息网络，为实施有效监管提供有力的技术保障。要按照企业信用监管指标体系和实施分类管理的要求，在全国范围内统一指标体系，统一技术标准，建立统一的信用监管平台，通过联网实现资源共享，有效发挥工商行政管理部门的整体监管优势，建立上下联动、密切配合、运转高效的监管机制，进一步提高企业信用监管效能。

企业信用关系企业形象，关系中国经济社会的协调发展。中华民族历来重承诺、讲诚信，在建设社会主义市场经济的新时期必将进一步弘扬光大。中国工商行政管理部门有着对企业从设立、存续到消亡全过程监管的优势，将通过切实加强企业信用监管，促进企业的优化和发展，维护市场交易和竞争的安全，为促进中国经济和世界经济的发展做出积极的贡献。

第二节　企业信用管理

了解了信用的概念及一些相关的问题后，我们知道信用经济是市场经济的基础，是市场经济活动和发展的必然。发生信用行为必然是经济活动中主客体进行活动的结果，如何对信用行为进行管理是这一节要讨论的问题，信用管理涉及整个社会的信用经济活动，我们试从企业信用管理入手来论述信用管理。

一、什么是企业信用管理

企业信用管理，已经是一个"悠久"的话题了，它在西方国家已经被研究和实践了100多年,无论从理论知识还是管理技术或者是相关的立法、制度建立上都已经很成熟。但是,在中国对信用管理的认知程度非常低,仅停留在像张维迎教授用一个虚拟的乡村故事说明的这种传统的乡土秩序里:在中国古老的农村里,张三向李四借了10元钱,他们之间无需书面的合同或借据,甚至不用说明还款的日期,但李四却不用担心张三会赖账。因为只要把张三不还钱的事张扬出去,张三在村里就再也借不到钱了。退一步讲,即使张三再也不借钱了,他也要考虑因为10元钱坏了自己的名声,以后做人就难了,再以后遇到困难就不会有人帮助了。所以,张三不会轻易不还钱而爽约的。这个古老的乡土秩序维持了漫长的时期,人们已经"习惯"了这样一个过程,因此,市场经济的发展促进信用管理的需求。目前在中国,信用管理的研究或实施都刚刚起步,甚至大多数企业还没有听说过。

什么是企业信用管理?信用管理就是组织内部通过建立专门的信用机构管理组织的信用事务,它包括前期信用管理阶段的资信调查和评估机制、中期信用管理阶段的债权保障机制以及后期信用管理的应收账款管理和回收机制。从企业的管理职能讲是指通过制定信用管理政策,指导和协调内部各部门的业务活动,对客户信息收集和评估,信用额度的授予,债权保障,应收账款回收等各交易环节进行全面监督,以保障应收账款安全和及时回收的管理。从管理目的讲是指对各种规模的企业,力求达到企业销售最大化的同时,将信用风险(坏账)降至最低的管理措施。

下面这个示意图是商业企业的经营成果图。从这个示意图,能够看到每一家企业销售和管理的缩影。通过对这个示意图的分析,我们将清晰地了解企业信用管理的目的和职能(见图1-1)。

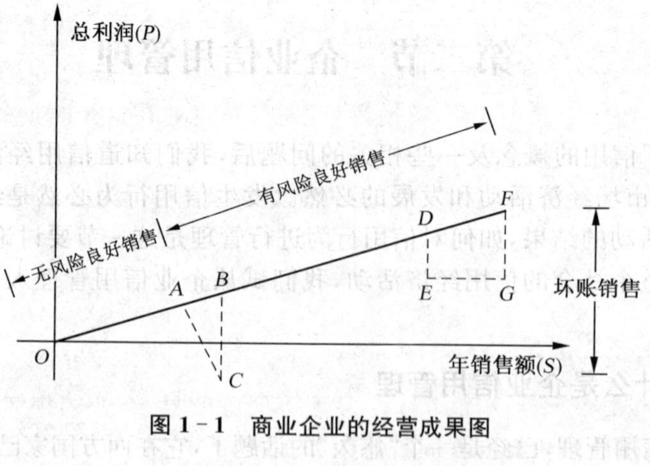

图1-1 商业企业的经营成果图

图 1－1 说明：

横坐标代表企业某年的总销售额。规模大的企业总销售额相对较大，规模小的企业总销售额相对较小。

纵坐标代表企业的利润。从狭义经济学的角度看，创造利润是企业唯一并且直接的目的。

斜线代表利润率。不同行业，不同企业，其利润率也不尽相同，利润率大的企业斜线率就大，利润率小的企业斜线率就小。

F 点是规模一定的企业年度利润最大化理想值。由于规模一定任何企业都存在一个最大利润值，即图中的 F 点。

O 点～A 点为无风险良好销售，表示这部分销售额没有任何风险，销售后可确保资金回收。这种销售包括现金销售、易货销售、担保销售或合作多年的合作伙伴之间的销售等。

A 点～F 点为有风险良好销售，表示销售存在一定风险系数，但销售仍能按时回收资金的销售。这部分销售主要存在于各种经过审核的赊账业务中，比如外贸业务中的 D/P、D/A、O/A 等业务。

虚线代表坏账销售，表示销售后最终无法收回账款的销售。坏账销售主要是盲目的赊账业务造成的，但也有一部分源于商业欺诈或货物纠纷。

示意图解释：

1. 企业未实施信用管理时的状况

当企业没有实施信用管理时，企业的利润坐标值徘徊于坐标系中 O、A、B、C 四点形成的面积之内，这其中又有两种情况。

(1) 盲目型销售（A 点、B 点和 C 点形成的面积）。

以我国外贸企业为例：20 世纪 80 年代末至 90 年代中期，由于我国外贸体制改革处于试点状态，外贸行业行政管理政策不够完善，外贸企业中普遍出现为追求出口创汇额而盲目出口现象。不论什么业务、不论向哪个国家出口、不论交易额多么巨大都大量采用赊账销售，致使外贸企业在这个时期的销售坏账率大幅上升，有的企业坏账额甚至超过了营业利润而使企业整体出现亏损，严重影响了外贸企业健康发展。其造成的影响即使多年之后仍阴云不散。

这些企业经营状况体现在坐标系中就是 A 点、B 点和 C 点形成的面积的任意一点。特征是，虽然企业销售额能够保持一定水平，但是销售坏账率也极高，使得公司整体的利润很低，有时甚至亏损。

(2) 保守型销售。

保守型销售的特征是，企业只开展无风险贸易，企业销售坏账率很低，有时甚至为零，因此销售利润在同行业中处于较高水平。然而，企业销售额很小，与企业的规模不匹配，企业出现大量剩余产品、闲置资金和信用额度，生产销售长期处于徘徊状态。

仍以我国外贸企业为例。1995年以后，外经贸部主管部门已经认识到，外贸巨额坏账将对国家财政和外经贸事业产生严重影响。为了防止这种状况持续下去，外经贸部主管部门陆续出台了一些外贸管理措施，其中包括限制外贸企业采用远期结算方式出口等政策。外贸企业也因深受前几年销售坏账之苦，变得谨小慎微、缩手缩脚，在对外出口时，一般只使用风险最小的现汇和信用证作为结算方式，而将所有远期结算业务统统砍掉，这种做法就是典型的保守型销售。其结果是，虽然外贸企业坏账率下降，利润率上升，可是销售的总利润却很低，经营成果只能覆盖企业的一般开支，企业无法发展壮大，其经营成果并未比前一时期得到改善。大多数外贸企业仍然步履维艰，无法走出困境。

2. 企业实施信用管理时的状况

当企业实施有效的信用管理后，企业的利润坐标值在 E、D、F、G 四点形成的面积之内。

前面提到，信用管理的目的有两个。一是力求达到企业销售最大化。但不论是大企业还是小企业，销售最大化的目标都很难完成。环顾世界经济，商业活动已经从卖方市场转变为买方市场，任何要接近和达到销售最大化，在进行 O 点～A 点“无风险良好销售”的同时，也必须尽量多地进行 A 点～F 点的“有风险良好销售”。在对西方国家的调查中发现，欧洲企业和美国企业的赊销比例占到销售总额的90%以上，这说明在现代企业中，创造企业利润的销售主要集中在“有风险良好销售”中，保守型销售只能使企业竞争力越来越弱，最终走向衰亡。

信用管理的第二个目的是将信用风险（坏账）降至最低。赊销是商业竞争的重要武器，在产品质量、价格接近的情况下，赊销成为争取订单、扩大销售的决定因素。然而，赊销的负面效果也很明显，那就是信用风险巨大。人们常说，一笔坏账的损失率一定大吗？答案是否定的，只有盲目性销售的企业才会造成这种结果，实施信用管理的西方企业虽然大量采用赊账销售，但坏账率平均在0.25%～0.5%之间，反观我国企业，虽然现销现购仍是主要结算方式，但坏账率平均在5%以上。也就是说，我国企业的坏账率是西方国家的10倍甚至20倍。

反映在示意图中，我们可以看到，企业在实施信用管理后，销售额大幅度提高，在 D 点～F 点之间波动，销售额远远高于未实施信用管理时的保守型销售；同时企业的坏账额在 D 点～E 点、F 点～G 点之间波动，坏账额也大大低于盲目型销售额。从总体看，实施信用管理的企业比未实施信用管理的企业在获取利润的能力方面优势明显。

二、企业信用管理职能

1. 调查职能

从企业信用管理的职能角度分析，企业信用管理的具体工作是收集客户资料，评估和授予信用额度，保障债权，保障应收账款安全和及时回收。

知己知彼，百战不殆。现代商业社会竞争的残酷已如同军事战争一样，只不过在手段和表现方式上有所不同而已。了解客户、合作伙伴和竞争对手的信用状况，同样是企业防范风险、扩大交易、提高利润、减少损失，在激烈的商战中取胜的必由之路。

西方企业对客户信息的收集一贯极为重视。由于市场竞争激烈，买方市场普遍形成，企业间绝大多数经济往来已采用信用交易，因此，西方企业信用意识强，信用管理机制较为普遍，信用管理机制较为健全，信息收集成为信用社会经济繁荣与稳定的重要基础。西方企业内部均有完善的信息收集机制，由专门的部门和大量的工作人员负责此项工作。

由于中国多年以来实行计划经济运行机制，国家信用机制尚未建立，信息收集渠道闭塞，信息质量不高，使得绝大多数企业不重视信息收集或无法收集到有效的信息。缺乏信息的后果又导致在授予企业信用时，只能凭借主管判断办事，没有任何以事实依据为基础的科学评估。于是，在国内企业之间出现大量的拖欠和三角债，呆账、坏账十分严重，大大制约了中国商业和信用经济的发展；在外贸行业中，因为盲目出口，造成巨额外汇无法回收，国有资产流失严重，大批外贸企业陷入困境。经过几年来的探索和实践，目前大多数外贸企业已经开始重视收集客户的信息资料，并取得了良好的效果。应收账款逾期率、坏账率大幅下降，企业效益明显回升。

2. 评估分析职能

评估客户的信用，决定给予客户怎样的信用额度和结算方式，是企业控制信用风险的重要手段。即使是两个长期从事信用评估的经理或评估师，在对某一个具体项目进行评估时，结论都可能会出现差别，甚至截然不同。这并不是说信用评估捉摸不定，而是因为设计信用的要素繁多，各种要素对信用的影响有大有小，在做出决策前往往会感到左右为难，不能正确判断。西方企业信用部门在评估客户信用时，一种方式是根据客户的财务报表进行评估，另一种方式是编制出适合本行业特点和本企业特征的信用评估系统。信用评估系统通过大量的实践案例，分析出濒临破产企业、劣等企业、优良企业所具有的特征，并将这些特征分成各种项目和细目，再授予不同的权重，使信用评估系统最大限度地体现客户的信用特征。

3. 监控职能

在与客户合作过程中，企业应密切注意可能出现的风险，对不同信用等级和不同交易方式的客户，寻求不同的债券保障措施。中期管理阶段的工作大致有：信用管理人员和法律专家审核合同条款，排除可能造成损失的漏洞；严格审查单证、票据，防止各种结算方式下的欺诈；信用部门提出债权保障建议，包括采用保理、信用保险、银行担保、商业担保、个人担保等手段转嫁信用风险，减少信用损失。

向客户提供信用的结果是在一阶段时间内不能收回货款。由于货物的所有权转移给客户，这一部分权益在货款回收前处于风险之中。在这段时间内，一旦客户的资信状况发生变化，就会危及货款的收回。即使客户状况良好，也可能会出现各种纠纷，这种纠纷来自双方对货物品质、数量、交货期、检验方式、信用期限等各个方面的不同看法。因此，在管理应收账款方面，与客户保持密切的联系和及时沟通信息，就愈加显得重要。

信用管理属于风险管理的范畴，是对企业赊销等信用交易进行科学管理的专业技术，能够规避因赊销而产生的风险。但信用管理的成功必须依靠坚实的信用政策来保障。在信用决策与管理赊销中，许多不同的营业因素需要经过分析考虑，信用决策必须依据客观及无形的客户信用和财务状况，还应考虑客户的市场综合情况，例如，市场地位与行业地位、销售量等等，生产能力是否全部开足、现金余额水平也是信用管理的需要注意和考虑的因素。企业财务能力的好坏有赖于良好而有效的信用管理。放任且没有限制的信用政策虽然可以促进销售额的增长，成为有力的促销工具，但是，势将造成财务风险的产生，引发极高的坏账率和应收账款率。

企业信用管理的实质就是收益与风险之间的平衡，企业是采用信用的模式进行销售，还是采用收现的模式进行销售，其实没有固定的模式；也并非说信用模式就一定比传统的收现模式好，各企业在信用交易时采用的信用模式也是不尽相同的，这完全取决于企业在市场中的地位和企业所处的环境，以及企业本身对信用交易的偏好。信用管理只是企业经营活动中的又一种经营手段，目的是通过有效的信用管理能够获得价值的增值。从成本、收益与风险的角度来看，企业信用管理是一门科学。

第三节　信用管理的意义

我国改革开放多年来，信用管理已经得到初步尝试和运行。信用体系也在市场经济运作中初具雏形。但是由于历史的原因和现实的情况，信用管理的建设不尽如人意，信用体系各个环节自成体系，相互脱节，互不联系，因此无法形成整体合力，使信用管理成为各自门前的一块“自留地”，不能够真正发挥其信用管理的社会联动作用。信用管理是全过程的管理，是防范风险和控制风险的前提。只有建立科学的信用管理机制，才能够防范和控制一个局部、一个条块、一个企业乃至整个社会信用风险；只有整个社会信用体系建立和完善起来，每一个局部、每一条块、每一企业的建立才更有价值和意义。

一、防范信用风险发生

信用管理应该是全过程管理。对于企业而言，信用管理一般来说包括三个阶段，即资信调查阶段、营业决策阶段、收款催账阶段。资信调查就是通过调查授信对象的能力和意愿，和合适对象签订和约，最后采取种种催收技巧收回账款。据统计：实施事前控制（交货前）可以防止 70％拖欠风险，实施事中控制（交货后到合同货款到期前）可以避免 35％的拖欠；实施事后控制（拖欠发生后）可以挽回 41％的拖欠损失；实施全面控制可以减少 80％的呆、坏账（以上数据由东方保理中心提供）。

内部信用组织机构运用信用管理机制，由信用管理部门对客户资信情况及与相关的情况进行调查、分析，对交易的信用风险进行识别、分析、评估；由财会部门对交易事项的成本进行核算；由信用管理部门对企业拟与客户签订的合同进行审查确认；高风险的交易事项、重大风险事项的处理方案应经过企业信用风险管理决策机构审查批准，使授权批准有了依据和保证，对可能存在的风险予以充分论证，防范风险于未“燃”之中。

二、控制信用风险的程度

在业务程序控制中强化信用风险控制环节。信用管理过程中重要的环节就是中期信用管理阶段的债权保障机制以及后期信用管理的应收账款管理和回收机制。在业务处理程序上，因各企业组织情况而异，但由信用管理部门、财务部门对应收账款情况进行跟踪、监控；信用管理部门对应收账款采用恰当的方式进行追讨是企业组织对将要发生的风险程度能够及时发现并有效地控制的手段和方法，使风险降低到可能发生的最小程度。

三、提升企业的综合竞争力

信用管理是企业诸多管理中有效的管理措施之一，同时也是一项立竿见影的管理活动。通过对一些中国企业的调查显示，企业在实行信用管理后的第一年，管理费用、财务费用和销售费用占销售收入比重就从14%下降到9%，赊销额平均上升13%，坏账率平均下降3.6个百分点，销售未清账期平均缩短37天，市场占有率不同程度上升，企业现金流量适当，综合经济效益指标平均上升21%。同时，客户信用数据完整，客户服务质量改善，企业各项财务指标全面高于行业平均水平，企业综合竞争力显著提高。

四、规范信用市场秩序，推动市场经济发展

信用管理是一项系统管理。企业内部通过设立专门进行内部信用管理的部门、机构和人员，形成有效的企业内部信用管理体系。企业外部环境通过规范市场运作，建立社会信用管理体系，完善法律制度，信用管理体系就会形成有效的合力。使失信者无法立足，信用缺失所形成的不良行为都将受到惩罚。

思 考 题

1. 信用的基本概念是什么？如何来理解经济学角度的信用？
2. 信用与诚信、信誉有何区别和联系？
3. 什么是信用主体？信用关系的定义是什么？
4. 信用风险产生的根本原因是什么？企业如何才能避免信用风险的产生？
5. 什么是企业信用管理？企业信用管理的职能是什么？
6. 企业信用管理对于现代经济社会的发展有什么重大意义？
7. 当前我国信用现状下，如何来提升企业防范信用风险的能力？
8. 实施企业信用管理和未实施企业信用管理的企业相比，存在哪些优势？

第二章　企业信用管理体系

学习提要： 企业建立信用管理功能的目的，主要是为了规避来自不同客户的信用风险。本章从企业的信用管理建设入手，分别介绍了信用管理的工作模式、信用管理的具体过程以及信用管理工作的具体内容，包括合同管理、客户管理、赊销管理、内部控制等方面的内容。希望读者通过对本章的学习，对企业的信用管理工作如何开展有个总体的概念。

第一节　信用管理的模式

企业内部要不要设立信用管理机构、应该如何设立信用管理机构是我们本章中所要介绍的主要问题。那么，企业是否该设立信用管理部门？如何设立呢？从信用管理的职能来讲它应该是个多部门职能重叠的区域，在管理中常常会涉及几个部门的职能范围，有容易产生"模糊"感的边际区域。特别是一些没有设立专门信用管理部门的企业，这部分更成为"三不管"区域。根据对有关数据资料的统计分析看，设立独立的信用管理部门不论在破产率、坏账率、销售利润率方面，还是在企业发展速度上，都远远胜过没有设立信用部门的企业。下面分析企业内部组织设置对信用管理的不同影响。

一、由财务部门负责信用管理工作

不单独设立信用管理部门，由财务部门兼管企业的信用管理工作。在传统企业中，财务部门的权利非常大，它不仅掌管着企业的资金分配和流动，甚至参与制定企业的发展和销售策略。将信用管理纳入财务管理部门兼管，似乎是顺理成章的事。企业管理者认为，信用管理，或者更狭义地称之为赊销信用管理，其实就是应收账款的管理，而应收账款管理是企业流动资产管理的主要内容。如果企业采用宽松的信用政策，流动资金需求必然增加，企业资金供给压力增大，财务部门需要筹措更多资金以保证企业正常运行。如果企业采用紧缩的信用政策，流动资金需求相对减少，企业资金供给压力减少，财务部门可将闲置资金存入银行或作其他投资。由于财务部门对流动资金起着举足轻重的作用和对企业信用政策的松紧程度极为敏感，作为流动资产组成部分的应收账款被“理所当然”地划归财务部门来管理。持这种观点的企业管理者还认为，信用额度的授予关系到企业资金的分配，在这种分配过程中，只有财务人员才能够更好地将企业有限的资金统筹安排。

然而，事实证明：财务部门的信用管理往往是失败的管理，这主要与财务部门工作性质有关系。他们对于信用管理的大多数知识知之甚少，不能够像业务人员一样与客户讨论销售合同条款的细节或起草正规的追讨信函。显然，这些工作都已经超出了他们的知识范围和工作范围。财务部门负责信用管理的另一个突出问题是保守，这是由他们的工作性质所决定的。资金是企业的血液，资金的筹措凝聚了财务人员大量的心血。他们宁愿将资金“攥”在自己能够看得见的“手中”，而不愿意被别人“无端”长期占用。

正是由于财务人员的“先天缺陷”，当财务部门被委以信用管理的重任后，企业会逐步呈现出业务量下降、客户减少、利润降低的衰退现象，甚至走向保守销售的极端。

二、由销售部门负责信用管理工作

不单独设立信用管理部门，由销售部门兼管企业的信用管理工作。销售部门主管信用管理工作的做法是目前中国最流行的信用风险管理模式，这种情况在进出口企业中较为突出。一般的做法是，对不同信用限额，由不同的业务主管分级管理。例如××万元以下的信用额度由业务人员自主决定，超过此数额由部门经理或更高层经理审批决定等等。企业由销售部门负责信用管理工作主要从以下两个方面考虑：

(1) 信用管理贯穿于业务的始终，从资信调查、评估、债权保障，到应收账款回收无不与销售业务密切相关。销售人员比任何人员都清楚业务进展情况和实际履行状况。

(2) 销售人员处在经营活动的第一线，直接面对和接触客户，对于客户的品格、经营情况、资金状况、信誉等方面情况相对更加了解一些或掌握的更为全面。

但正是这些原因也往往是产生大量坏账的根源。最为突出的一个问题是，如果把授予客户信用的权利和业务执行的权利集中在销售部门，就缺乏了应有的监督和控制权利。业务人员或业务部门为追求销售额或销售业绩考核指标降低对客户的信用要求，甚至不考虑信用要求；在买方市场中，销售人员自始至终会受到来自客户信用销售的压力，在千方百计地谋求扩大业务量的心理驱使下，销售人员往往会降低客户信用的要求，或扩大信用限额，或改变付款条件，或延长放账期限。

三、建立独立的信用管理部门

尽管有充分的证据和事例证明建立独立的信用部门的正确性，但并不是所有的企业管理者都接受这个建议。这是因为：

(1) 管理者没有认识到独立的信用管理部门能够有效收集和客观分析客户信息及资料，控制或降低信用风险发生；

(2) 管理者认为企业销售采用现金交易或现汇交易为主，交易方式简单，交易对象单一，产生风险的可能不大；

(3) 建立独立的信用管理部门会增加企业的经营成本。

企业内部管理必然是内部各部门之间的相互配合、相互促进和相互制约的统一体。不论是财务部门负责还是销售部门兼管，这都不是这些部门应有的工作职责和范围，或多或少这些部门都会对从事的工作有所偏重，甚至会被利益驱动而不顾信用管理的工作责任。而独立的信用管理部门是平行于业务部门的独立部门，才能保证信用管理人员的客观、公正和独立，增强信用部门的制约力，充分发挥其应有的作用。就像一个国家的司法体系要有独立的立法、司法、监督机构组成一样，缺一不可。信用部门的建立，既控制了销售部门只追求数量、不考虑风险的轻率和盲目，防止坏账的产生，又推动企业使用更灵活的贸易方式寻找商机，扩大业务。信用管理人员熟悉信用管理各个环节，他们可以在不同的情况下确定合适成交条件，实行全程信用监督。信用部门的建立，使企业真正有可能成为一个创造利润的有机体。

四、信用部门与其他部门的关系

信用部门横向主要与销售部门、财务部门发生关系，尤其是销售部门。因此如何协调处理信用部门与销售部门的关系至关重要。信用部门和销售部门是相互制约、互为矛盾的。由于市场激烈竞争，销售人员必须不断地开拓市场、挖掘新客户，而信用管理部门则小心谨慎并严格地对客户信用进行审核。由于销售人员主要以扩大销售为目标，而信用管理人员则以考虑应收账款的安全性为目标，因此，他们之间的矛盾不可避免。

五、信用经理和信用部门的工作职责

信用经理是企业信用管理的核心。信用经理可以由企业的主管副总经理兼任，也可以任命专职信用经理。但是，不论是兼职副总经理还是专职任命的信用经理都必须是在这个行业或领域中拥有各种专业知识和技能的人。

一般来讲，信用经理应具备大量的信用管理专业知识，这些专业知识包括：企业信用管理学、经济学、财务会计学、统计学、各种支付惯例、支付手段和商业法律等；外贸企业的信用经理还应熟悉国际贸易知识、涉外经济合同法、各国商法、各国知识产权状况等情况、各国贸易情况和信用特点等方面知识。能力方面应具备计算机使用、公共关系、管理能力、语言表达、事务协调等，外贸企业从业者还应具备英语读写听说的技能。信用经理还必须对本企业产品生产、品质、性能、特点、价格、销售等业务及相关流程等业务知识了解。在工作中，信用经理还应具有严谨、细心、热忱、诚恳、勤奋、镇静、机敏的作风。当然，任何一个出色的信用经理都是在积累了许多实际工作经验后才逐渐成长起来的，不能强求他们一夜之间就能够达到一定的高度，这里有一个培养和积累的过程。

信用经理的权利必须在信用政策中得到确立，并在实际工作中取得上层的广泛支持。如果信用经理在该企业中充当收账员的角色，这个信用政策就彻底失败了。信用部门是企业最重要的部门之一，信用经理又是信用部门的核心。淡化信用经理的职权，将会影响到企业的生存和发展。

在企业信用管理中，应避免出现两种情况：一是信用经理作为高层管理者的顾问和幕僚，信用经理只提出建议，有高层管理人员做出决策。例如，在信用申请中，信用经理经过对客户信用资料等的评估认为应该拒绝此项业务的信用申请，但领导由于考虑各方面的情况会同意执行此项业务；在另一笔业务中，信用经理认为有理由扩大信用额度的，但却遭到上层领导否决的情况发生。长此以往，信用经理和信用部门的作用就会在不知不觉中丧失了，充其量变成了一个账款追收和账款清欠人员和部门。因此，要保证企业信用管理政策能够顺利执行，必须采取有力措施，确立信用部门和信用经理的权力。信用机构有权做出其职责范围内的任何决定，在执行过程中避免任何其他部门的干扰和限制。

信用经理的工作和任务包括：

(1) 协助决策层编纂、制定行之有效的信用管理政策和制度；

(2) 向信用管理人员和其他相关部门解释有关政策和程序；

(3) 检查企业内各项信用政策和信用制度的落实和执行情况；

(4) 核准或拒绝各种信用额度的申请，评估增加或减少信用额度，延长或缩短赊销时间；

(5) 指导信用部门人员管理应收账款和逾期账款；

(6) 协助审查合同条款中信用事项，提出合适的指导意见和建议；

(7) 参与对企业内相关人员的培训，宣传信用管理知识，提高信用管理意识；

(8) 做好企业内有关部门的交流和沟通工作，协调与各部门之间的关系；

(9) 定期向决策层汇报企业信用管理状况，通报信用管理情况；

(10) 与外界有关部门包括法律、会计、贸易中介组织、商会、行业协会、专业信用管理机构、信用评估机构等保持密切联系；

(11) 参与企业业务和其他管理会议；

(12) 定期检查信用管理部门的工作，考核信用管理人员的工作业绩。

企业根据各自不同的情况对信用管理部门的信赖程度是不相同的。大中型企业对信用管理部门设置的要求较高，信用部门的设置要求也较完善，而一个小型企业，由于自身的条件限制，不会细化内部的职能分工。但作为一个典型的信用管理部门应该具备一些以下方面的功能：

(1) 拟定和落实信用管理制度和措施；

(2) 收集和更新所有与业务部门往来的客户信息资料；

(3) 建立客户档案；

(4) 准确、及时地分析已经掌握的资料，核算出信用额度，提出债权保障建议；

(5) 定期对客户信用额度进行重新审核和更新事宜；

(6) 管理已经发生的应收账款；

(7) 追收逾期账款。

由于信用管理部门工作任务规定了其管理职能，一般来说，典型的信用管理部门应该由五个更小的单位组成，负责各个条块的工作，履行各项不同的信用管理职能。调查小组负责收集资料，分析小组负责客户信用分析，账款小组负责应收账款回收工作，收账小组负责追讨逾期账款，服务小组负责协调各方面事务和建立客户档案工作等(如图 2－1 所示)。

信用管理部

- 调查科：收集和更新所有与业务部门往来的信息，新客户必须做资信调查，老客户每半年或一年做一次资信调查，并妥善保管。
- 分析科：由高级分析员(Senior Analyst)分析比较财务报表即核准信用额度，提出债权保障建议。
- 账款管理科：对所有应收账款进行监控，与客户保持密切联系。
- 收账科：自行追讨超过一定时限的逾期账款，寻找专业收账机构协助追讨，或进行诉讼或仲裁等。
- 服务科：向上级领导定期汇报和编制表格，向客户提供信用咨询服务，回答他们提出的各种问题；建立客户档案。

图 2－1　信用管理部门组成

对于中小企业来讲，庞大的信用管理部门和人员会加重企业的负担。因此，信用管理部门的人员需要身兼数职，做几项的工作，但信用管理的职能却不能因为企业规模小而缩减。一般来说信用部门的工作和主要任务为：

(1) 核准或修订给各类客户的授信额度；

(2) 核查订单，利用信用管理系统来确定哪些订单可以执行或停止执行等；

(3) 对客户进行调查，建立客户资料档案，进行客户资料处理、评估及批准程序；

(4) 维护信用资料系统，及时更新资料，处理信息资料的反馈；

(5) 信用咨询，回复信用调查机构、债权人及银行咨询；

(6) 收账，确定逾期账款，催讨付款；

(7) 客户服务，处理客户信件，解释信用决定；

(8) 对客户进行追踪调查，仔细监察有可能出现问题的客户；

(9) 信用汇款，审批给客户的汇款；

(10) 邮寄账单，按月制作并寄出账单及催款通知书；

(11) 核查账龄，考察不良账户的应收账款账龄，并关注收账工作。

六、三种模式的比较

由于上述三种信用管理的模式分别有显著的特点，在此做一归纳比较，参见表2-1。

表2-1　三种信用管理的模式比较

模　式	优　势	缺　点
销售部门负责	1. 使销售部门的积极性最大限度地调动起来 2. 充分利用了销售部门的人力资源、信息资源和客户资源 3. 能够有效维持并进一步发展客户关系 4. 销售方式和手段灵活自主	1. 销售为主的职能将主要精力用于销售 2. 在销售利益和信用风险有矛盾时，会偏向利益 3. 兼管的功能难以保证信用管理真正实现 4. 信用管理的专业性较弱
财务部门负责	1. 信用管理职能分离出销售部门，可以起制约作用 2. 有效的财务分析能够控制和防范信用风险产生	1. 财务部门的过于保守会影响销售额 2. 与业务部门的矛盾增加了管理成本 3. 对客户情况和关系的不熟悉难以把握相关尺度，维持良好的关系

续 表

模 式	优 势	缺 点
独立信用部门负责	1. 独立的运用信用管理手段能够客观分析风险 2. 信用分析和信用管理的专业性、技术性强 3. 对销售部门、财务部门有监控功能,制衡作用 4. 信用制度的建立,使信用管理部门有了一定的权威性	1. 运行初期会有较大的阻力和困难 2. 运行中与相关部门会发生较多矛盾和冲突 3. 增加管理和运行成本

七、三种模式适用的企业类型

对以主导管理企业信用工作的三种模式我们已经作了介绍,并对其在管理中的优势和缺点也做了分析和比较,我们不能够任意断定哪一种信用管理模式是绝对好的,每一个企业必须从自身出发,分析利弊,选择一种最适合自身企业特点的才是最好的。但必须控制和处理好其中存在的缺点。

三种信用管理的模式在企业的采用中有其比较适用类型,下面介绍这些企业一般具有的基本特征。

1. 销售部门为主导负责信用管理的企业

这一类型的企业一是管理水平较高,企业管理理念较新,管理思路较先进,员工整体的基本素质较高,销售人员本身能够清晰地理解、认识信用管理,掌握信用管理的手段,能够在销售的过程中有意识地运用信用管理知识。二是企业有比较深的企业文化底蕴,企业为学习型企业,员工自身学习能力强,在信用学习过程中容易接受并尽快得到运用。三是部门负责人有较强的风险意识,在强调销售的同时能够重视信用管理,不把销售额作为唯一追求的目标,在进行决策中能够从企业全局的利益出发,客观地分析销售和风险,能够做出理智的选择。四是企业间业务部门能够进行良好的合作,各部门之间沟通无障碍,特别是销售部门和财务部门的负责人之间有良好的合作基础和关系,财务部门能够将风险分析情况及时与销售部门沟通,销售部门也善于倾听财务部门的建议。

2. 财务部门为主导负责信用管理的企业

第一,企业的财务部门在企业中不仅发挥其财务会计的作用,而且起着管理会计的作用,在这类企业中,财务部门的地位明显高于销售部门,也就是说财务部门的影响力要大于销售部门,它的指令在一定程度上对销售部门能够发挥作用,有较强的资源调配权力。第二,有销售经验或经历的财务负责人对销售过程、客户关系、客户资源相当了解，其实它的管理已经不是简单的财务管理了。第三，财务部门和销售部门有良好的合作关系，部门领导之间相互沟通、有效合作，财务部门能够充分利用销售部门的客户资源。

3. 独立信用部门为主导负责信用管理的企业

财务部门的地位、影响力比销售部门弱，财务部门仅仅是个记账部门，汇总一些财务数据，对企业决策不能够起到影响作用，无法发挥会计的管理功能。而企业整体的信用管理意识比较薄弱，销售部门一味强调销售额，追求指标最大化，员工整体素质不高。另外，销售部门常常“居功自傲”，不把其他部门放在眼里，各部门之间很难合作。

中国企业在信用管理中究竟如何选择怎样的信用管理部门模式，各企业的管理基础、各企业的规模各不相同，只要正确分析自身情况选择合适，就是最好的管理模式。

第二节　信用管理的过程

曾经有这样一句话：“不赊销是等死，赊销是找死”。它形象地描述了中国企业界所面临的窘境。信用交易在中国就是死路吗？在分析中国信用缺失的原因中，我们已经看到这里其实是一个管理的问题，如何在信用管理过程中控制和防范信用交易带来的风险就能够使信用交易顺利进行，使社会信用经济快速发展。信用管理的过程实际上就是在信用制度保障下，信用部门对某一个信用申请或信用订单经过分析、评估，做出授信选择的决策过程，即授予客户信用额度的过程，并对给予授信额度的申请或订单进行有效跟踪控制的过程。

一、信用分析的决策过程

信用部门的主要工作之一是做出信用决策。信用人员需要分析每个部门申请人或每个订单的风险，并做出相应的决策。信用决策的过程如下：

1. 决策的选择

做出决策的过程并不像想象的那样简单，许多决策可能在是与否之间抉择。

◆ 是——批准订单或申请。也许订单是来自于一个负债率低的、长期的优良客户。申请人已经提供了完整的文件，来自于调查机构的报告也是良好的，贸易记录良好，并且要求的订单也合理。在这种情况下信用经理就比较容易批准申请。下一步的重点就转向了提供良好的客户服务。

◆ 否——拒绝申请。导致拒绝申请或订单的理由很多。信用部门的调查文件可能揭示客户过去存在付款问题，并且信用管理人员确信将来的生意会导致更大的损失而非利润。对于新的申请人来说，信用调查可能揭示不良的贸易记录，财务报表显示高负债、低净值或清偿能力差，很明显该客户存在潜在的损失，因此不能提供信用销售条件。在很多情况下，信用管理人员将婉拒客户要求，并建议客户在适当的时候再申请信用或先采用比较安全的现销、现汇交易。

◆ 是与否之间——无法确定。多数决策将处于这种状态。信用调查的结论显示，有些信用要素表明可以批准，而其他要素则表明需要谨慎从事。有时申请人的要求可以批准，但仅限于一些较小金额的订单，可能还需要额外的担保，如从企业主要股东那里获得一个私人担保。现有的客户在他们的更多的订单被批准以前，可能被要求预付一定比例的预付款，并且提供的销售条件要比一般的更严格，付款期限也要求得更早。

◆ 多少——确定信用额度。信用部门应为所有客户设立信用额度。信用额度是指无需其他信用保障措施即可允许一个客户的总负债额。信用额度就像一面红旗，表示总负债额已经达到了使信用管理人员需要重新评估某一客户的信用关系的临界点。

信用限额是指在信用额度下每一笔交易的最大金额。比如，一个客户的信用额度为 10 万元，但每一次最多只能赊销 2 万元，这就是信用限额。有时，信用经理将低于限额的信用决定交给计算机，由计算机批准所有低于为某客户设立的信用限额的订单。

2. 有效的决策

大多数被批准的订单和客户必须在到期日或到期日前支付账款，否则企业将会受到损失。通过对收款结果进行分析比较，能够发现最近的信用决定比过去好还是坏。如果坏账费用或收款费用增加了，可能的原因就是信用决定不正确。目前也没有好的办法来验证被拒绝的申请人不是好的客户。但是，信用管理人员能够监控被拒绝的新申请人或订单的比例，以决定部门审批的调整方向。

3. 速度与效率

决策过程必须迅速高效。把过多的时间花在决策上对于交易过程的、潜在客户和企业内的其他人员来说都是令人厌烦的。信用部门的每一个明确的决定(批准或拒绝一个订单)都会提高企业效率。另外，企业其他人员也必须提高效率。例如销售代表应指导新客户需要提供什么资料，他们会把要求的信息收集上来。决策过程还应该包括对一些重要资料给予合理的调查，但过程应该加快。

4. 连续性

信用管理人员在做决策时要有连续性，拒绝或批准信用条件的标准要始终一致。通过了解标准，企业每个参与人员都能够认真执行信用条件决定，以满足信用部门和企业整体的要求。

5. 合理决策

决策应该是合理的，并且被客户和本企业其他人员所能够理解和接受。一个新购买货物并保证付款的客户应了解信用条件的要求是什么，以及为什么它符合要求。而且，企业自己的销售代表也应了解为什么申请人的信用要求会被拒绝。

6. 所需的文件和调查资料

企业应该要求一些客户提供具体的信用文件，如贸易数据、银行资料、财务报表、信用申请或信用机构评估报告。还可能会要求提供一些具体的证明材料，以便让企业了解在决策过程中会涉及的步骤。

7. 信用额度的调整

如果客户提交的订单超过了现在的信用额度该如何处理？对于这种情况是否有一个程序？何时需要重新审核信用额度以及为何改变信用额度？如果使用信用额度，信用额度如何设立和使用的提示必须包括在书面信用政策中。

8. 担保要求

在信用政策中，有一部分内容明确提出担保要求，在什么情况下客户必须提供担保才能获得信用，并阐述所需的担保类型、获得担保和提出物权担保程序。

二、信用额度的设立

信用额度的使用可以提高信用部门的工作效率，信用管理人员不必对每一笔订单都像审核新客户一样，尤其是对已经经过严格审核、在执行业务中守信程度较高、完全符合标准的客户，可以依照授信额度，对重要环节重点审核，简化其他资料的审核。如果处理得当，信用额度为信用管理人员节省了时间。信用额度使信用管理人员保持对客户账户的控制，尽可能减少事务性工作环节。

信用额度的设立加强了信用管理人员对整个客户账户的整体考虑，而不只限于单票生意，这样反过来有助于做出更好的决策。同时，信用额度也保护了买方，对于那些考虑欠周密的客户来说是一种控制。这些客户当时可能过于乐观，认为自己有能力购买更多数量的货物，但事实并非如此。

1. 信用额度的设立方法

信用部门只有在先完成了信用调查后才能更准确地设立信用额度。此时信用部门要更仔细地检查客户信用数据，更全面地分析账户，更多地思考是否接受未来的订单。确定信用额度通常采用的方法有：

(1) 参考其他债权人所给予的信用额度。

使用这种方法必须有一个前提，即企业了解他的竞争对手给客户的信用额度。尽管很难得到准确的数字，但可以通过直接交换信息或从调查机构获得大概的情况。这种方法的不利之处是其他企业允许的信用额度也可能会超过客户的实际承受能力。而且，即使其他企业的授信额度不高，但是几个销售商同时向一个客户供货，客户的承受力是否能够得到保证呢？

如果一个企业采用这种授信额度的方法，它应该了解：竞争者是如何确定信用额度的，为什么这样定？通常，许多企业依靠自己对信息的分析和理解来设定信用额度，只有在特殊的情况下才参考竞争者的经验。

(2) 低额启动，随经验增长。

一个非常普遍和实际的方法是从小金额开始供货，如果该客户按时付款则逐步增加金额。信用部门刚开始可以给客户一个低限额或仅够第一批购买的金额。随着与客户往来的增多，客户证明自己能够支付更大的金额，则信用部门可以提高限额使客户能够支付更大的购买。如果客户支付能力不足，信用部门将维持现有额度以限制客户的购买，甚至降低额度。但这种方法的缺点是将面临丧失商业机会或坏账的风险，不利于企业发展。

(3) 按时间段确定购买数量。

某些企业信用部门常是在一个特定的时期内限定某些购买的总金额。如：对于一个平均每月购买 10 万元货物的客户，授予他 30 万元的信用额度，或 3 个月的信用额度。当然，实际的实现会根据不同的行业、不同的情况而变化，这种方法的优势在于简单统一，并同时强调销售额，因为销售额不断增加，信用限额也会不断增加。它的缺点是总金额难以准确确定。

(4) 以调查机构的评级为基础。

信用调查机构提供评级以表明客户财务能力和总体信誉水平。具体的信用度可以从两方面确定，即财务评估和信用评级。由调查机构提供欠账记录和其他数据的情况越来越普遍，而这些材料在将来会越来越重要。

(5) 使用公式方法计算出信用额度。

公式方法以某些财务数据为基础，如净资产、流动资产、净周转金以及库存。随着计算机的广泛应用，许多信用管理部门已经开发了相关的管理系统和模型，以帮助他们做出信用决策和设定信用额度。财务比率、经济状况、机构评级、边际利润和其他数据可以输入计算机模式以辅助决策，其优点在于可以消除偏见，不利的是缺乏灵活性。

公式方法与信用决策中使用的信用评估体系相类似。分数或评分用于一个信用申请人的具体的资格和特征。如：企业的经营历史越长或流动比率越高，在信用评估体系中的分数就越高。如果总分数足够高，信用请求就可以被批准。信用评级也可被用于决定信用额度，而且公式方法的好处是在决策中排除了偏见。但如何确保这种做法长期有效，就需要在公式中使用有效的指标和适当的权重，评估的数据也必须是即时的。

2. 通知或不通知客户

确定信用额度后是否应立即告知客户，各企业有不同的看法。主张告诉客户的企业认为这样可以与客户讨论全部的信用问题，如果需要的话，可以在提高信用等级方面提供建议。客户也就知道他们可以从卖方得到多少信用额度或得不到信用额度的理由。另一些人认为：告诉客户可能会使客户将他们的购买局限于信用限额。也就是说，客户可能将“额度”理解为一种非灵活的限制。由于这种理解可能会损害信誉并影响销售额，因此，有些人认为应该将信用额度当作内部控制工具而隐瞒客户。

3. 使用信用额度的注意事项

企业为他们的客户设立了信用额度，若不根据客户的最新情况做出适时的调整，就偏离了设立信用额度的基本目的。这种调整需要花费大量的时间和资金，但定期的复审是非常必要的，这样可以确定客户目前的支付能力。如果不能及时修正信用额度，将导致优良的客户订单得不到增加，而汇款速度慢、信誉较差的客户得不到惩罚的情况长期存在，影响企业信誉。因此，欧美企业一般的做法是，定期(一般是半年)审查老客户的信用状况，修改已设立的信用额度。

第三节　信用管理的内容

信用管理是企业管理的一部分，是有效防范和控制风险发生或风险发生的程度的一种管理机制，涉及多方面的内容。

一、制定信用管理政策

企业内部一切经营管理行为都必须有明确的制度规范和约束，信用管理也是如此。企业首先必须制定信用管理政策和目标，同时建立完善的信用管理流程。制定信用管理政策和目标是企业的战略方针，编制完善的信用管理流程则是企业的战术安排。简单地说，信用政策就是在现金流和收益率上实现最优的结果，但这并不是最终目的，要获得更为完善的信用政策，要得到潜在的收益，就需要明确、完整的信用政策。而且，这套信用政策必须让所有相关的人员真正理解和贯彻执行。

信用管理政策内容必须制作成标准的书面文件，企业所有管理人员、业务人员、财务人员、信用管理人员和其他相关人员都需遵守政策，按照规定和要求执行。信用管理政策内容可根据各自企业的实际情况制定。

(1) 目的：最大限度地在销售中获益；保持回款速度；保持低坏账率；确保高水平的客户服务。

(2) 介绍：包括企业背景、法人组织图表、信用政策的制定方法、信用管理费用的使用等等。

(3) 组织结构：信用部门的构成、组织图表、工作范围、委托的权责界定；其他部门的权责界定；信用部门的地位和其他部门的关系；常规和特别情况下的授权界定。

(4) 条款：各种各样销售和服务的标准条款样本。

(5) 调查：收集客户资料的规定；在什么条件下要自行收集客户资料，向客户直接索取资料的方法和途径；在什么条件下从资信调查机构、银行、使馆商务处或其他机构获得参考资料；定期和不定期更新资料的规定(更新资料需要的周期和费用)。

(6) 信用评估程序：客户申请程序规定；可能赊账的情况；怎样确定信客户的信用额度；特殊交易条件下的信用安排；增加或减少信用额度的方式；增大信用额度和延长赊销时间的程序和要求；担保条件的规定；信用额度限额监视程序；重新评估程序；在信用授予中对评估人员的要求。

(7) 债权保障措施：对风险较大的业务采用信用保险、保理、信用证、动产和不动产抵押等债权保障措施、作业的范围和具体各种实施要求。

(8) 贸易程序管理：订单处理、定价、回复和确认程序；与运输部门协调仓储和装船的规定。

(9) 追收：定义与收账任务有关的各种权利和义务；建立“未逾期账款询问”制度及实施方式；需要采用追收的警告和制裁手段(电话追讨、信函追讨和上门追讨等)；收账的时间安排；收账每个时间段的确定；最终追收方式的确定；使用抵押品的时机及处理抵押品的方法；转移到收账机构的时间和程序；转移到律师事务所的时间和程序；特殊情况下的选择。

(10) 客户破产/坏账程序：当客户破产后应采取的步骤；注销坏账程序。

(11) 信用管理报告：各种标准的表格、协议、内部文件和每月信用报告的内容、格式和频率；报告应承担的责任。

(12) 表格和数据库：记录存贮和查阅政策；数据输入的规定。

(13) 衡量信用部门业绩的方法。

二、企业资信调查

(1) 资信调查属于企业前期信用管理范畴，是企业防范风险的第一步。它的本质就是探求调查对象的事实真相，借以判断其信用的优劣，并作为决定授信与否的重要依据。资信调查有广义和狭义的两种解释。广义的资信调查是指除了调查或验证他人信用以外，还包括求取他人对自己的信任的意思；是包括对自身的信用调查，也称为内部资信调查。狭义的信用调查是指调查或验证他人信用；是被调查者以外的人所作的信用调查，也称为外部资信调查。

(2) 资信调查具有真实性、综合性、前瞻性、合作性、机密性和差别性的特征。

(3) 资信调查类型。

① 以地域分，可以划分为：国内资信调查和国外资信调查；

② 以调查对象分，可以划分为：个人资信调查、企业资信调查、产业资信调查、财产资信调查；

③ 以调查目的分，可以划分为：授信资信调查、交易资信调查、投资资信调查、聘雇资信调查、婚姻资信调查、管理资信调查；

④ 以资信调查的方式分，可以划分为：直接资信调查、间接资信调查、联合资信调查；

⑤ 以资信调查的时期分，可以划分为：主动资信调查、追踪资信调查、催收资信调查；

⑥ 以资信调查的内容分，可以划分为：简易资信调查、一般资信调查、专案资信调查。

(4) 资信调查的作用。

任何事物的出现和发展，有其生存发展的需要。信用交易的产生使资信调查有了“发芽”和“生长”的土壤。为避免因受信人倒闭、欺诈、经营不善而破产或故意赖账等原因而造成授信人的损失，应在交易之前尽可能了解对方的信用状况，其作用包括如下 4 点：

① 避免及减少信用风险；

② 提高社会道德水准；

③ 活跃金融市场；

④ 促进交易，协助市场经济发展。

三、企业赊销管理

不同的目的对“赊销”一词有不同的理解，或是用于一个赊销期限，或是用于一个赊销额度，也可以适用于一个赊销账户。其实，赊销是对给定的某一个期限、某一个额度或某一个账户信赖而达成的一种信赖的协议。

基本的赊销工作有：

(1) 了解企业客户；

(2) 计算允许的赊销额；

(3) 尽快签订单；

(4) 及时收取账单。

在实际的赊销管理工作中，赊销人员除了必须做好以上的基本工作外，还应对一些更具体的技能性工作有所了解并做好这样一些工作：与销售部门人员协调一致；保持与客户之间有良好的沟通；设定与订购进程相协调的自动风险评估；及时收集与客户的往来信息；了解账款的收付方式；掌握对外部的服务内容：赊销报告、无偿债能力警示、赊销保险、应收账款代理经营、收账代理商、临时人员；国际贸易的支付手段等等。

赊销在客观上便利了交易，只要交易双方在限定的交易方式下有约定和承诺，交易就可以进行；扩大了交易市场，加速市场流通，节约了费用，推动经济加速发展；赊销衔接了供给和需求，使供给和需求在买卖的行为实际发生前已经确定。

四、企业客户管理

对企业来说客户资源具有至关重要的意义，它既是企业最大的财富来源，又是最大的风险来源。企业客户资源往往散落或垄断在业务人员手中，这不仅使企业决策信息缺失，更使企业丧失了对业务人员管理的主动权和控制权，使它成为业务人员牟取私利或向公司讨价还价的筹码。企业必须做好客户管理的几项工作：

(1) 客户信用信息资料的收集；

(2) 客户资信档案的建立与管理；

(3) 客户信用分析管理；

(4) 客户资信评级管理；

(5) 客户群的经常性监督与检查。

五、企业合同管理

合同管理是指对合同的签订和履行所进行的计划、组织、指导、监督和协调，顺利实现经济目的的一系列活动。从宏观上说，合同管理是指国家运用行政权力，依照法律、法规等有关规定，通过组织、指导、监督、检查等活动，使合同当事人在签订、履行、变更、解除合同中，严格按照法律、法规办事，以保证合同制度的有效落实，充分发挥其积极作用。从微观的角度看，合同管理是指一个企业的签订和履行合同中所进行的计划、组织、指导、监督、协调等管理活动。

(1) 合同管理是维护国家利益和社会公共利益的必要措施；

(2) 合同管理是保护合同当事人合法权益的必要措施；

(3) 合同管理是保障合同制度有效落实的必要措施。

企业合同管理是动态的全过程管理，是合同管理机构和管理人员运用科学的管理方法实现预期的合同管理目标的活动过程。围绕合同的订立、履行等活动，企业内部的合同管理过程可分为四个环节：即合同签订准备阶段的管理；合同签订中的管理；合同履行中的管理；合同履行后期清理检查中的管理。

六、企业担保管理

担保，是指保证人和债权人双方约定，当债务人不履行债务时，保证人按照约定履行债务或者承担责任的行为。在现代经济生活中，保证是一种常见的担保方式。担保制度产生于简单商品经济条件下，但对西方国家商品经济仍然适用，并在近现代得以继承和发展。

企业担保管理工作的任务就是避免担保风险发生。

1. 要做好事先预防

一般来说，为他人作担保是有一定的原因的，或是业务单位，或是亲朋好友。为达到既能帮人之难，又不至于自身利益受损的目的，保证人准备承保时应注意两点：

(1) 应详细了解被担保人的经济实力、资产状况、经营能力、履约能力、商业信誉等资信情况，看其是否能够清偿被保证的债务，千万不能碍于情面而盲目担保。

(2) 根据担保法的规定，保证分为一般保证和连带责任保证两种担保方式。一般保证的保证人依法享有先诉抗辩权，即保证人在主合同纠纷未经审判或仲裁，并就债务人财产依法强制执行仍不能履行债务之前，不承担保证责任；连带责任保证的保证人没有先诉抗辩权，只要债务人在债务清偿期间届满时没有履行债务，债权人即可要求保证人承担保证责任，而无需过问债务人是否有清偿债务的能力。因此，保证人在承保时，应尽量提供一般保证。

2. 要做到事中监督

对被保证人实施监督是法律赋予保证人的一项重要权利。保证人承保后，要适时督促被保证人按时履行到期债务，如发现被保证人有意规避债务或者存在其他风险情况，要依合同约定及时主张权利。在司法实践中，多数保证人对被保证人是否按约履行债务不闻不问，一旦被推上被告席才后悔，但为时已晚。

3. 对出现的问题，需事后及时补救

一般情况下，保证合同成立后，如果债务人不履行债务或人民法院依法强制履行后仍有余债，保证人就应按照合同约定偿还余债或承担相应责任。这时，保证人应区别不同情况，采取相应对策：

(1) 正确行使抗辩权。抗辩权包括两种，一种是前面提到的一般保证人享有的先诉抗辩权。另一种是保证人对债权人的抗辩权，即有权对抗债权人向保证人的请求权。比如，债权人超过诉讼时效时债务人主张权利的；合同履行期限未到，债权人要求债务人履行债务等。

(2) 正确运用免责规定。担保法规定的保证人免责的情况有：

① 保证期间，债权人同意债务人转让债务而未取得保证人书面同意的；

② 债权人和债务人协议变更主合同而未取得保证人书面同意的；

③ 在一般保证方式的保证合同所约定的保证期间或法定保证期间(保证合同对保证期间未约定或约定不明的，保证期间为主债务履行期满之日起的 6 个月)内，债权人未对债务人提起诉讼或申请仲裁要求主债务人履行债务的；

④ 在连带责任保证中，债权人在约定的保证期间或法定保证期间内，未要求保证人承担保证责任的；

⑤ 同一债权既有保证又有物的担保，而债权人放弃物的担保的。只要具备这些法定免责事由之一，保证人及时行使抗辩权，保证责任就可免除。

(3) 及时行使追偿权。包括两种情况：一是保证人承担保证责任后，应积极向债务人追偿。二是人民法院受理债务人破产案件后，债权人未申报债权的，保证人可以申请参加人民法院对债务人破产分配，预先行使追偿权，以最大限度地保护自身利益。

七、企业内部控制

任何管理都会有一个预警控制的机制，防患于未然，企业内部信用管理也是一样。企业内部控制机制就是将企业的所有经营活动都纳入到一个有章可循、有效实施的管理过程中。只有落实并有效地实施信用管理措施才能使信用管理制度的制定达到预期的效果。

企业内部控制机制主要为三个方面：

1. 交易前期信用管理——客户信息审查机制

客户是企业交易的对象，通过交易能够满足企业利益最大化的需求。最大的财富来源，也使风险的产生有了最大来源。企业要想规避风险产生，在交易之前就必须做好对客户信用信息收集和风险评估。

2. 交易中期信用管理——控制保障机制

企业在交易过程中产生的风险主要根源在于企业内部的管理和控制，由于相关人员和相关部门在销售业务上缺乏规范和控制，对客户资料收集不全面、客户资料评审不认真、授信额度确定不严谨等等任何一个环节的松懈和不负责任都会导致风险发生。实践证明,信用管理人员良好的素质与负责的工作责任是防止风险发生的一个重要环节;企业与客户建立直接管理的信用关系,而不是单纯依赖于几个业务人员。严格控制程序,严格授信制度。

3. 交易后期信用管理——账款回收机制

为保证账款及时收回,企业应制定和实施相关的管理制度:

(1) 应收账款总量控制制度;

(2) 销售分类账款管理制度;

(3) 账款控制与货款回收管理制度;

(4) 债权管理制度。

很多企业都制定了应收账款的管理制度,但往往发现这些制度不能够适应信用管理的需要,造成这些制度形同虚设的原因在于缺乏管理的系统性和科学性;还在于管理手段和方式的落后。因此在信用管理的技术手段上还应该做以下5方面工作:

(1) 采用特征分析模型和资产分析模型等分析工具对客户进行信用分析。

(2) 通过对客户采取科学、规范的信用风险等级评定方法对客户管理实行各种等级的划分,使管理有序进行。

(3) 采用信用政策对内对外两个文本,有利于企业的信用管理。对内的信用政策文本起到对内部各业务职能部门指导和管理的作用,对外的文本起到对于客户信用关系的改善、信用付款行为的约束作用。

(4) 采用适用自己企业的不同方法,如经验评估方法、模型分析方法、集体评议方法等对客户制定有效的信用限额。

(5) 采用债权质量评估技术有效地帮助企业改善账款追收和债权管理工作。

八、信用风险管理

信用风险管理是指企业运用信用工具从事信用活动时,对所面临的各种风险的识别、衡量、控制与迟滞的科学管理方法。信用风险是伴随着信用的产生与发展而运动的,只要有信用活动存在,信用风险就存在其中。

建立信用风险管理制度就是要从根本上改变销售和管理决策严重失控的局面,在企业内部形成科学的制约机制。这种制约机制的主要特点有:

(1) 由新增的信用管理部门掌握和评估客户资信状况;

(2) 对每一笔交易的价值和风险进行独立的、科学的、量化的审核;

(3) 并以此对应收账款发生和运行的各个环节进行严格的监控。

思 考 题

1. 请简述由财务部门负责信用管理工作的优缺点；请简述由销售部门负责信用管理工作的优缺点。试比较两种管理模式各自的优缺点。

2. 请简单阐述信用管理部门的人员素质要求。

3. 试阐述信用管理中信用决策如何制定。

4. 赊销额度的确定有哪几种方法？各自的特点是什么？

5. 信用管理的具体工作内容包括哪几个方面？

6. 企业信用政策的制定需要考虑哪些方面的内容？

7. 企业的内部控制包括哪些方面的内容？

第三章 “3＋1”科学信用管理模式

学习提要：为指导企业建立健全信用管理制度，本章详细介绍了“3＋1”科学信用管理模式：即在企业内部建立起“3”个不可分割的信用管理机制，分别为交易前的资信调查与评估机制、交易中的债权保障机制和交易后的应收账款管理与追收机制，以及“1”个独立的信用管理部门（人员）。本章还就三个管理阶段的工作内容和步骤，以及信用管理部门和相关政策的建立进行系统阐述。最后简要介绍了企业信用管理系统的设计原理和工作流程。

第一节 我国企业信用管理的现状

中国企业目前的信用管理水平非常低。国家统计局统计表明，中国企业1999年三项成本总和占销售收入14%。一个销售1个亿的企业，有1 400万无效成本损失，而同期美国企业赊销三项成本总和一般在2%～3%，最高不超过4%。也就是说，销售1个亿的中国企业比竞争对手多花了1 000万的成本。中国企业的平均利润率一般是3%，而无效成本却高达14%，企业应有的利润大部分都被无效成本吞噬。如果企业能够提高信用管理水平，14%的比率本可以大大压缩，成为企业的利润。另外一个差距是中国企业的赊销能力与西方企业存在较大差距，前面提到，美国企业90%以上的销售采用赊销方式，欧洲企业赊销率也高达80%以上，而中国企业平均赊销只有20%左右。赊销是竞争的一个主要手段，在产品价格和质量差不多的情况下，一家企业提供赊销而另一家企业不提供赊销，购买者一定会选择提供赊销的企业。中国企业的竞争力在赊销方面很低。比如，中国的外贸公司竞争力这几年不断削弱，其中很大一部分原因是中国外贸企业没有完善信用管理机制，不敢去进行赊销，在进行外贸活动的时候，要求对方必须要开立信用证，占压买方的资金。如果进行赊销的话，外贸企业销售量完全可以大大提高。中国的三资企业现在赊销比例已经非常高，销售量在逐年扩大，而中国外贸企业宁可放弃业务，也不愿意承担风险。因此，中国企业的信用管理水平和西方企业的信用管理水平存在很大的差距，一个是成本损耗的差距，另外一个就是企业竞争力的差距。

图 3-1、图 3-2 是赊销成本与利润的关系图。图 3-1 表示信用管理差的企业，图 3-2 表示信用管理好的企业。

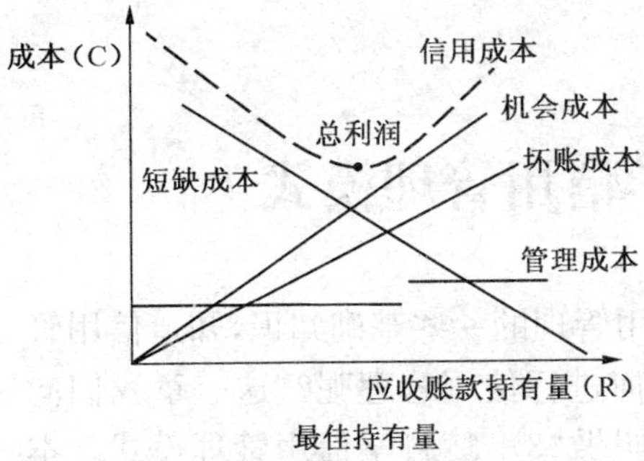

图 3-1　信用管理差的企业的赊销成本与利润关系图

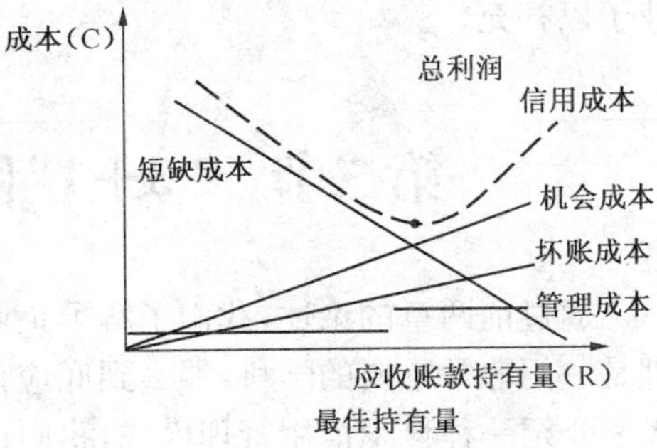

图 3-2　信用管理好的企业的赊销成本与利润关系图

从上面两图可以看出，企业短缺成本实际上表示了一个企业所在行业的竞争程度，行业的竞争性不随企业的意志而转移，一个企业不可能以一己之力左右市场，因此在一定时间内短缺成本这条线是不变的。如果要想使信用成本线整体降低的话，只有通过改善企业内部机会成本、坏账成本和管理成本这三项成本线的构成。图 3-1 和图 3-2 的不同点在于，图 3-1 图形三项成本非常高，而图 3-2 图形三个成本是相对较低。由于图 3-1 三个成本非常高，造成了企业信用成本线也非常高，单位成本非常高，企业的单位利润很小、利润空间也很小。图 3-2 三项成本很低，企业的利润空间很大，单位成本相应降低了，单位利润就会大大提高。因此，企业信用管理的第二个目的就是通过制定系统、完善的信用管理政策，不断降低企业三项成本的损失，通过对三项成本的控制，使企业的信用成本不断降低，最后达到企业利润最大化的目标。

中国企业对信用管理的认知程度在不断加强。几年前，中国的企业还不了解信用管理这个概念，而在近三四年的时间，尤其是 2002 年以后，企业对信用管理开始重视，许多企业在学习信用管理知识，并逐步改善企业信用管理水平。在信用管理学习中，民营企业明显快于国有企业。很多民营企业已经在企业内部建立了信用管理部门，如果国有企业不迎头赶上，国有企业的竞争力就会越来越低，最终退出市场竞争。西方企业信用管理的研究和实践已经开展一百多年，有一套非常完善的信用管理制度和信用管理技术手段，有非常丰富的信用管理经验，因此中国企业应该把它拿来为我们服务。同时，中国的学术界、教育界也对信用管理越来越重视。从2000年开始，中国一些大学为工商管理专业的研究生开办信用管理课程，2002年9月，我国的四所大学（包括中国人民大学、上海财经大学、首都经贸大学和吉林大学）开始开办这门学科的大学本科专业。原国家经贸委预计，到2006年，中国企业至少需要50万名信用管理经理，需要200万名信用管理人员，这在目前是一个非常大的人才缺口，这些人才需要大专院校迅速予以补充。

第二节　“3+1”科学信用管理模式

通过前两章的论述，我们了解了企业信用管理的一些基础知识，知道信用管理是一门非常重要的学科，那么到底应该如何进行信用管理呢？这一章我们向大家介绍一种科学信用管理模式，我们把它叫做“3+1”科学信用管理模式。本节我们主要围绕“3+1”科学信用管理模式来分析如何进行系统、完善的信用管理工作。

一、科学信用管理制度

首先，需要了解什么是科学信用管理制度。企业科学信用管理制度是指：通过制定独立的信用管理政策，指导和协调内部各部门的业务活动，对从客户的资信调查与评估、信用额度的授予、账期的确定、债权保障措施的选择一直到应收账款管理和追收的全过程进行管理，在保持应收账款最合理持有量的同时，保障应收账款安全和及时的回收，以达到赊销利润最大化的管理措施。

第一，信用管理制度是一个独立的政策，这个政策不应被分解到企业的销售政策或财务政策中，而应单独订立。企业通过制定独立的信用管理政策，来指导和协调内部各部门的赊销业务活动。

信用管理工作与哪些部门有关呢？这些部门包括企业的销售部门、财务部门、信用管理部门、储运部门、物流部门、清欠部门、法律部门以及企业的最高决策部门等等。由于中国企业没有独立的信用管理政策，很多信用管理职能被分解到其他政策中，造成信用管理工作无法协调和统一地进行。

第二，信用管理制度要指导赊销全过程的工作，在企业内部对每笔业务进行前期、中期和后期的监控和管理。

对任何客户，一定要收集和评估它的信用信息，这是信用管理的基础性工作，是前期的信用管理，我们将之称为资信调查和评估机制。如果没有这项工作，企业信用管理就是空中楼阁。收集信息包括老客户和新客户涉及的有关信用要素的所有信息，这是第一个方面的工作。中国的企业总把信用管理的重心放在后期管理，但是现代管理学强调的是一种全程管理。所谓全程管理就是把信用管理提前到企业交易前期开始进行管理，对于客户本身的信用状况了如指掌以后再赊销，这就是前期管理。收集信息后，需要对数据进行评估。对客户的信用要素必须运用科学评估方式把风险评估出来，包括赊销风险、信用额度、放账期等。要管理客户的信用，必须给客户一个总的信用额度，这就像银行给贷款企业一个总的信用额度一样。不论采用什么授信方式，均在这个额度之内。超出了这个额度，就不再给其提供信用。企业也必须对每一个客户有一个信用额度的授予，同时要建立客户档案数据库，最好是电子化的档案数据库。目前中国企业往往采用的纸文件的客户档案数据库，很容易丢失而且不容易统计，企业如果对信用管理和客户管理更上一个台阶，就必须建立电子化的客户数据库管理系统。

信用管理的中期阶段要建立债权保障机制。对于风险大的业务和客户，或者无法准确对客户进行评估的时候，就必须通过债权保障的方式转嫁风险。债权保障方式包括客户的财产担保、第三方担保、保理、信用保险等方式。企业必须对这些中期债权保障手段熟知和灵活运用。

信用管理的后期要建立应收账款管理和回收机制。后期管理包括逾期前应收账款管理和逾期后的账款回收。后期管理也是信用管理工作的重要组成部分，既要制度化，又要有灵活性。这就是对每个业务环节进行全面信用管理和监督，只有这样才能达到风险最小化。

第三，在进行全面信用管理的同时，要保持应收账款的最合理持有。我们强调三项成本的最小化，并不是通过采用零赊销达到，这个显然是不对的，必须进行一定量的赊销。

第四，在保障应收账款的最合理持有的同时，要保障应收账款安全和及时的回收，这样才是达到利润最大化的管理措施。

中国企业要建立这种科学化的信用管理制度，要把握好四个方面的重点：第一要有一套独立的信用管理制度；第二要对各个环节进行管理和监督；第三保持应收账款最合理持有，这是保障企业利润最大化的一个必要条件；第四要保障应收账款及时安全回收，只有在这种情况下企业的利润才能达到最大化。

二、“3＋1”科学信用管理模式

如何向中国企业推行科学信用管理制度呢？商务部研究院信用管理部韩家平主任和蒲小雷副主任，参照西方企业信用管理模式，结合中国企业的具体的情况，提出了“3＋1”科学信用管理模式。

“3＋1”科学信用管理模式由四项内容组成：“3”代表在企业信用管理过程中，要建立三个不可分割的信用管理机制。这三个机制包括交易前期的资信调查与评估机制、中期的债权保障机制和后期的应收账款管理和追收机制。西方管理学界认为，前期信用管理是企业三个管理机制中最重要最核心的内容。“1”代表一个独立的信用管理部门或人员，也就是说企业要建立一个独立的信用管理机构或人员执行信用管理制度。这和中国企业现行内部组织结构存在着很大的差异。目前中国企业绝大多数还没有建立独立的信用管理部门，也没有这方面的组织结构或者是人员上的安排，因此和西方企业的信用管理职能和组织结构存在很大差异。为什么会出现这些差异，这些差异会给我们企业的信用管理带来什么样的后果呢？

为了说明这一点，下面分析一个案例。这是广东的一家医药企业，这家企业总体上讲信用管理水平比较差，信用成本高。这家企业有六个方面的问题。

第一是信用战略政策问题。所谓信用战略政策，就是企业应该采取什么样的总体战略思想来指导这家企业进行销售。这家企业首先是一家粗放型销售企业，粗放型销售的特征是以提高市场份额作为企业经营的唯一目标和考核标准。当然，每一家企业都希望提高它在市场当中的占有率，增加产品的销售量，这是没有错误的。但千万不能仅仅以提高市场份额作为经营目标，还应该有很多其他方面的指标，只有这样才能确定销售和管理工作是好是坏。而这家企业以销售额作为各项考核和奖惩制度的唯一指标，只要销售出去，就认为销售工作完成了，这是完全错误的。应该是以回款额作为考核和奖惩制度的指标，而不应该是以销售额，同时还应考核其他很多指标。比如说坏账率的指标、账款回收周期的指标、各项成本的指标等等。粗放型销售的企业还有一个特点就是赊销比例远远高于同业企业，过高赊销比例必然会带来信用成本的增长速度过快，企业必然会出现亏损。另外，这家企业大多数客户都能较轻松地获得信用额度，这一点也是错误的。虽然提倡对客户提供信用销售，但是并不提倡对所有客户都给予信用额度，授信是必须要经过审查的。这家企业的赊销审批权限在各地经销商手中或业务员手中，按照“3＋1”科学信用管理模式的指导，赊销审批权限应该控制在总公司的信用管理部门，或者是各地分公司的信用管理部门手中，而不能控制在销售人员或者业务员的手中。这家企业没有配套的管理政策，它的销售额非常大，市场份额增加也非常迅速，但是坏账率、逾期账款率、账款回收的时间、信用成本都是非常巨大的。

第二，这家企业没有短期、中期、长期的信用管理政策，缺少信用管理政策的统筹安排和计划安排，并不知道企业下一阶段或下一步的销售策略和发展方向。

第三，这家企业没有一个独立信用管理职能部门和信用管理人员。由于没有独立的信用管理部门，造成了各个部门之间的信用管理职责很不清晰。在初期这家企业的信用管理工作由销售部门执行，每个客户做多大的销售额由销售部门来控制，但是销售部门控制信用风险的结果却是信用成本非常巨大。随后这家企业把前期的信用评估工作、后期的追账工作放到财务部门。但是财务部门在接手信用管理工作以后，却造成了两个部门之间的职责不清晰，最后实际没有人管理。财务部门评估的结果，有些销售部门不予采纳；即使采纳，销售部门也不会积极追收账款，全部交由财务部门来追收。最终导致各个部门信用管理工作职责不清晰。

第四，企业各部门纵向横向的沟通较少。企业信用管理需要信息流在各个部门传递，既包括横向的、平级部门间的传递，也包括纵向的、上下级之间信息的传递。如果这种信息传递非常少，企业信用管理就存在很大问题。企业信用管理的信息流必须每天在企业各部门之间传递，将每个客户的信用状况、企业信用管理的政策措施传递到各相关部门。

第五，按照“3＋1”科学信用管理模式，这家企业前期、中期、后期管理都存在很大的问题。前期没有资信调查机制，分析评估的手段相对比较弱，对客户的评估通过主观臆断进行评价，人为因素很大。在中期的信用管理阶段，这家企业没有使用债权保障措施。后期的信用管理阶段，由于分工的混乱，使收账工作没有得到认真执行。

第六，在执行销售和信用管理政策时，应该对企业的相关人员，尤其是销售人员定期进行信用管理培训，提高各部门人员信用管理水平，贯彻企业信用管理政策。

三、全程信用管理模式与双链条全过程控制方案

在国内企业信用管理领域，有一定影响的管理模式和解决方案还有全程信用管理模式和双链条全过程控制方案，分别由谢旭和刘宏程先生提出，并在近年来的培训和咨询工作中广泛宣传和使用。

全程信用管理模式把企业信用管理分为三个阶段，分别为签约前的客户资信信息收集和客户筛选、签约时信用分析评估和决策以及签约后应收账款管理与追收，它强调的是全过程管理。这种管理思路针对中国企业忽视前期和中期管理，注重后期管理，尤其账款逾期后的追收具有现实意义，同时也提出企业应建立信用管理部门负责此项工作。

双链条全过程控制方案提出以企业信用销售流程为一条主线，分企业内外两条控制链（客户风险控制链和内部风险控制链），三个过程控制制度（事前预

防、事中监控和事后处理），四大技术支持（数据库和信用管理软件、信用分析模型、监控指标系统和债务分析模型），并通过信息化和组织设计整合的整体解决方案，同时该方案也提出企业应建立信用管理部门负责此项工作。

这两种管理模式与“3＋1”科学信用管理模式的主要区别在于如下两个方面：

(1) 在信用管理阶段的划分方面。此两种模式将企业信用管理划分为签约前、签约和签约后，“3＋1”科学信用管理模式将其划分为签约前、从签约到发货（提供服务）和发货（提供服务）后；

(2) 在信用管理的具体内容方面。此两种模式认为：签约前的管理内容为资信信息收集和调查，主要目的是筛选客户；签约时的管理内容为客户授信管理；签约后的管理内容为账款监控管理。“3＋1”科学信用管理模式认为：签约前管理内容为客户资信调查与评估（包括授信）、从签约到发货（提供服务）的管理内容为债权保障和风险转移（包括要求客户进行担保、抵押等和外部的保险保理等措施的使用）；发货（提供服务）后的管理内容为应收账款管理和追收制度。相对来讲，“3＋1”科学信用管理模式涵盖的内容更多、更全面。

四、信用管理制度的建立步骤

企业在建立信用管理制度的时候，一般分为三步来走。

第一步，用两个月时间收集和整理客户的信用信息，把企业内部所有客户信息资料汇总、整合和归档。这些客户资料包括业务部门掌管的客户基础信息、原始文件、法律文件，也包括客户每一次交易的情况、付款情况、DSO分析、坏账情况等等。这些数据统一收集起来，交由一个管理机构——通常是信用管理机构——统一管理。没有获得完整数据的客户，规定时间尽快补充这些数据。对于新客户，必须收集他的信用信息，这是信用管理制度改造的最基础性工作。

第二步，要培训企业的人员，由企业一把手牵头，培训企业的销售人员、财务人员、管理人员和其他相关人员，进行信用管理综合培训。

第三步，在整理客户资料的同时，找出拖欠时间长、客户信誉不好的逾期账款，重点加紧追收这些账款。一个中型以上的企业，一般都有相当数量的客户，每个月它的交易数量也非常多，每个客户的交易情况掌握在每个销售人员的手中，如果不去检查销售分户账的话，哪些账款被拖了很长时间、哪些账款应该立刻进行追收，企业并不能完全掌握。对于无法追收账款的客户，应立刻停止赊销、关闭账户，并采取相应的法律措施。

第四步，从两个月到半年的时间，要建立起企业信用管理部门，并且招聘和选拔有能力的信用人员，这项工作需要四个月的时间。有的企业把清欠部门、法律部门或其他部门改造成信用管理部门，这并不是不行，但是，这种改造一定要对部门的人员进行专业化培训。对信用管理人员素质要求应非常的全面和专业，并非只懂得一方面的知识就可以胜任。

第五步，在这个时间段中，还要制定过渡期的信用管理政策，也就是指导企业在信用管理方面工作的制度，否则，企业各部门人员就不知道按照什么样的管理模式和操作程序进行管理。信用管理政策通过信用管理手册体现，包括对外信用管理政策手册和对内信用管理政策手册。对内信用管理手册指导内部各个部门的相互之间的职责及分工的操作程序；对外信用管理政策手册是给所有与我们有赊销业务的客户，使客户了解企业的信用管理有关政策，它能体现企业严谨的信用管理作风。

第六步，在半年到一年期间应该考核和修改过渡期信用管理政策。在过渡期间的信用管理政策中，肯定会出现这样那样的问题，通过一段时间的运行，将信用管理政策的问题找出来，并修改和完善信用管理政策。同时，还应该建立起计算机信用管理系统。现在西方企业的所有信用管理工作，基本上都是在一套信用管理系统当中运行，这个系统与财务系统不同。财务管理系统更多的只有记账和一些简单分析功能，而信用管理系统既包括客户资源、客户信息的收集、客户即时评估评级，又包括对账款的跟踪、监控和追收的职能，同时还包括对各种专业化信用信息分析的职能，这些都是财务系统无法实现的，所以企业应该建立一套独立的计算机信用管理系统。

企业的销售活动其实是在循环往复中进行。从寻找客户→客户下定单→谈判签约→发货→到期账款回收→客户再下定单→……在这个循环当中，当企业寻找到一家客户，客户提出赊购要求后，就应该启动前期资信调查和评估机制，通过内部调查和外部调查，在谈判过程当中就已经了解这个客户的基本状况了。收集客户信息后，通过科学的财务评估和信用评级的手法，在签约之前评估出客户准确的信用额度，风险的概率是多少、赊销期限是多少等等。在签约到发货的过程中，大部分业务并不需要运用中期债权保障机制，只是对于一些风险较大、企业又无法评估或无法核实风险的客户，但又必须去做这笔赊销业务的时候，应该运用中期的债权保障手段，包括质押、抵押、保证、保理、信用保险等保障形式保证账款的安全，将信用风险降到最低。在发货后到应收账款到期前这个阶段，启动后期应收账款管理程序，对账款进行监控和提醒。在账款逾期后到账款回收之前，启动应收账款追收程序，要通过各种的追收方式促使账款尽快回收。这就是“3”个不可分割的信用管理机制，同时建立“1”个独立的信用管理机构，编纂信用管理制度、培训员工、定期考核各项信用指标，通过这些内部的信用管理措施促进账款的回收。

第三节　信用管理各阶段的工作内容和步骤

一、前期信用管理——资信调查和评估机制

资信调查和评估机制又可细分为资信调查机制和信用评估机制。资信调查机制要求不论是新的客户还是老的客户都必须掌握和调查他们的信用资料，保证信用资料的完整性、准确性和适时性。同时还必须建立客户档案资料数据库。由于中国还未健全社会信用体系和信用信息公示制度，在中国搜集客户的信用资料相对来讲比较困难。但是，企业仍可通过一些方式收集客户的资料。第一种方式是要求客户自己提供信用资料。按照信用管理的要求，当一个客户提出赊购要求时，必须要求客户填写"信用申请表"。但对中国企业却是一个比较新的观念。中国企业在赊销货物时，因害怕客户产生反感，一般不敢要求客户提供信用申请表。但是这种做法在西方企业中却司空见惯，是一种最普遍的做法。信用申请表甚至在美国的商店或超市都可随意买到。从另一个角度讲，企业赊销类似于银行提供融资贷款，当银行向企业贷款时，银行的信贷部门不但要求企业提供的信用申请表格，还要求查看三年财务报表和企业运营、销售、管理情况，甚至还要到企业查账。而企业向客户提供融资，为什么不能向客户要求提供信用申请表呢？实际上，现在中国很多三资企业、民营企业和外贸企业已经开始这样做。有很多企业害怕因此影响和客户的关系，其实绝大多数客户是配合的。一项调查统计显示，90%以上的客户都愿意提供信用申请表。而那些不愿提供信用申请表的客户，往往就是长期拖欠货款的客户，对这些客户理应放弃赊销，甚至放弃交易。

美国企业使用的信用申请表分成两种格式：一种由经营未满 5 年的企业填写(A 表)，另一种由经营超过 5 年的企业填写(B 表)。

A 表包括：企业的一般情况的调查、经理和负责人的情况、银行的资料和贸易参考等。在贸易参考中要求客户提供另外几家客户的情况，以便向他们了解客户的信用状况。同时在表中还有买方承担由于不付款而产生的各种追账费用、诉讼费用的保证条款。未满 5 年的客户要求企业法人代表提供个人担保，将有限责任和无限责任联系在一起。B 表是经营超过 5 年的客户填写的表格，包括这家企业的基础状况、银行联系人、银行账号、5 家曾经向这个客户供应过货物的企业的联系情况，同时还包括客户 1 年的资产负债表和损益表。当客户账款逾期达到 30 天还没有付款，信用申请表要求客户按照每个月 1.5%的月息支

付罚金。同时声明，如果是这笔账款被拖欠而转移到追账公司或律师那里，客户要支付不超过30%的追账及律师费用、法庭费用及其他不可预知的杂费。

收集客户信息的第二个有效途径是行业协会。西方国家行业协会提供的信息都是相当全面的。对每一个客户，所属行业协会都可以了解到购买商的实际信用状况、付款情况、逾期率、账龄结构分析等信息。但是，目前中国行业协会的职能还远未健全，企业无法通过这个渠道来收集客户信息。

第三个途径是通过政府部门的查询。比如美国的商务部专门有负责查询企业信用状况的部门，所有客户的公共信息，这个部门均可查到。比如诉讼信息、税务信息、工商信息等等。但是在中国，个人和企业的信息被各个政府部门作为私有财产不予公开，部门间信息不开放，只有工商局等极少数部门可以查到一定的信息。

第四个途径是企业的销售人员负责收集客户信息，这是客户信息的重要来源。因为销售人员处在销售工作的第一线，而且他直接面对客户，最了解客户的信息。实际上很多企业也是通过业务员收集客户信息，但收集的信息或是不全面，或是不科学，不能全面反映客户的信用状况。业务员收集客户的信息，至少应包括16项内容，包括客户一般信息、股东和负责人的情况、表面印象、人员素质、内部管理状况、经营运作情况、产品的竞争性、市场竞争力、发展前景、交易收益、产品满足市场能力、对公司的影响、对市场战略的影响、保障条件、可替代性、付款记录、银行信用等内容。

最后一个途径就是委托专业资信调查机构。对于专业的资信调查公司，中国的大多数企业还不很了解，甚至没有听说过。实际上，这种资信调查机构在西方已经存在150年以上。但在新中国成立后，直到1987年才出现第一家这样的机构，这就是中贸远大商务咨询公司的前身。中贸远大公司是外经贸部计算中心（现已并入商务部研究院）投资的公司，这个公司从1987年就开始企业资信调查工作，是最早从事企业信用管理咨询服务的专业机构。在1993年后，陆续又有几家民营和外资资信调查企业成立，比较有名的包括新华信、华夏、国际、邓白氏、中华征信等。

资信调查机构可以将世界各国企业的所有信用信息调查出来，包括企业基本注册情况、股东和负责人情况、业务情况、管理情况、发展前景、银行信息、诉讼情况、财务信息、风险指数、全面评价等等。而且时间只需3～10天。在发达国家做一份调查报告，费用大致在50美元，中国的资信调查费用相对贵一些，大致在800～1 000元人民币。西方企业只要碰到新客户，必然会委托资信调查机构调查；对于老客户，也要在一定时间之内比如每年委托调查一遍，这是一个非常普遍的做法。中国企业也应学会委托专业机构调查。当遇到新客户时，应该找专业调查机构了解客户的信用状况，对于重点的客户，至少应每年调查一次。按照“二八定律”，企业20％的客户贡献80％的业务量，对于这20％的客户，应该定期做资信调查，不断地更新客户资料。

当收集到客户的信用信息后，下一步就要对客户的信用状况进行评估和分析。评估客户的信用状况是一门非常专业的技能，国际上通常采用两种方式：一是采用财务指标进行评估，称为财务评估，另一种采用信用要素评估，称为信用评级。财务评估是一般企业经常采用的方式，就是以财务指标作为客户信用状况的唯一标准，其他信用要素不予考虑。财务评估的好处在于可以量化客户的信用状况，因为客户财务报表是量化的。但是财务评估的缺陷也很明显，就是没有考虑到其他信用要素对信用风险的影响。信用评级将客户的所有信用要素都包括进来，按照“3C”原则对客户进行评价。信用评级的优势在于反映了客户全面综合信息，不利之处在于很多的信息不宜量化，或信用信息量化的标准容易出现偏差。目前银行基本都采用信用评级的方法考虑一个企业综合的能力。

财务评估对客户的信用分析采用“3性”原则。第一“性”是客户财务资金状况的流动性，第二“性”是客户财务资金状况的安全性，第三“性”是客户财务资金状况的收益性。如果是一种短期的授信行为，比如货物赊销期在半年之内，这时评价客户最重要的指标是客户财务资金状况的流动性。即使这家企业资产负债率很高，企业收益逐年下降，但是如果它的账款流动速度、库存流动速度、现金流动速度非常快时，那么在短期授信时风险并不很大。对于超过半年的长期授信、赊销或者投资，这时流动性已并不重要，而财务资金状况的安全性、收益性就非常重要了。因此，在短期授信时，流动性的各比率权数大，很多的评估机构把权数定为70％，而安全性和收益性相应小一些，定为30％。而在长期的授信中，流动性比率的权数只能占10％，而安全性和收益性的比率权数则占到90％。

不论是对个人还是对企业，信用评级均采用的是“3C”原则。所谓的“3C”原则就是按照三个“C”打头的英文单词表示的原则。“3C”包括“品格”(Character)、“能力”(Capacity)和“资产”(Capital)。“3C”原则是信用评级的基础，其他各种评级理论都是在“3C”原则基础上引申出来的。

二、企业中期信用管理——债权保障与风险转移机制

我们知道，信用评估也好，信用调查也好，只是对这个客户未来付款的能力和意愿的一种判断和预测。我们知道未来的事情是很难进行准确判断的，在未来一段时间后，他是否真的到期以后能够付款，需要我们再做一些具体的防范。那么如果客户到期不付款，有些什么样的处理方法呢？这里涉及债权保障或风险转移的问题，首先我们看一下，常见的债权保障或者风险转移的一些手段。中

期的债权保障手段分为两个方面，一是内部的债权保障手段，另一个是外部的债权保障手段。内部债权保障手段包括：客户提供质押、固定资产的抵押、第三方保证、企业股东、负责人担保等方式。外部的债权保障手段包括银行承兑汇票、保险公司所开展的信用保险的业务，有关保理公司或银行开展的保理业务，还有像福费庭的业务，应收账款管理公司所开展的应收账款管理与商账追收这些业务，以及必要时，进行诉讼和仲裁，这些都是我们可以考虑的保障债权的措施。

那么这些措施怎样来选择使用？

第一，如果判断出来这个客户的信用风险明显太大，我们宁可放弃信用交易。就是说，信用风险必须在我们可以控制的范围之内，坏账的比例在我们企业可以承受的范围之内，我们才可以考虑进行信用交易。如果明显的风险太大，那么我们宁可放弃不做。如果有一定的风险，但不是特别大的时候，按照优先的顺序去考虑，可以要求对方提供银行保函，但是这种是比较难实现的。

第二种情况，可以考虑承兑汇票。目前这种做法国内比较流行，基本上是一种银行的信用。

第三种，采用保理服务。保理是指当企业通过赊销售出货物后，银行购买企业的应收账款（债权），同时，立刻将绝大部分货款支付给企业，起到融资的作用。后期银行还负责追收货款，这就是保理服务。在国际贸易中，银行能承担企业100%的信用风险，我们称之为无追索权保理。中国银行、交通银行和许多外资银行都提供这种无追索权保理服务。在国内保理业务中，工商银行、光大银行、民生银行等等很多银行提供有追索权保理。这种服务只提供融资功能，但不承担信用风险。这种保理还不是真正意义上的保理业务。

第四种，采用信用保险服务。目前只能在国际贸易中使用，国内尚没有信用保险业务。开展信用保险业务的是中国出口信用保险公司，由原中国人民保险公司、中国进出口银行等机构组成，是政策扶持的国有企业，享受财政补贴。

国际上将保理、信用保险和信用证并称为金融结算和信用保障业务中的“三驾马车”，三项业务每年的交易量都非常巨大。例如，一家美国的银行保理额就能做到100亿美元以上。中国企业应该学会采用保理、信用保险为企业赊销保驾护航，并提高企业的融资能力。其实，现在很多企业已经开始使用保理和信用保险服务。比如四川一家电器集团，2002年出口额6亿美元。由于国外集团购买的批发商均采用赊购方式，该电器集团感到风险较大，而且贸易资金的占压也非常严重，影响企业的生产经营。因此该集团在香港找到保理银行办理保理业务，香港的保理银行提供了6亿美元的80%即4.8亿美元的融资，同时又提供应收账款的管理。这6亿美元中有3亿美元银行承担100%的风险，另3亿美元不承担风险，只负责代为收账。这项综合性的保理服务，收费只有0.25%。

出口信用保险的收费也很低，企业到保险公司申请保险，很多地方的财政部门给予一定的补贴，比如说广东补贴到50%，也就是说，如果收费是0.8%的话，实际企业只要交0.4%的费用。

三、后期信用管理——应收账款管理与追收机制

针对应收账款管理与追收工作有很多警句格言，看似简单，却对后期信用管理有重要的指导意义。

第一条格言是："客户既是企业最重要的财富，同时也是最主要的风险来源"。这里面有一个观念上的问题，我们通常讲在买方市场情况下，客户是上帝。但是客户在是我们财富的同时，他也给我们带来了风险，所以大家应该有一个客观的正确的认识。

第二条，"好的客户应该是按时付款的客户"，也就是说不是所有的客户都是好的客户。好的客户的标准最起码应该是按时付款的客户，如果他不能按时付款，经常拖延我们付款的话，就不是一个好的客户。

第三条，"客户尊敬做事专业而又严谨的供应商"，也就是说客户愿意跟做事严谨、管理系统规范的供应商打交道，而不愿意跟管理松懈、很混乱的供应商打交道。他尊敬的是专业而严谨的供应商。

第四条，"防患于未然，将问题解决在萌芽状态"。也就是说，很多应收账款之所以收不回来，造成逾期拖欠的问题，其实问题的发生，往往是在刚刚发生的时候，没有得到及时重视，没有及时地进行解决，导致货款最终形成了拖欠。

第五条，"客户的付款习惯是由供应商养成的"。很多企业说某些客户信用不好，总是找各种各样的理由拖欠付款，还不敢得罪他，所以认为其客户群的质量不好。其实，信用管理学认为，客户的付款习惯不是客户自己养成的，而是由债权人养成的。北京外贸企业有这样一个例子。业务员小张与美国的一家公司做贸易，赊销账款到期时，财务部门催促小张催收货款。小张懒得给债务人打电话，因为小张与债务人关系非常好，过几天再说吧。况且公司管理一直很松懈，拖欠一段时间非常正常，结果这笔欠款被放了下来。之后，小张到山西备货出差20多天。回来时财务部门又要求小张尽快催促付款，这时小张才给客户打了一个电话。两天后小张又到欧洲参加一个展览会，一个月后才回来。回来后发现客户的拖欠款仍未偿还。这时，上至总经理，下至财务经理和销售经理都对小张施加压力，如果这笔钱再不汇到，就停止小张的工作。这个时候，通过小张的努力，客户终于在拖欠了2个月后把钱付了过来。其实，客户的本意并不想拖欠，而且客户有足够资金可以立刻支付货款。但客户发现，即使拖延货款，债权人也

不会给他任何压力，既然这样，为什么要及时向他付款呢？而且客户已经知道，拖欠两个月是这家企业的底线。从此以后，这家客户的每一笔业务，总是拖欠两个月才汇款。所以，大多数情况下，造成客户延迟付款的主要原因是企业自身的管理问题，管理的不规范养成了客户不良的付款习惯。

第六条，"逾期账款成本是企业最大的赊销成本"。欧洲有个统计，企业坏账的损失，往往不是企业最大的赊销成本，而逾期账款所造成的机会成本和利息等损失，往往是坏账本身的10倍。当然，在我们国家这个比例没有这么高，但是逾期账款成本，应该是企业比较大的赊销成本。考察企业信用管理水平的好坏，评价信用管理政策执行的效果，最主要的指标就是与逾期账款相关的指标。这些指标包括DSO、账款逾期率、账龄结构等，其中DSO是企业最重要的信用管理指标。

第七条，时间是欠债人的保护伞。你给欠债人的时间越长，他的保护伞就会越大越厚。那么我们在收回账款的时候，难度就越大。

第八条，等待与观望不会带来任何结果。我们在进行应收账款追收的时候，一定要及时有效地进行追收，等待与观望，怀着良好的愿望，期望着客户良心发现及时付款，不会带来任何结果。

第九条，债务人首先付款给压力最大的债权人。我们在进行收账的过程中，我们能不能够得到最早的付款、及时的付款，其实取决于我们给债务人的压力。对于一个客户，他面临着各方面的资金压力，有银行偿还贷款的压力、有众多债权企业到期货款的压力，也有企业各生产、运营方面的压力。总之，客户的资金总是短缺的。客户在付款时，顺序往往是银行到期贷款→企业运营资金→企业管理费用→必须先支付的欠款→一般性欠款。怎样使自己货款被提前支付呢？必须对客户施加压力，让客户发觉拖欠这个企业的货款压力巨大，必须到期就支付。而债权人货款一旦被列为一般性欠款，除非给客户大的压力，逾期就成为自然而然的一种表现，而且往往拖欠时间越来越长。因此，我们的销售部门、信用部门必须了解到，对客户一定要保持这种信用压力。

后期信用管理又分为两个阶段。在货物发出后到应收账款到期之前，称为应收账款管理。在账款逾期以后，称为逾期账款追收。在应收账款管理阶段，有三个方面的工作，包括发货的确认制度、质量确认制度、账款到期前的对账提醒制度。

发货确认制度就是当货物发送到客户手中后，应办理客户收到货物的确认手续。有的中小型企业自己没有储运部门，需要委托第三方运输，在货物交接过程中可能会出现货物的丢失或者物权转让的问题，因此要求客户收到货物以后应该有书面的确认。质量确认制度就是在应收账款到期之前要求客户对货物的质量进行确认。若应收账款到期时,客户没有按照预期将货物销售出去或没有收回账款,使他不愿或不能按期偿还供应商货款时,客户最容易提出质量方面的争议。因此信用管理强调在应收账款到期之前,要取得客户在质量方面的确认。品质和数量方面的确认有一个便于操作的原则,就是给予客户账期的一半时间确定货物的质量。比如账期为3个月,那么客户提出质量争议最后期限是一个半月,如果账期是一个月,客户应在15天之内确认货物质量。账款到期前对账提醒制度是指应收账款到期之前,应与客户对账并提醒客户按时付款。这个时间一般是账款到期前的5～7天。到期前的提醒制度可以在客户面前树立良好的信用管理形象,并对客户保持适当的压力。同时它也防止了客户由于财务混乱造成逾期的可能。

在账款逾期后信用管理要求执行三个制度,第一个制度是逾期后的加压追收制度。当账款逾期后,要按照信用管理制度,首先要定期向客户发出追讨函,同时通过电话追收不断向客户施加压力。这些追讨方式企业都在使用,但关键是追收加压制度是不是科学的和固化的方式。对于发追讨函,一个比较典型的做法是当一笔账款逾期10天的时候,债权人发出第一封态度和气的询问函,逾期30天时发出态度较为强硬的第二封追讨函,逾期60天时发出态度非常严厉的第三封追讨函,这时相关惩罚措施,包括停止发货、减少额度、罚息等等开始使用。当逾期90天时发出最后通牒。最后通牒明确告之客户,如果再不付款,将面临诸如诉讼等最严厉的惩罚,并将这个惩罚的日期明确写在上面。西方企业大多由计算机信用管理系统负责打印各时期的追讨函,同时包括一个所有交易的对账单。

电话追收是一项工作量大,同时对从业人员要求较高的工作。通常情况下,一个能干的电话追收人员,能管理200到300家客户,每天拨打30个电话,这就需要有信用管理系统提供支持。当一笔账款逾期后,电话追收人员可能要打3～5个电话,其中逾期10天、30天、60天是固定要打的,其他也可能在客户承诺还款的日期拨打。信用管理系统将提醒电话追收人员每一笔账款的进展和工作安排。电话追收又是一门对人员素质要求较高的工作,电话追收实际上是信用管理的重要课程之一。一个优秀的内勤电话追收人员,会在给债务人施加巨大压力的同时,又不会损害客户关系。他(她)甚至可以使DSO降低。这个人员不但对法律、财务、贸易等专业熟知,同时也是心理学的高手。

当追讨函、电话追收、内部惩罚制度都无效时,开始启动外部的惩罚制度。外部惩罚制度包括委托专业收账公司收取债务和委托律师事务所进行诉讼仲裁。西方企业的操作流程是如果账款逾期90天,企业会委托一个专业的收账公司负责追讨账款,账款逾期360天后仍未追回,就通过律师事务所进行诉讼或仲裁。收账公司在中国尚未取得合法地位，但在西方国家，追账行业却是一个合法的、重要的信用管理行业。而且追账公司处理的案件远远超过律师事务所处理案件的数量。追账公司和律师事务所不同，律师事务所起的作用是在双方无法调和的时候，需要法律去判别谁对谁错的时候代客户打官司，但是大部分的情况下买卖双方可以通过私下的协调来解决纠纷。当买卖双方无法直接协调纠纷时，就需要有专业的收账公司来帮助他们进行债务的处理。其实在西方国家绝大部分账款都是由收账公司妥善处理的，因此，和资信调查行业一样，商账追收业也是信用管理行业的最基础的一个行业。中国在20世纪90年代初期收账公司曾经风靡一时，但随后却演变成"黑道""白道"共同参与欠款追收。直接影响到社会治安，因此1995年和2000年公安部等两次下达通知，禁止出现收账公司。出现这种情况是由于中国没有相关的法律法规约束这个行业，致使这个基础的信用管理行业无法在中国生存发展。随着中国信用体系和法律法规的不断完善，这个行业迟早会在中国蓬勃发展起来。

当追账公司无法收回账款时，只有通过律师事务所进行起诉或者仲裁。在中国诉讼和西方国家正好相反，国外一个诉讼案件要判决下来可能拖很长时间，但是，一旦判决生效，执行起来却很简单；中国的情况是起诉和判决并不一定拖延很长时间，但执行却很有难度。因此，大多数企业不到万不得已，不会走诉讼这条路。

第四节　企业信用管理部门与政策

一、企业信用管理部门

我们来分析一下，企业为什么要建立独立的信用管理部门。很多企业并不建立独立的信用管理部门，而将信用管理工作安排到财务部门。这些企业认为赊销是一个资金的分配过程，是把公司库存变成应收账款，对客户如何分配赊销应由财务部门负责。但是，财务部门从事信用管理，企业往往处于信用紧缩的状态，不能适应企业发展需要。财务部门是企业内部较为保守的一个部门，在对客户进行评估的时候，财务部门更多地考虑风险因素，因此，很多有潜质的客户被排除到信用销售的范围之外，从根本上制约企业的销售业绩。同时，信用管理是一个综合性的学科，既包括财务知识，又包括贸易、法律、经济等知识，这些都不是财务部门人员可以胜任的。因此，财务部门掌管信用管理工作，并不是一个很好的选择。

还有很多企业是由销售部门负责信用管理工作，理由是销售部门处在第一线，更了解客户的信用状况。但是销售部门掌管信用管理被认为是最差的一种管理模式。和财务部门相反，销售部门是一个非常激进的部门，这个部门往往对客户的风险估计不足，控制不够。当销售人员碰到一个客户时，他更多考虑的是如何把货物销售出去，而非判断风险有多大，在确定赊销额度时也往往偏大。因此这个部门会造成企业整体的盲目信用投放。同时，销售部门既负责销售又负责信用管理，就会出现一些腐败的现象。赊销客户由这个部门选定、赊销大小由这个部门决定、账款管理和追收也由这个部门负责，那么，谁来监督这个部门，如何取得权利的制衡呢。从大量的企业实例看，销售部门掌管信用管理是最不成功的。

一个独立的信用管理部门既可以控制销售部门的盲目激进，同时又可以推动财务部门的资金运转，达到一种销售和管理的平衡。这种平衡可以在信用成本降到最低的同时，企业利润达到最大化。建立信用管理的部门，应该培养专业的信用管理经理和信用管理人员。西方企业的一个信用管理经理，需要掌握十几门专业知识，这方面的人才非常稀少，即使在西方企业工资待遇都非常好。

二、企业信用管理政策

信用管理的政策是指导企业信用管理的根本大法。信用管理政策包含两个方面的内容，第一，要制定信用管理的总方针，详细阐明企业在一段时间之内赊销的总体方针。信用管理政策总方针包括企业赊销松紧度的问题，是紧缩型管理、宽松型管理还是平衡型管理，并确定年度企业的信用管理规模。在确定信用管理总规模后，就要确定信用管理五项指标，这五项指标包括年度赊销额、企业年度坏账率和月度坏账率（需明确将逾期多长时间的账款作为坏账）、赊销期限、账款逾期率以及 DSO 的指标。信用管理还应明确写出信用管理部门的考核指标和考核办法，并起草对内对外信用管理的手册。在信用管理政策制定完毕后，还要确定管理标准。包括对于具体的客户应赊销的额度，提供折扣的标准，最后还要确定它的单笔放账期。

在信用管理中，DSO（Days Sales Outstanding）是最重要的信用管理指标。DSO 是指，在企业所有赊销业务中，每笔应收账款的平均回收时间。通过 DSO 的测算，可以了解到企业现金流量是否充足，应收应付是否合理，信用管理水平是高是低，以及每一个客户实际付款的速度。DSO 需要每个月甚至每周计算，但中国绝大多数的企业每年只计算一次，有的企业甚至根本不了解 DSO。DSO 的计算方法有 3 种，包括期间平均法、倒推法和账龄分类法。

期间平均法＝(期末应收账款余额/本期销售额)×本期销售天数。这种计算方法是中国企业常用的计算方法，最常见的是在计算年度DSO时，使用公式为：(当年年末应收账款余额/当年总销售额)× 365天。但是，这种方法的误差很大，因此西方企业在计算DSO时，则采用与中国完全不一样的计算方法——倒推法来计算DSO。

倒推法是以最近的一个月为开始，用总应收账款余额逐月减去销售额，直到总应收账款为零时，再查看减去的总天数，总天数即为DSO。这种DSO的计算方法注重最近的账款回收业绩，而非全年或半年的业绩。这种方法是最准确的DSO计算方法。

例3-1 某企业2003年6月份统计企业销售的情况如下：

统计日期：2001年6月份　单位：人民币元

	一月	二月	三月	四月	五月	六月	合计
日销售额：	20 000	17 000	18 000	20 000	14 000	21 000	
总销售额：	620 000	476 000	558 000	600 000	434 000	630 000	
未收账款：	25 000	30 000	85 000	120 000	310 000	600 000	1 170 000

在2000年6月，企业的应收账款总额为：

25 000＋30 000＋85 000＋120 000＋310 000＋600 000＝1 170 000

用1 170 000－630 000(6月份的销售额，天数：30天)＝540 000

用540 000－434 000(5月份的销售额，天数：31天)＝106 000

106 000相当于4月份平均106 000/20 000＝5.3天的销售数量

那么：DSO＝30＋31＋5.3＝66.3天

假设这个公司2003年5月份的DSO是60天，4月份的DSO是56天，客户群的付款速度在整体放慢，说明这家企业的信用管理出现了问题，是由于信用政策放松的缘故？还是追讨账款不及时，或是在对客户评估时过于宽松？总之，如果每个月通过倒推法计算DSO，企业信用部门就可以立刻发现信用管理的缺陷，并及时找出对策。

计算公司的DSO，可以使企业整体信用政策得到贯彻和修改，同时，计算每个客户的DSO，同样可以使信用部门对客户实施有效的管理。假设上述案例是针对一个客户的6月份DSO计算，6月份为66.3天，而5月份为60天，4月份为56天，信用部门就要密切关注这家客户了。要进行个案分析，为什么这个客户的DSO在不断放慢？是不是这个客户的信用状况出现了问题？还是财务出现危机？我们应该对这家客户采取什么措施？是加紧追讨还是停止赊销？通过DSO的计算使企业了解了每一家客户的付款状况，并同时做出相应的决策。

第五节　企业信用管理系统

前面提到，企业信用管理系统是帮助企业实施系统、完善的信用管理工作时必备的计算机系统。我们来看一下信用管理系统的示意图（参见图3-3）。

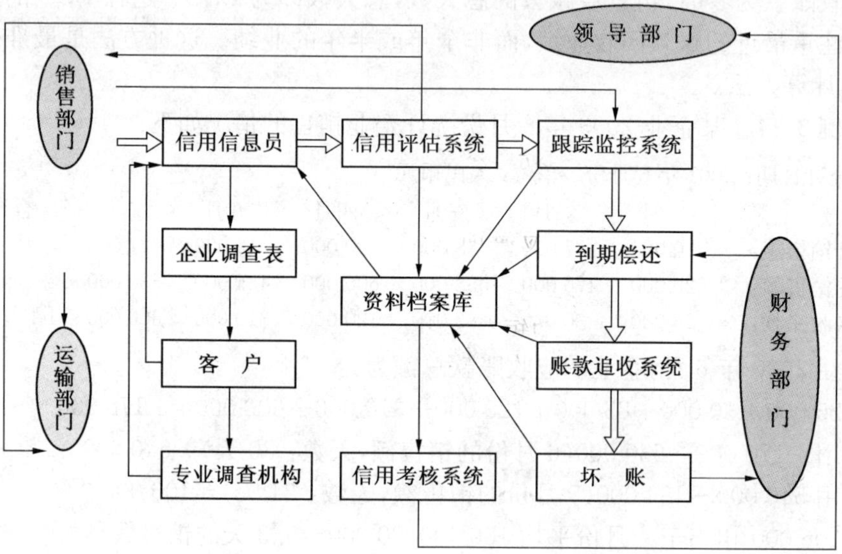

图3-3　信用管理系统的示意图

在这个系统中，销售部门每一笔信用业务，都要通过终端向信用信息员申请，信用信息员首先检查这个客户的资料是否齐全，如果资料齐全就会自动进入到信用评估系统。信用评估系统自动评价出这家客户信用额度。如果是一个老客户，系统会自动查看该客户以前的信用额度记录、已使用的额度和剩余额度，同时也提示该客户的付款习惯。最后，信用评估系统把评估结果反馈给销售部门，如果批准了信用额度，还会通知储运部门和财务部门发货和开出发票。

销售部门把货物发出去以后，给跟踪监控系统发出指令，跟踪监控系统就会密切跟踪这笔账款的执行情况，包括质量确认、到货确认和到期前提醒等工作。这项工作由信用管理部门的专人负责。跟踪监控系统将提醒信用管理人员完成每笔账款的应收账款管理工作。如果账款没有收回，该笔逾期账款会自动进入到账款追收系统。跟踪监控系统负责提示信用管理人员发出追讨函、定期与债务人电话联系，并记录客户的每一次还款承诺。

信用管理系统每个月都会从档案数据库当中提取各种分析资料加以分析，包括DSO分析、账龄结构分析、客户12个月滚动分析等等。所有分析结果每周、每月报告管理层。目前，中国较完善的信用管理系统是商务部研究院开发的“3+1”企业信用管理系统。

信用管理系统有两大优势：第一，拥有建立完整、详细的客户档案数据库，客户资源和信息完全由公司掌握。可以监控每一个客户每一笔交易进展情况，并随时进行统计分析。第二，运用多种评估模型，评估客户信用额度准确快速，信用管理人员和业务人员可以立刻得到客户的赊销信用额度，并实时监控客户信用额度的使用。

除了上述两大优势，信用管理系统还具有如下功能：信用部门、业务部门、财务部门、物流部门、管理部门在一个操作平台从事赊销和信用管理，极大地提高企业各部门信用管理工作效率；各部门人员分级别、分权限管理，在信用销售过程中分工明确，避免盲目、交叉管理，并保障数据安全性；在资料查询、评估、储运、账款管理和追收等方面全面监督，大大提高客户服务质量；统计数据清晰明确，有利于制订企业信用管理的短期、中期和长期计划和定期政策调整；监控追收系统全面，为企业提供各种追收监控手段。

思考题

1. 企业为什么要赊销？
2. 什么是企业赊销的最大成本？
3. “3+1”科学信用管理模式的主要内容是什么？
4. 内部惩罚措施和外部惩罚措施各包括哪些内容？
5. 简要说明信用管理系统的内容和优势。

第四章 企业资信调查

学习提要：资信调查是信用管理与分析的基础与前提。对资信调查的重要性以及对调查过程的深度与广度认识得越清楚，越有助于提高资信调查的质量。为了顺利而有效地工作，应当掌握好资信调查的特性、时机与渠道、内容与方法，并正确处理好资信调查过程中的各种关系。

第一节 资信调查概述

一、资信调查的概念

"资信"这个专有名词已经被越来越多地使用，因此有必要首先认识它的涵义。"资"一般是指资金、资产、资质及声望、地位的意思；"信"一般是指诚实、信用、信誉的意思。综合起来，"资信"一般就是指资质与信用的意思。

"资信调查"可以解释为"收集被调查方各信用要素资料，客观反映被调查方信用特征的活动"。资信调查又被称为征信调查或征信。"征"有"收取"、"询问"、"验证"、"证明"之意。征信就是收取并验证信用。从词意的角度分析，"征信"似乎比"资信调查"更能够表示出此活动的本质特征，即收集的特征、分析的特征和验证的特征。

据说"征信"一词最早出现在中国上海。1922 年，上海各大银行曾联合创设"中国征信所"，主要业务是调查工厂、商店的生产、营业、盈亏情况以及个人的信用情况，向特约订户提供调查报告，接受委托对指定对象进行调查，向委托人提出单独报告等。"中国征信所"的收入，主要依靠提供情报所得的报酬和银行的津贴。国际上资信调查机构最早出现在英国伦敦。当时欧洲商业迅速发展，经营规模和范围日趋扩大，商业经营技术日新月异，信用交易逐渐成为经营上不可或缺的工具。由于经济走势变化无常，企业信用良莠莫测，作为信用交易最常见的债权人——银行越来越感到资信调查的必要，为适应市场需要，专业资信公司因此应运而生了。在英国伦敦成立资信机构以后，美、法、德等国也相继成立类似机构。在随后的近两百年中，资信行业逐步规范，资信机构大量出现，在发达国家中，资信行业已经发展成为一个比较健全的行业。

二、资信调查的重要性

假如你是一个企业管理人员，当你面对一个不知底细的陌生客户时，你是否把货物赊销给他呢？或者当一个老客户突然申请超过平时数倍的信用额度，你是否同意他的请求呢？如果你的回答总是肯定的，那么你的企业可能正处于巨大的风险之中；如果你的回答总是否定的，那么你的企业可能会故步自封，毫无发展。

那么，怎样的行为才是正确的呢？当企业面对有风险的业务时，不是盲目地一概接受，也不是惧怕风险一概予以拒绝，而应当立刻开展资信调查，调查贸易伙伴的信用状况，通过客观事实识别客户的优劣，按照调查结果做出正确的决定。资信调查属于企业前期信用管理范畴，是企业防范风险应当进行的第一步工作。

我国目前市场经济体制尚不健全，信用问题普遍存在，信用风险是比较大的，因此，事先做好资信调查的工作就显得尤为重要。

1. 通过资信调查可以减少信用风险

事实雄辩地证明，通过资信调查确实可以减少或者避免信用风险的产生。当信用体制没能健全时，通过资信调查，调查者事先可以知道被调查者信用状况，然后决定是否与之做生意，做到防患于未然，这是资信调查最直接也是最主要的目的。

对一个主观上不想受骗上当的企业来说，资信调查的重要作用还直接告诉人们，企业要想取得未来的成功就必须面对现实总结过去的经验教训。不吸取过去的经验教训就容易重蹈覆辙。

2. 通过资信调查可以提高社会的诚信水准

资信工作的开展与普及可以促使全社会道德水准的提高。在一个信息高度发达的国度里，调查某个企业或个人的信用成为非常简单的事情，任何信用不良行为都将暴露在大众面前，直接影响到其自身的生存和发展，有人胆敢铤而走险，坑骗他人，将被记录在不诚信的“黑名单”中，从而有助于在社会上形成诚实守信者业务更加兴隆、背信欺诈者被社会唾弃的良性秩序。

3. 通过资信调查可以促进信用经济不断完善

市场经济是信用经济，维系市场经济良性发展的是诚实守信，破坏市场经济秩序的是虚假失信。

例如，社会商业活动兴旺与否，金融起到关键的作用，而金融兴旺与否，又与信用紧密相关。银行通过放贷向企业提供信用，企业按期将本金和利息支付银行，银行和企业才能获得良性发展。如果没有健全的资信体制，银行放贷行为盲目，企业还款意愿低迷，贷款大多无法收回，久而久之银行必然产生大量坏账，转而过多考虑安全原则，不敢轻易发贷，致使大量货币囤积，最终导致金融紧缩。反之，健全的资信可以使银行放心扩张信用业务，增加资金流通数量和速度，并刺激经济高速发展，使金融和商业良性循环。

又如，无论是对外贸易还是国内贸易，信用方式必然随着市场经济的发展而越来越重要。销售商们共同的感受是，在买方市场逐步形成的今天，除了价廉物美的商品外，销售商还必须提供赊销服务。就买方而言，有限的流动资金永远不够发展需要，如果能够利用自己的信用做生意，就会大大提高利润率。因此，如果资信系统健全完善，销售商们乐于赊销更多的商品给买方，买方也愿意保持自己良好的信用以创造更大的利润空间，商业活动必然越来越活跃，市场经济才能够健康有序地发展。

4. 通过资信调查可以降低企业信用成本，促进企业良性发展

在市场经济中，通过信用调查可以使企业降低交易成本，提高效率，摆脱诉讼，提高竞争力。同时，信用也是企业的一项重要资产，可以帮助企业发展壮大。有资料反映，在发达国家，企业间的信用支付方式已占到80%以上。在发达的市场经济体系中，一个成功的企业可以凭借信用使其经营规模超出自身拥有现金的几倍、几十倍乃至成千上万倍。企业通过银行信贷、客户赊销(信用销售)、应收账款的代理出售以及信用保险等多种方式，创造出远远大于其现金规模的价值。然而在我国目前的企业运行中，由于信用缺失引起的抽逃资金、拖欠账款、逃避银行债务、恶意偷税欠税和产品质量低劣等问题，不但影响我国企业整体形象，更成为困扰和制约企业发展的主要障碍。信用缺失还制约着不少中小企业融资和贷款，直接影响到中小企业的发展。中小企业由于规模小、实力弱、资金缺乏，需要融资和利用银行资本。但由于信用缺失，信用环境差，造成中小企业贷款难、担保难、抵押难、融资困难。据调查，2001 年 1～9 月，我国县级中小企业共申请贷款 632.56 亿元，实际只获得 433.57 亿元，贷款满足率只有 68.5%。信用如水，市场体系中缺乏信用，犹如洗脸盆养鱼，大企业养不活，小企业养不大，市场也难以繁荣起来。

三、目前我国资信调查的困难

1. 信用体系尚未建立或健全

虽然我国经济高速增长，但很多与之配套的管理机制没有及时完善，其中包括还没有形成系统的信用体系和制度，这正是我国资信调查工作没有快速发展

的重要原因之一。在企业还没有充分认识到获取信用的重要意义之前，对以考察他人信用为目的的资信调查工作自然不会受到足够的重视；在企业尚不了解丧失信用的严重后果之前，也许不会去担心别人调查自己的“没信用”。在市场经济的初级阶段，有的企业与个人不想守信，那也就无所谓信用；没有信用，就不会有资信调查。

应当看到，近二十年来，我国的社会诚信与信用体系正在建设之中。虽然企业资信调查的活动有了一定的进展，但比起突飞猛进的经济发展速度和人们对企业信用越来越迫切的需求，这项工作的发展明显是缓慢的，落后的。

2. 普遍缺乏对资信调查重要性的认识

目前，除了与国外企业接触频繁、接受新生事物较快的外经贸企业和一些大企业外，不少企业还对资信调查活动缺乏了解甚至还未曾听说过。企业在做生意时，从来不调查对方的信用情况，或者将调查对方情况的行为或向对方索取资料认为是不信任对方，影响双方的合作的表现。资信观念尚未普及，信用风险意识淡漠，是我国资信调查工作开展的又一主要困难。

3. 资信调查渠道较窄，困难较多

一些政府机关部门如工商、税务、法院、统计、公安、海关、教育、财政、房管、车管等部门的资料交换渠道闭塞，一些本来应该对外公布、在国外司空见惯的资料却被作为“秘密”保管起来，调查时困难重重，有时甚至无法调查。

4. 资信调查机构刚刚起步

目前，我国资信调查机构刚刚起步，大小悬殊，良莠不齐，各自为战，还没有形成统一有效的行业规范，资信报告质量还不能满足委托调查者的要求。

5. 金融机构等信用信息还不够通畅

银行与银行之间、银行与企业之间的资信交换不畅，经常出现一家企业同时在多家银行抵押相同房产取得贷款或在一家银行欠下巨额债务，而又可能在其他银行顺利贷款的事情出现。同时，企业也难以顺利地从银行了解情况，银行信用的中介功能不突出。

6. 会计信息失真较为严重

有的企业财务会计报告缺乏真实性，有的审计工作形同虚设，影响了企业进行资信调查的积极性。不少有识之士抱怨，即使收集到客户的信息，也难以判断其真实性和可靠性。

7. 落后观点保守陈旧

一些企业认为“家丑不可外扬”，不愿将自己被他人拖欠的事情告诉别人，或者明知道某人经常拖欠他人货款，但被问起时却装作不知，多一事不如少一事。结果恶人并没有任何声誉上的损失，反而变本加厉，会去欺骗更多的企业，从而造成更大的经济损失。

四、资信调查的种类

1. 按资信调查的对象划分

(1) 个人资信调查：调查的对象为个人，内容通常包括其出身、经历、资历及一般信誉等项。个人资信调查是建立个人信用的最基础工作。

(2) 企业资信调查：是对个别工商企业所做的资信调查。企业资信调查广泛应用于企业间的交易中。

(3) 产业资信调查：是对某一生产机构就其行业状况、动态、供需趋势、将来展望等所做的行业调查，形式类似于市场调查。

(4) 财产资信调查：对个人或企业就其所拥有的财产及配置情况所做的资信调查，主要用于财务分析。

2. 以资信调查的目的划分

(1) 授信资信调查：资信调查的目的是供授信之用。

(2) 交易资信调查：资信调查的目的是供商业交易往来之用。

(3) 投资资信调查：是对投资对象或投资环境及投资可行性所做的资信调查。

(4) 聘雇资信调查：是对聘雇人员的品行、忠实性、才能等所做的资信调查。

(5) 婚姻资信调查：属个人资信调查，目的在供选择配偶时的参考。

(6) 管理资信调查：属内部资信调查，目的在供管理部门改进或改善其制度及方法以增进管理、工作效率，并防止舞弊的发生。

3. 以资信调查的方式划分

(1) 直接资信调查：也称实地调查，即采用直接访问及勘察被调查对象的手段，正面了解其信用状态。

(2) 间接资信调查：也称侧面调查，即用迂回方式，由第三者获取对资信调查对象有关信用资料的方法。

(3) 联合资信调查：共同授信人或债权人以同一对象联合办理资信的方法。

4. 按资信调查的地域划分

(1) 国内资信调查：是针对国内的被调查对象所做的资信调查。

(2) 国际资信调查：委托人和被调查的对象不在同一国家，调查工作跨越国境。如接受国外厂商、调查机构、银行、商业团体、外交机构等的委托，对本国企业所做的资信调查。

5. 以资信调查的时期划分

（1）主动资信调查：对于没有往来的优良客户，或虽有往来但授信尚未到期，主动预先办理的资信调查。其目的在于参考。

（2）追踪资信调查：授信案件核定后，为考核其资金运用，有无依照当初的用途计划运用，及为了解其目前的情况有无危及债权保障考虑而做的资信调查。

（3）催收资信调查：债权发生呆滞后，为尽早收回债权，对资信调查对象及保证人的财产做的资信调查。

6. 以资信调查的内容划分

（1）简易资信调查：对于工商企业所办理的注册资信调查。

（2）一般资信调查：通常对一般工商企业所办理的资信调查。

（3）专项资信调查：授信人业务、财务发生危机，为找到其症结所在而办理的资信调查；或就授信人的投资计划等所进行的计划可行性资信调查。

五、资信调查中应注意的问题

1. 真诚性

开展资信调查与收集资料是一件麻烦人的事，信用管理人员态度应当和蔼可亲，真诚待人。有时，收集资料人员的办事态度直接关系到调查工作的效率与成败。专业调查人员和蔼、亲切、诚恳的态度能够消除双方的隔阂，双方开诚布公，真诚合作，才是资信调查工作的良好境界。

2. 合理性

资信调查是一个企业合理、正当的行为和要求，必要时应该向对方直接索取资料。我国企业提供赊销服务时，不敢向受信人索取资信资料，害怕如此会引起对方的不满，甚至失掉这笔业务。其实大可不必有这份担心，索取资料的做法说明授信者内部管理很完善。这样做不但不会引起不良后果，大多数情况下反而会得到受信者的尊重和重视，认为该企业是可以信赖和长期交往的。对于信用管理严格的企业，受信者在支付货款的问题上也更加严肃认真，通常不随意拖延付款。即使少数受信企业因此拒绝交易，也正说明这些企业存在某些问题或缺陷，不敢接受检查和评估，这样的企业为什么不能放弃呢？

另外，在向对方索取资料时，应尽量减少给对方制造不必要的麻烦，避免因没有准确告之对方要求，造成受信者交送资料不合需要的现象发生，切忌认为资信调查资料多多益善，而应做到收集的资料简洁、内容明确。

3. 持续性

资信调查工作是一项持续不断的工作，资料必须不断收集、不断更新。在企业的激烈竞争中，每个企业的经济状况都在发生变化，曾经辉煌一时的企业，今天就可能被市场淘汰，昔日濒临破产的企业，现在却能生意兴隆，财源广进。因此，观察某一事物的状况时，绝不能道听途说，仅凭印象办事或戴着有色眼镜审视他人，而应该以发展的角度看问题，利用最新资料认真分析，并进行正确的观察判断。

4. 保密性

要保守机密，不随意泄露客户的商业信息。受信企业出于合作的目的，将自己企业的商业信息和机密告诉授信企业，授信企业的信用管理人员应妥善保管这些资料，仅供自己企业做分析使用，不能泄露给受信企业的其他竞争者，损害受信企业的利益。

5. 稳健性

不应向受信企业轻率发表个人意见。有时，受信企业为急于了解自己的授信情况，于是向收集资料人员追问评估情况。但是，在最终授信决定做出前，收集资料人员不应该轻率发表个人意见。因为评估需要考虑的因素很多，最终评估结果可能会有巨大差别。这样会引起受信企业的怀疑和不满，影响企业之间的贸易关系。

6. 好学性

调查人员应当勤奋好学，不耻下问。为了迅速、准确了解受信企业提供的资料，并有能力与其保持联系和沟通，收集资料的人员必须掌握很多知识。除对经济学、会计学、管理学、统计学具备一定程度的基本知识外，还要掌握其自身行业市场状况、行业动态、专业技术、设备结构等专业知识，因此，工作人员必须勤奋好学，不断积累经验。

7. 艰苦性

认清调查工作的艰苦性是一种良好的心理准备与态度。一次调查工作必须预先做好准备，经过直接或侧面调查后，把取得的资料加以整理、探讨、分析、评估，最后撰写成报告，其过程非常繁杂、琐碎。有时遇到调查不顺利或者时间限制，更增加了调查工作的难度。因此，收集资料人员必须具有刻苦的精神，认清调查工作的艰苦性，有足够的思想准备，才能主动做好这项工作。

第二节　资信调查的特性

一、调查资料的真实性

资信调查的本质应当实事求是，探求调查对象的事实真相，借以判断其信用的优劣，并作为决定授信与否的重要参考依据。所以，资信调查所追求的目标是不偏不倚、公正客观。力求真实，是资信调查人员恪守的基本原则。

二、调查信息的综合性

资信调查工作所需衡量的因素众多。以人而论，其出身来历、家庭背景、环境、学历、交往情况、平时习性、嗜好、健康状况等，均能够形成其性格、活动能力及气质，而经历的过程也形成其处世应变的能力，故对人的信用评估，应从先天、后天、环境等多方观察。企业也是如此，企业是由人、物及资本所构成的经济实体，由其构成要素而衍生管理活动（管理要素）、生产与销售等经营活动（经济要素）、资金活动（财务要素）等各种机能。各种机能间不尽相同，但均具有共同密切的关联性，且各种机能又因其所处环境的影响产生各种变化，因此，注意信息资料的综合整理，综合反映出事物的现象才是企业的信用本质。

三、调查目的的前瞻性

资信调查工作的目的，是为了债权在将来如期收回，其着眼点是被调查对象将来的还款能力。所以调查不仅局限于被调查对象的过去和现在，而更着眼于被调查者的将来。如果目前优良的授信对象，其经营状况已过鼎盛时期，正在进入衰落阶段，预计不久的将来会发生变化，这样的企业就不适宜长期授信或者高额授信；反之，虽然授信对象目前的经济实力还不很强，但其发展势头良好，那么给他的授信就应相应提高。所以，资信调查工作具有前瞻的特性。

四、调查方式的合作性

由于资信调查工作形式较为特殊，所以资信的横向联系是至关重要的。资信调查机构之间、工作人员之间，互相都保持着密切的联系。工作人员往往是从多个相关部门得到各个方面的资料，再综合评定，去伪存真，得出较为准确的判断。

五、调查内容的机密性

资信调查的机密性，是指对客户的调查资料应严守秘密。这是资信调查机构共同遵守的职业道德，也是企业内部资信工作人员的当然义务。资信调查机构不是商业间谍，对于涉及被调查的对象的专有技术、产权等内容，在调查报告书中都慎重处理，使之不会对被调查对象造成任何不良的后果。另外，一些只供金融部门了解的内幕，也不能向其他部门公布。

六、调查行业的差别性

对于不同行业、不同地区的不同企业，调查机构都有不同的标准。在调查中不能使用同一标准对待；不同地区的企业，也应将多方面因素考虑在内，而不仅仅以其单方面因素做出判断。

由于信用管理涉及信用资料收集、信用风险分析与测量、信用制度的建立与健全等各个方面的管理，其对象（客体）不仅包括各行各业，还包括国内客户和国外客户；不仅有经营良好的客户，也有经营出现危机甚至濒临破产的客户，因此这是一项相当复杂而细致的工作，应当由某个专职部门来承担。遗憾的是，目前许多企业并没有意识到这一点。不少企业的组织机构中没有设置信用部门，而是把对客户进行信用分析与管理的工作交给销售和会计两个部门去分担。销售部门负责寻找客户，把企业产品（或劳务）销售给客户，而会计部门则负责登记账目，向客户催收货款。在小企业中这种做法或许可行，但是随着企业经营规模的扩大，客户不断增加，企业给予客户的商业信用形式和条件日益复杂，必然会造成企业销售账目中的问题越来越多。这时，就不可能要求已经担负了繁多的日常会计事务的会计部门再去监督收回货款的工作。所以说，企业设立信用部门是应该的自觉行为。

信用管理部门在资信调查方面的主要职责包括以下几个方面：

(1) 收集信用信息，确定对每个客户的商业信用条件（包括信用形式、期限、金额等等），并保证在信用期满时及时收回账款；

(2) 迅速从客户群中识别出存在信用风险、可能无力偿还货款的客户；

(3) 与企业其他部门密切合作，提供意见和建议，尽可能在扩大企业销售额的同时避免信用风险；

(4) 对本企业的客户群进行经常性监控，既要及时注意发生信用风险的迹象，又要及时发现可能使企业获得更大利益的机会；

(5) 设定企业对每位客户所能承受的最大损失的限额，作为警戒线，防止损失扩大，并与其他部门合作尽最大努力弥补已经发生的损失。

对信用部门来说，要使自己在整个企业经营策略中的作用受到重视，并提高自己在企业组织机构中的地位，就必须认真履行上述职责，在企业与客户的交易过程中随时保持高度警觉，发现问题，抓住机会，及时解决问题。

信用部门通过对客户信用状况进行严密监控，准确判断每个客户的长处和短处，可以给企业的生产经营带来很大的益处。例如，通过信用分析能建立一种可由企业销售、营销、信用等部门通用的描述客户特征的专门“语言”，从而加强了各部门之间的理解与合作，使每个部门都能更好地了解每位客户的价值所在；可以估测客户发生宕账、坏账等信用风险的可能性，并有助于确定企业对不同客户应给予多大的信用额度；还可以帮助企业抓住机会，寻找到信誉更好、竞争力更强的客户等等。总之，信用分析与管理应成为企业经营管理中的一个必要环节和独立功能，每个有远见卓识的管理者都不应忽视在企业中设立信用部门的重要性。

第三节　资信调查的时机与渠道

一、资信调查的时机

1. 从与客户第一次往来的交易开始

俗话说：商场如战场，只有知己知彼，方能百战百胜。当第一次与陌生的客户往来时，必须了解他的信用情况。就如同新结交一位朋友时，要试着了解这个人的个性、嗜好、学历、专长、为人处事的态度、家庭状况等。与一般客户往来，也是同样的道理。我们需要确定这家公司是否在政府有关注册机关登记设立？组织背景如何？财务状况好不好？经营业绩如何？公共评价怎么样？……作为评估是否与其往来交易的重要参考。

想要得到上述这些情况，就必须做资信调查工作，具体是由自己做，还是委托专业资信机构来做，那就要看采取哪一方式最有利。但是，需要指出的是，一定要重视交易前的信用调查，做到防患于未然，以防止日后被拖欠几十万、几百万等，造成无法挽回的损失。

2. 开展定期或不定期的调查

资信调查是一项持续不断的工作，只要继续与客户往来交易，就必须持之以恒地做资信调查，以了解客户的最新动态，切不可一暴十寒。企业的资信状况不是一成不变的，因为商场上的变化是诡谲多端、无法预测的，虽然在个人感觉上客户的营运正常，但如果不做定期了解，就没有办法发现它所潜在的危机。这就如同一个人必须每隔一段时间做一次健康检查一样，了解是否有潜在的疾病，以便早日对症下药，祛除病根。

3. 关注客户要求扩大交易额度或改变交易方式

企业依靠不断的成长，才能持续发展，因此大部分企业的营业额也就愈来愈大，与其交易的金额也会相对提高。当客户订货数量要求增加时，就要了解其中的原因，到底是因为业务扩大导致订货数量提高呢，还是借着大量进货蓄意诈骗呢？有时客户会要求把付款期限延长，从一个月改为两个月或三个月；有的则要求改变以前沿用的结算方式。类似情况发生时，做一次资信调查是免不了的了。

通常情况下，在与客户来往一段时间后，因业务扩大，交易额提高是一种正常的现象。比如从原来每年几万元的交易额，提高到几十万元甚至上百万元的额度,此时就要考察客户是否有此承受能力。如同一个原来只能负重30公斤的人,现在却要一下增加到60公斤甚至是100公斤,这时就要考虑这个人能否承受得了,会不会损害他的身体健康等等。

如果客户要求改变交易方式,或者要求账期延长,您一定要搞清楚这是为什么呢?是否因为他的营运资金短缺,无法运转而要求推延呢?一般在商场上交往时间久而且信誉优良的客户,卖方大多会给予较长的账期,或给予较高的折扣优待,每家企业对于这方面都会有一定的标准规定。国外客户在遇到此种改变交易方式的请求时,一般必然会委托其国内专业性资信机构代为进行资信调查,同时参照其过去财务情况及以往业绩,作为取舍依据,以保证营运的正常发展。

4. 当出现订单异常现象时

订单异常一般是指在交易期间突然有大批购买或大量骤减的现象,同时对品质的要求不再严格了,此时应引为关注。但是有时订单忽然增大也不一定是坏的现象,假如客户开拓新市场成功,需要大量进货,这也是一种正常现象,因此,对这个问题就有实际了解的必要。

对于订单增大,然而对品质却不再严格要求时,不少情况是存心诈骗,有恶性倒闭之嫌。一旦货品到手,廉价脱售后,立刻远走高飞,货款无法追回;即使能追回,最多也不过三四成而已。因此,不要只顾迎合客户而不注意实情失去警觉,也不要感情用事,过分乐观,以致优柔寡断造成损失。出了坏账再想办法,不如先从事信用调查,把不良客户淘汰,防患于未然。

市场竞争越激烈,越不愿放弃任何一个机会,不良客户也就越多,所以,我们必须学会如何鉴别不良客户,信用调查应该就是一个最有效手段。

5. 及时发现客户异常的状态

(1) 被他人欠账。

近年来,一直被三角债困扰的根本原因就是相互拖欠造成的,这已成为阻碍企业发展的一个普遍问题。而经营管理活动的最终目的,无非是追求经营利润,达到企业继续生存及成长的目的。但呆账一旦发生,可能严重影响到企业的前途,成为成长中的绊脚石。至于因被别人拖欠,致使自已资金周转失灵而停业的,也不乏其人。

(2) 企业改组、经营者易人。

一个企业能在稳定中求发展,主要在于企业本身组织健全,人事安定,有精明强干的经营领导,这样才能使企业步上坦途。假如企业经常改组,董事长及总经理时常易人,企业人事紊乱,经营政策摇摆不定,这样的企业是不可能有前途的。

一般来说,经营不善的企业大部分都曾有改组及经营者换人的情况发生。

一旦企业发生这种变化，就应密切注意到其动态，从各方面收集其信息作为往来交易的参考。虽然企业在成长的过程中，随时都有可能遭遇挫折，但这往往也是企业脱胎换骨的良机，关键在于能否把握机会。

(3) 经营者健康欠佳。

一些企业的经营者已经成为企业的主宰，对整个企业具有绝对的影响力，尤其是一个经营有规模、在市场上已有相当知名度的企业，其经营者的健康问题更是投资大众、交易伙伴关注的焦点。万一经营者身体健康发生变化，对企业可能会产生许多不良的后果，甚至会因而使企业的实力逐渐削弱，直至最后惨败。

二、资信调查的渠道

1. 直接向受信者索取

当一个销售商被要求赊销时，作为对等条件，他可以要求购买商提供其必要的资信证明。企业信用管理政策也应当明确要求购买商提供其资信证明，否则不能提供赊销服务，这项工作由信用管理部调查科直接办理，而不能推给销售人员。不同工作交给不同部门，显示企业内部管理的系统性、规范性。

授信者应要求受信者至少提供以下资料：(1) 企业营业执照与税务登记；(2) 股东名单；(3) 主要负责人名单；(4) 最近三年资产负债表、利润表、现金流量表、产销量表等。当然，客户有权拒绝或回答有关问题，但拒绝本身可能是一个警告信号。

2. 向行业协会、贸促会等机构索取资料

企业还可通过各国驻华使馆商务处、我国驻外使馆商务处、驻华外国商会、贸易协会或贸易代办处查询有关企业的情况，还可以运用各种协会及各地分会等收集有关资料。这些单位大多拥有工商名录、电话簿等，知晓企业的有关状况，而且大都允许或欢迎企业前往查阅。

例如，从企业名录中通常可以查到交易对象的营业范围、正确的名称地址、成立年月、负责人姓名、资本额、组成形态、规模大小，甚至信用等级等。假如完全查询不到，也可以考察受信者未被收入记录的原因(规模太小、新成立或根本不存在等)，做到防患未然。

3. 向票据交换所查询

国际贸易授信时，可以到受信者所在国或地区的票据交换所调查其有无退票及拒绝往来的不良记录，欧美和东南亚很多国家都存在类似机构。

我国目前尚未建立票据交换查询系统，无法了解到受信者付款状况。

4. 向工商行政管理部门查询

目前,我国绝大部分省市的工商行政管理部门都已经能够办理企业注册资料查询服务。国际贸易授信时,也可直接向受信者所在国或地区的工商行政管理机构致函查询。

5. 向银行查询

在国际贸易中,受信者往来银行账号能通过对方开户银行查知,但是,各个国家的银行管理法规不尽相同,很多银行本着为客户保密的态度,不愿提供客户的信息。

6. 向政府有关机构查询

(1) 向工商部门查询,如工商登记情况与企业变更情况等。

(2) 向税务部门查询,这种方法在国内、国外均有很大困难。

(3) 向房产部门查询,考察不动产登记及设定情况,考察抵押情况。

(4) 向车辆管理部门查询,考察车辆登记情况。

(5) 向法院查询。目前我国法院系统正在改革发展之中,各法院纷纷建立起档案系统,并正在相互联网,有些信息已经将面向大众。

国外法院大都提供查询记录服务。目前我国企业也可以通过致函查询等。

7. 向相关客户查询

向与受信者有密切关系或业务往来的客户(包括进货及销货商)查阅其信用口碑、付款情况和负责人的品格等情况,但应注意分析被调查人的立场,以防止偏袒或诋毁受信者的情况发生,造成受信者决策的偏差。

8. 订阅查询相关资料

此类资料范围广泛,因此,信用管理部门应有专门人员负责收集、整理,并定期归纳、总结。资料来源可有以下几种:

(1) 来自官方资料:政府部门的各有关机构发表或公布的经济动态、经济指数、物价统计、商品走势、市场行情等。

(2) 来自行业协会资料:一个组织健全的行业协会,都会保存最新最全的行业资料。订阅和收集本行业协会会刊,会有助于授信者对于该行业的经营现状、发展趋势等做出正确分析。

(3) 来自专业及一般新闻杂志。

9. 委托专业资信调查机构调查

事实上,要写出一份完整的令人信服的信用分析报告,其资料来源于不同部门提供的信息,资料收集工作繁琐复杂。由于调查者在调查过程中会受到各种条件的限制,有时单靠自身的力量无法胜任。在社会分工专业化的今天,这项复杂工作完全可以交给专业资信调查机构去完成了。专业评估调查机构一般都有着各种通畅的调查渠道，会把各个相关部门和信息联系起来。一旦接受调查委托，调查机构就会同时开通这些渠道，在最短时间内将资料收集齐全，同时又节省了大量的费用，可以起到事半功倍的作用。

上述信用调查资料的取得还可以分为宏观与微观两个方面进行归纳，具体如图 4-1、图 4-2 所示。

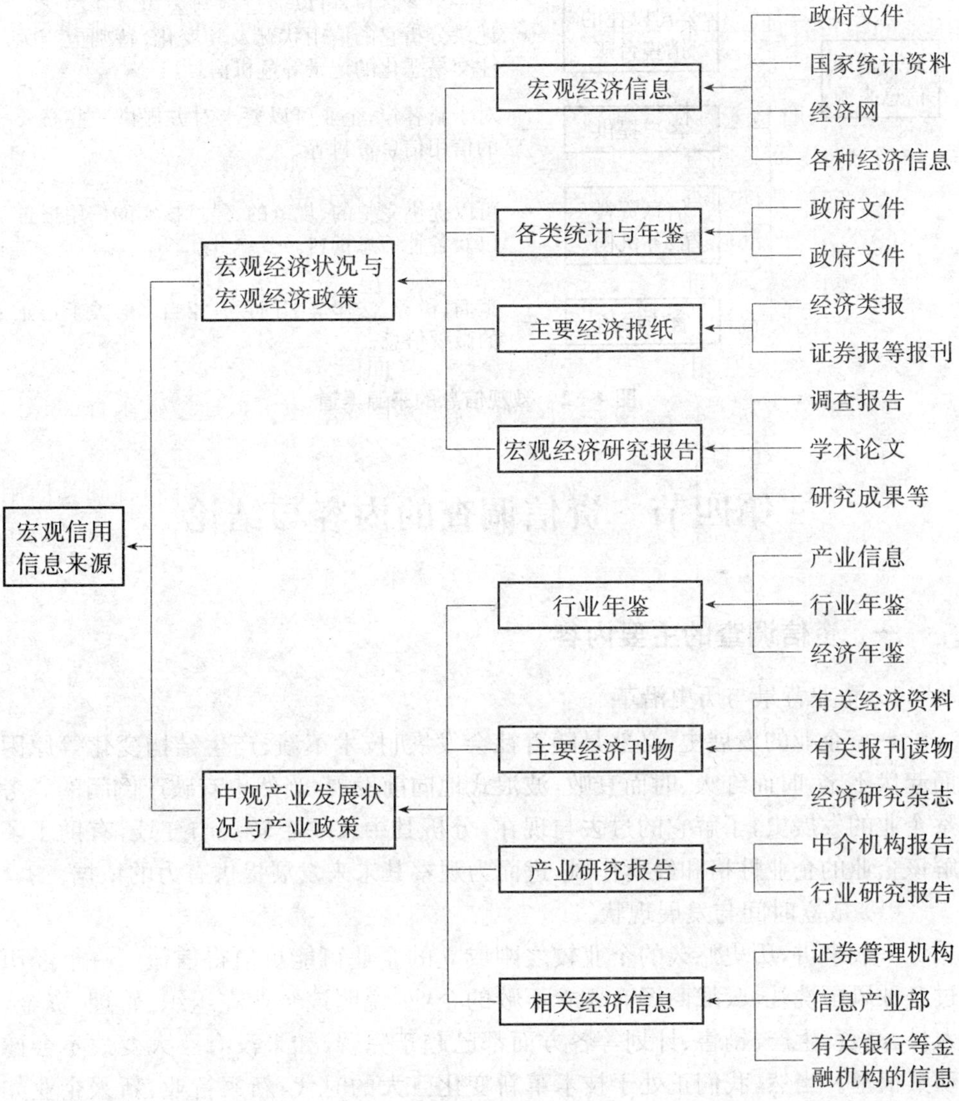

图 4-1　宏观信息的来源渠道

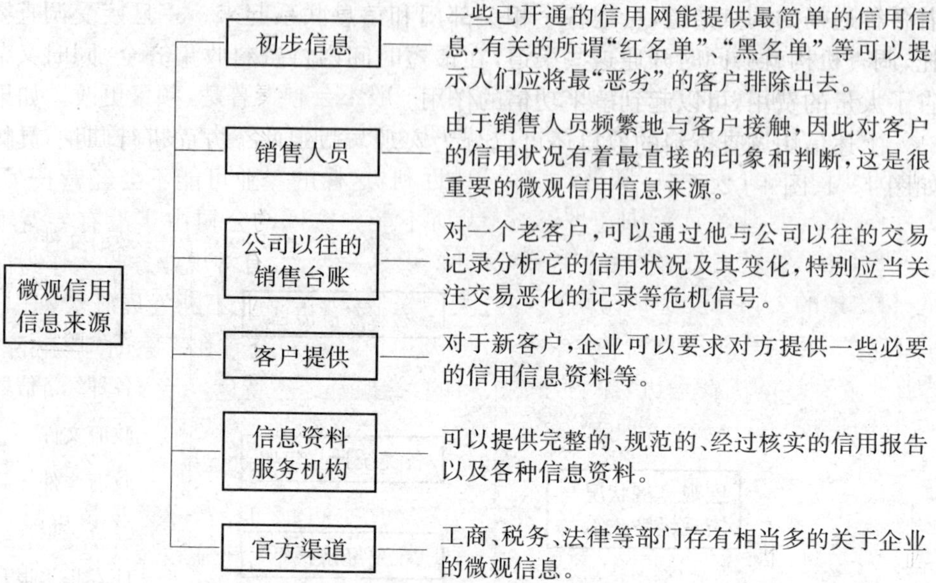

图 4-2　微观信息的来源渠道

第四节　资信调查的内容与结论

一、资信调查的主要内容

1. 企业背景与历史沿革

一家企业的发展史，必然是随着社会发展、技术革新、产生结构变化等原因而起伏不定，时而红火、时而衰败，波浪式地向前发展，当然也有破产倒闭的。考察企业的发展史，了解它的过去与现在，分析其中每一个转折与变迁，有助于了解该企业的企业性格和经营作风，进而为观察其未来发展提供有力的依据。

(1) 成立时间与发展现状。

一般来讲，历史悠久的企业较之刚成立的企业可能更值得信任。一个经历过各种风雨洗礼，久战商场而屹立不败的企业，说明该企业在组织、管理、资金、人员、经营、生产、销售、计划等各方面都已趋于完善，如果没有巨大变故不会撼动其根基。当然，我们正处于技术革新变化巨大的时代，新兴行业、新兴企业如雨后春笋层出不穷，有些新兴企业领导着社会的进步和科技的发展，是现代商业社会的宠儿。所以不能一概以其历史的长短就断然判定其将来发展趋势，而应结合其他因素，综合分析。

(2) 经营范围与业务变迁。

业务成熟的企业其经营项目变动较小，一般不会朝秦暮楚，频繁更改。如果一家企业经常改动其经营范围与项目，说明这个企业的经营者没有长期一贯的经营思想，易受外界干扰，随波逐流，急功近利，这样的企业可能不会经营长久。还有一种公司，其经营范围包罗万象，无所不能。这样的公司由于没有专营项目，缺乏经营特色，打一枪换一个地方，过一天算一天，没有常规业务收入作为保障，与这样的公司打交道风险可能会较大。当然，为了企业不断发展壮大，赶上社会发展潮流，有时增加新的经营项目也极为正常。调查者在考察时应分析该企业业务变迁的内在动机，探明其真实目的，掌握其经营特色。

(3) 经营方针与经营理念。

不同企业有不同的经营理念和方针，关键要考察其经营方针与理念是否适合当前的经济形势和行业特点。考察时，应与其他同业的经营方针政策进行比较，再分析该企业特有的经营方针和经营理念是否与时代潮流和经济情况相适合，是否切实可行、操作有效。

(4) 注册资本与变迁。

注册资本可以反映出企业的规模。资本越大，表示企业的经营资本越雄厚，对企业今后发展至关重要。但目前有的企业注册假验资，或抽逃注册资金，造成注册资本名存实亡，不足以反映企业的真实注册状况，应予以关注。

注册资本的变迁，以增资现象最为普遍，注册资本的增资，表示企业的业务正趋于扩大，企业发展加速。但增资也有可能是因为新股东的加入，使原股东体系发生变化，因此，要分析股东和股份额变化后对企业今后发展产生的影响。

(5) 股东与股本结构。

企业股本结构可以由法人、自然人组成，可以吸收经营者、职工、关系企业、往来客户、金融机构等参股。股份持有率多少，表示各方对该企业支配权的强弱。因此，通过对持较大股份的投资企业和自然人的调查，可间接反映出该企业的一般特性和作风，借以分析该企业资本和经营上的安全性。

(6) 企业性质、名称及商标。

企业的组织形态有股份有限公司、有限责任公司、合伙企业、独资企业，还有外商投资企业等。考察企业性质，主要分析其资金来源及对外界所负权责范围。股份有限公司、有限责任公司、外商投资企业均以企业资产承担有限责任，而合伙企业、个人独资企业其所有者均承担无限责任。我国法律规定，承担无限责任的企业不得在其名称中使用“有限”或“有限责任”的字样。世界绝大部分国家的法律也有类似要求。

企业名称如同人的姓名，使用越久知名度越高。通常情况下，除非发生重大变故，企业一般不会轻易更改其名称。如果企业更换名称，就必须探明其原因，是因为经营失败？企业改组？或被兼并？还是因为要扩大经营范围，不得不改变名称。

企业在改革过程中要注意规范操作。比如将原来国有或集体企业性质更改为有限责任公司或者民营化等，其中会涉及审计、资产评估、股权变更等法定操作步骤。要关注企业改革与变化对企业经营与管理带来的影响。

企业商标是企业产品标志，代表企业的荣誉，企业商标通过多年培养才会得到社会认可，其无形资产价值巨大。有时老商标、老牌子的价值甚至超过企业的有形资产，因此一经使用，不宜更改。如遇到变更商标情况，可能是企业为新产品创立新牌子，或老牌子已无利用价值的缘故。但也有可能因产品存在质量问题，经常被他人投诉，商标已丧失信用，遂更改商标。在考察时，应认真分析变更企业商标的原委。

2. 经营者情况

一个企业兴衰成败，经营者往往起到决定作用。具有卓越才能的经营者，可以从零做起，逐步发展，让企业成为地区甚至国际知名企业；也可以临危不乱，随机应变，再造生机，使亏损企业重新崛起。反之，平庸无能的经营者，即使接手优良企业，也会渐丧优势，业务萎缩，甚至破产倒闭。观察经营者在某种程度上来说是在观察企业。考察企业管理者，可通过直接面谈、经历调查、同业评价、社会评价等多方面综合评估而判定经营者的个人的经历、信用和财力。

一般认为，经营者学历和知识结构对其管理才能有较大影响。学历较高的经营者，其组织、计划、判断、人际关系等方面能力较强，学历较低的经营者其亲和、勇气、刻苦、谦和等方面存在一定的短处。知识结构和阅历的差异对经营者是有影响的。有的干部，官僚气息严重，无主动进取精神，喜欢拉帮结派，内部纷争，影响企业发展；学者型经营者虽然理论高深，知识渊博，但往往缺乏实际经验，导致眼高手低，经营方式可能与社会发展需要脱节；技术出身的经营者容易偏于技术与生产；营销专业出身的经营者更重视推销、广告与品牌；而财务学历的经营者更看重现金流量与资金管理，有时过于谨慎；等等。企业经营者的管理素质高低会影响企业的发展，并体现在解决经营中出现的各种问题或困难的方式方法上。

一个优秀的企业经营者，应当具备以下综合素质：

(1) 在品格上：有勇气、有魄力、有远见、有抱负、有耐心、有责任心、有荣誉感。

(2) 在态度上：公正、谦和、热忱、恳切、勤劳、镇静、机敏、宽容、敬业。

(3) 在能力上：组织能力、领导能力、计划能力、判断能力、贯彻能力、表达能力。

(4) 在知识上：除掌握和了解经济学、管理学、贸易学、社会学、心理学、会计学、税法、商法、英语等方面的知识外，也必须对本专业的知识有深度的见解。

(5) 在体质上：身体健康，体力、精力充沛。

对一个经营者来讲，其出身、经历、家庭背景、环境、学历、交往、平时习性、嗜好、健康状况等，都会在一定范围内影响其性格、活动能力和气质，而不断丰富的经历又足以养成其独特的处世原则和应变方式，所以对经营者信用的评估，应从先天、后天、环境等方面综合考虑，只有如此，才能做到不失偏颇，公正评价。

一些企业的经营管理层人事变动频繁，长期处于流动状态，很不利于企业经营的可持续发展，由此而来的是，短期行为、急功近利的现象比比皆是；好大喜功，将成绩作为升迁的资本随处可见；而将各种问题和隐患却留给后来继承者解决的心态也大有人在。有这样心理状态的经营者所经营的企业势必在劫难逃。

民营企业正处于发展阶段，目前经营者绝大多数也是企业的创始人，大都采用家族管理模式应当引起关注。管理者同时是企业拥有者，一旦企业负责人发生变故，就会造成群龙无首，后继无人，或亲属间相互争夺继承权和遗产，致使企业崩溃解体，这种情形已屡见不鲜。当收集企业信用资料时，管理者一旦发生变故的信息应及时收集并重新评估该企业的状况。

3. 用工状况与职工队伍构成

用工状况是指企业人员的结构、薪金水平、出勤状况和工作态度等方面情况。劳资之间协调与否，会对企业发展造成很大影响。员工素质的高低，会影响企业的工作效率。健全的企业必须量才适用，充分发挥员工的聪明才智，调动员工的责任心和积极性。

对于生产型企业，尤其是劳动密集型企业，还应当考察其员工总数和结构分配是否合理和恰当。如果管理部门人员和第一线作业人员比例失当，或员工平均年龄、薪金偏高时，必然导致该企业人事费用负荷较大，加重成本负担，成为企业的累赘。

考察员工出勤情况和工作态度，可以从侧面了解企业内部管理水平。如果企业员工工作态度积极、相互配合、工作热忱、勇于钻研，说明该企业内部管理完善，管理者领导有方。反之，如果企业员工总是感到不公平不满意、怨声载道、意志消沉，则说明该企业管理混乱，管理者平庸无能。

4. 经营条件

(1) 自然条件。

主要考察营业场所所在地的自然环境对生产成本和产品品质的影响程度，包括：

① 气候因素。较之其他行业，气候因素对生产农副产品的企业影响较大。中国地大物博，气候多样，很多地方的土特产品都因为当地独特气候而生成，其

他地方无法比拟。如果某年份风调雨顺或气候反常，都可能会影响农副产品产量的变化，而产量的变化又直接带动产品的价格和销路，因此与气候因素有关的企业应关注气候的变化。

② 地质因素。地质因素与气候因素相似，也会对农副产品产生影响。另外，如果工业企业建厂房，也应考虑地质状况是否适合。地势低凹地区，一遇雷雨就会遭受浸泡，机器被淹，产品成为废品。

③ 地形因素。中国国土辽阔，同类行业企业，各自地理位置却相差甚远。从大的方面讲，有些企业临近大城市或沿海而建，产品内销外销十分方便，自然占据地形优势。从小的方面讲，有的工厂位置在边远山区，有的虽临近街道或公路，但如果巷道深深，不宜出入，也会影响企业的发展。

④ 水利因素。水源供应充足，企业生产才能不受影响，而水源短缺，生产必然受到限制。以水为原料的企业，水质的好坏与产品品质密切相关，当含铁质杂质过高时，水质低劣，产品品质也不会理想，而杂质较少的软性水质，产品品质自然较好。

我国是一个缺水严重的国家，人均占水量只有世界平均水平的1/5，很多城市常年缺水，而在控制用水方面，生产企业用水首当其冲。所以一遇缺水，企业经常被迫停水，影响企业的正常经营发展。

我国又是水质污染严重的国家，大部分河流与水源已遭污染，国家为了防止污染进一步加重，已经开始整治企业排污。这些企业一旦被查出向河流排污，就会被勒令限期整改，严重者停业整顿，影响企业生产。

由于各地缺水情况不一，因此水价也有较大差别，在调查用水情况时，也应将水价成本考虑进去。

⑤ 资源因素。对于特殊产业例如煤矿业、采石业、水泥业等，其资源蕴藏量有一定年限，所以应予关注。

(2) 社会条件。

① 能源供应。能源供应包括电力、煤炭、燃油等工厂生产命脉的供应。有些工厂设备必须日夜运转，设备使用率才能得以充分利用，如钢铁厂、纺织厂、化工厂、玻璃纤维厂等。如果能源供应不充分，会造成很大损失。

② 交通。主要是对原材料供给地远近、运费高低的考察。

③ 原料。调查采购原料数量及品质方面的可靠性。

④ 市场。工厂接近市场，对制造、销售都有很大帮助。

⑤ 国家政策。调查国家有无对本行业的保护措施、奖励措施、减免措施以及卫生、交通、外贸、检验、规划等方面鼓励或限制措施，及其对本行业的影响程度。

(3) 厂房条件。

调查工厂建筑物的结构、新旧、大小、配置以及机器设备摆放是否合理，原料、半成品、产成品的运送方法及放置是否合适等。

(4) 设备条件。

调查机器设备的种类、性能、精密程度、使用年数、修理保养状态等。同时也要考察设备合理利用、闲置设备比例等。

(5) 技术条件。

包括技术人才、技术专长、技术开发等方面。科学技术是第一生产力，现代企业的竞争是科技的竞争，而科技的竞争归根到底是人才的竞争。高素质、高学历的技术人才队伍可以使新兴企业迅速壮大起来，赶上和超过那些有几十年、甚至上百年的老企业。比如北京的联想电脑公司，在短短二十年时间里，从一个小作坊式的企业发展成亚洲最大的计算机生产商。而那些墨守成规，不吸纳技术人才的老企业，技术落后、人才匮乏，渐渐被市场淘汰。所以探究企业技术人才力量，在很大程度上可推测出该企业的发展前景。在考察时，应关注企业中技术人员人数所占比例、学历差别等，同时也要考察企业是否愿意投入对现有人员进行再培训。

技术合作是提高企业整体水平的一条快捷方式。我国很多企业就是通过与外国企业合资、合作，在引进资金的同时，把国外先进技术和管理也一起吸收、消化，成为国内一流企业的。

良性运转的企业很重视技术的开发和创新，其追求的目标是长期持续的发展。非良性运转企业正相反，他们并不想把精力花费在技术开发上，而只注重眼前利益和短期行为。

因此，应该注意调查企业在技术开发上的投入费用大小，占营业额的比例高低，经营者的态度，企业与外界机构的技术交流情况，以及企业信用管理典范及技术开发人员、技术开发设备情况等。

5. 关系企业与企业关系

关系企业主要是指相互控股的企业，即该企业投资的企业和向该企业投资的企业都是该企业的关系企业，还包括在人员、物质、资金上有密切关系的企业，也可统称为关系企业。

调查关系企业的状况，首先要从亲疏程度上分析。应先分析与该企业交往密切或直接控股的关系企业，再分析一般关系企业。要调查关系企业在资本、人员、营业、资金等各个环节的关系，判断企业关系存在的理由，再判断关系的存续，最后分析关系企业对该企业有何种裨益或累赘。

一般来讲，企业发生关系的原因，包含降低生产和销售成本、细化业务分工、加强技术合作、灵活资金调度和分配、扩大企业经营等目的。也就是说,企业之间发生关系,大都是抱有良性、善意的目的。但是,也有一些企业其与关系企业的行为却是非善意的行为,他们隐藏或粉饰该企业的某些缺陷、迷惑欺骗调查者,以期达到利己目的。

例如:通过成立子公司,将母公司的成品以高价出售给子公司,借以显示其高收益性,或为降低自身的成本,让子公司代交加工费用;或为隐藏滞销存货而设立销售子公司;或将存货记入关系企业或子公司账面,而提高自身应收账款数额,借以显示高销售额和资金的高流动性。

还有的母公司投资成立子公司,再将子公司的投资资金抽逃,然后利用子公司担保为母公司融通资金;或利用关系企业的信用向外融通资金或担保,为该企业提供资金"血液"。

有的企业为达到逃税目的,将盈余转嫁给有亏损的关系企业,等等。

6. 经营管理

经营管理调查包括进货、生产、销售等,进行计划、组织、统计、日常管理等,是一项范围极广的、涉及经营活动方方面面的调查,这个调查与所有调查项目相关,因此,调查和分析必须与其他调查项目共同进行,以期获得准确结论。

日常经营管理的调查主要涉及经营组织、计划安排、内部统计三项内容。

(1) 经营组织。

企业的经营组织,大体可分为高层组织和基层组织两个方面。

高层组织管理企业基本的、综合的经营活动,是以企业整体的立场领导和经营企业,调查时应对该企业的公司章程、法人治理结构、董事会的组织规程、构成形态、讨论事项、决议的方法等予以充分了解。

基层组织则承担着企业内部具体、细节的经营管理活动,调查时,应依据企业组织系统以及企业内部各种规章制度,深究其部门、科室的构成,职务的规模和形态,权限有没有明确界定,授权方式是否妥当等等。

(2) 计划安排。

计划安排具体内容虽然依各企业而异,但总体讲,应符合以下要求:

① 适合企业的安定和发展;

② 完善的企业管理体制;

③ 确立长期经营、发展综合目标;

④ 降低生产、销售成本;

⑤ 促进企业经营合理化;

⑥ 资金运筹更趋合理;

⑦ 符合确定的经营方针;

⑧ 有利于计划安排和综合调整。

调查时，应分析其计划是否全面、是否完善、是否妥当、是否简捷易行，其计划在何种目的下做成，在实际工作中是否得以充分履行等等。

(3) 内部制度。

内部制度具体方针包括内部控制制度、内部检查制度、预算统计制度等。

内部控制制度指有利于部门之间、人员之间相互牵制、相互约束的制度，例如销售部门、财务部门和信用管理部门之间就存在相互牵制的问题。而内部检查制度是以确认完成情况是否正确为目的的审核检查制度。

预算统计制度是以最高经营领导层的决定作为基本方针，促使各部门计划目标以数字形式明确表示出来的方法。对于计划目的实施的结果，能够正确记录和计算，然后将目标和实际业绩加以分析和探讨。通过分析差异，作为将来制定经营方针、编制预算的基础。

调查预算统计，必须就预算的目的、组织、预算期间、预算项目、实施方法、报告的编制、预算差异的分析等各方面予以深入观察，其中尤以分析该企业预算统计组织、预算差异分析和对差异处理这三方面最为重要。

7. 银行往来

有一定规模的企业，其经营活动都与银行等金融机构密切相关。与银行交往的疏密程度，很大程度上反映了该企业的经营状况的好坏。一个业绩出色的企业，银行会争相为其贷款，趋之若鹜；而劣迹斑斑的企业，却不论如何争取，也难以得到银行半点恩泽。

(1) 存款情况。

在调查时应了解企业所有存款银行名称、存款种类与金额，在每个银行存款占其存款总额的百分比，有无退票记录等相关资料。

(2) 借款情况。

企业对外借款应保持适当程度，过高的借款数额，必然导致举债经营，负担沉重，一旦遇到微小挫折，就可能危及企业的生存。在调查时，首先应观察借款总额占资产总额的比例，长期借款与短期借款的比例，然后调查其往来银行名称、贷款种类、期限、担保品及与主要借款银行的往来关系、借款还本付息履约情况等等，以明确借款内容和借款品质。

8. 行业情况

行业三百六，行行各不同。每个行业的发展前景也不相同，有朝阳行业、新兴行业、高科技行业，也有传统行业、衰败行业、劳动密集型企业。调查行业情况应探究企业所属行业的过去、现状，以推测行业的整体前景；探究企业在同业中的地位、特色和动向，以推测其成长状态和发展趋势。

行业情况调查是企业或金融机构在投资和长期授信时必须要做的工作，是市场调查的重要组成部分。如果高估了行业的成长速度，过多投资或授信于该行业，必然导致投资失策，血本无归；而如果低估了行业的成长速度，不能迅速占领市场，也会错失良机，将利润拱手让人。

通过行业调查得到的信息汇总资料对于有效地进行企业信用分析对比是很有帮助的。例如表 4-1、4-2 显示的 1999 年的调查汇总资料（摘要）有助于人们了解当时某企业所处行业的信用现状，便于进行分析对比，今天看来，仍有一定现实意义（参见表 4-1、表 4-2）。

表 4-1　信用调查资料(1)

行　业	销售收入	应收账款比例	坏账比例（与销售比）	坏账比例（与应收账款比）	赊销比例	赊销期限	平均回款期	逾期天数
日　化	15 033.70	0.43	0.007 0	1.63	0.61	63	445	415
大型机械	17 415.20	0.36	0.003 4	0.95	0.46	122	448	317
电　气	29 652.30	0.34	0.000 9	0.26	0.90	146	251	118
木材加工	9 561.80	0.31	0.006 3	2.00	0.42	98	338	205
仪器仪表	17 865.30	0.30	0.005 4	1.80	0.38	82	315	195
化学原料	19 619.40	0.29	0.006 3	2.17	0.52	60	430	365
交通运输	40 880.30	0.29	0.011 0	3.79	0.75	70	222	150
建　材	13 501.60	0.28	0.003 7	1.32	0.45	60	262	194
小型机械	23 754.80	0.27	0.006 6	2.44	0.48	96	504	316
橡胶塑料	12 877.40	0.27	0.003 4	1.26	0.48	47	1 076	1 028
服　装	7 975.70	0.24	0.006 1	2.54	0.54	38	537	509
造　纸	22 247.90	0.23	0.004 6	2.00	0.67	57	499	435
计算机	44 454.10	0.23	0.006 2	2.69	0.33	66	448	389
医药医疗	30 551.70	0.22	0.005 8	2.64	0.70	75	146	71
纺　织	21 185.10	0.19	0.006 7	2.53	0.25	52	357	313
文教体育	17 245.50	0.18	0.001 6	0.88	0.82	65	210	154
金属制品	17 763.70	0.17	0.005 0	2.94	0.55	72	125	37
电　子	61 784.40	0	0.002 5	1.47	0.63	62	1 290	1 221
批发贸易	81 535.50	0.15	0.008 1	5.40	0.42	49	370	320
家　电	78 927.40	0.13	0.001 3	1.00	0.32	51	177	104
石油化工	194 697.8	0.12	0.001 0	0.83	0.45	53	426	367
食品饮料	5 391.40	0.11	0.003 2	2.90	0.41	42	104	64

表 4-2　信用调查资料(2)

行　　业	信用职能完善企业比例	进行账龄分析比例	回款期分析	现金折扣率	进行资信评估的比例(%)
日　　化	35	59	36	4.5	85
大型机械	54	57	43	4.4	28
电　　气	27	56	25	2.5	9
木材加工	39	52	33	4.3	10
仪器仪表	47	74	47	5.4	93
化学原料	46	73	43	2.2	80
交通运输	33	53	47	6.1	22
建　　材	43	63	47	4.1	78
小型机械	70	57	43	5.3	52
橡胶塑料	54	65	46	3.7	93
服　　装	58	61	61	7.8	57
造　　纸	75	47	21	3	78
计 算 机	28	54	46	4.5	22
医药医疗	59	72	48	5.2	84
纺　　织	47	55	55	10	80
文教体育	30	46	46	4.2	86
金属制品	89	64	57	2.0	58
电　　子	35	62	38	3.0	29
批发贸易	36	68	45	4.3	49
家　　电	65	67	67	4.5	83
石油化工	50	57	33	2.6	76
食品饮料	74	74	61	1.6	76

近几年，财政部统计评价司每年发布具有权威性的企业效绩评估标准值，对指导行业分析具有十分重要的意义。以下为 2003 年全国国有企业和国有大中小型企业的效绩考评标准值，可供资信调查分析参考借鉴(参见表 4-3、表 4-4、表 4-5、表 4-6)。

表 4-3　全国国有企业效绩评估标准值(全行业)

项　目	优秀值	良好值	平均值	较低值	较差值
一、财务效益状况					
净资产收益率(%)	7.9	5.5	3.4	-2.3	-6.8
总资产报酬率(%)	5.1	3.5	2.0	-1.3	-4.0
资本保值增值率(%)	106.3	104.2	102.8	97.7	93.4
主营业务利润率(%)	26.2	19.0	12.5	3.1	-9.1
盈余现金保障倍数	8.0	5.1	1.4	0.3	-3.8
成本费用利润率(%)	8.7	5.1	2.3	-5.6	-13.7
二、资产营运状况					
总资产周转率(次)	1.2	0.8	0.4	0.2	0.1
流动资产周转率(次)	2.6	1.8	1.1	0.5	0.2
存货周转率(次)	13.2	6.9	3.5	1.8	0.7
应收账款周转率(次)	16.5	9.9	5.6	2.3	1.2
不良资产比率(%)	0.2	1.9	7.2	13.1	25.6
三、偿债能力状况					
资产负债率(%)	47.7	58.6	68.4	86.1	96.3
已获利息倍数	3.1	2.4	1.3	-0.3	-3.0
速动比率(%)	123.0	98.3	72.8	45.6	27.3
现金流动负债比率(%)	14.7	9.6	4.4	-2.7	-8.0
四、发展能力状况					
销售(营业)增长率(%)	23.1	15.8	7.9	-9.8	-20.7
资本积累率(%)	11.3	6.0	2.6	-5.7	-13.5
三年资本平均增长率(%)	17.0	9.8	3.5	-5.4	-15.2
三年销售平均增长率(%)	19.6	13.0	2.4	-11.8	-25.6
技术投入比率(%)	0.8	0.6	0.5	0.3	0.1

表 4-4　全国国有企业效绩评估标准值(大型企业)

项　目	优秀值	良好值	平均值	较低值	较差值
一、财务效益状况					
净资产收益率(%)	10.6	6.3	3.8	0.1	−3.7
总资产报酬率(%)	6.2	4.4	2.7	0.4	−1.6
资本保值增值率(%)	107.0	105.6	103.7	99.2	96.1
主营业务利润率(%)	28.3	21.4	13.1	5.8	0.8
盈余现金保障倍数	8.7	5.3	1.5	0.4	−2.2
成本费用利润率(%)	10.1	6.3	4.4	−2.8	−12.1
二、资产营运状况					
总资产周转率(次)	1.0	0.7	0.4	0.2	0.1
流动资产周转率(次)	2.5	1.9	1.3	0.7	0.3
存货周转率(次)	13.5	7.2	4.6	2.3	1.2
应收账款周转率(次)	16.6	11.3	6.6	3.0	1.7
不良资产比率(%)	0.2	1.2	4.5	10.3	20.4
三、偿债能力状况					
资产负债率(%)	40.6	51.1	62.2	79.2	90.5
已获利息倍数	5.4	3.2	1.9	0.5	−0.9
速动比率(%)	125.7	106.2	78.1	54.8	36.9
现金流动负债比率(%)	19.7	13.2	7.0	−0.7	−5.9
四、发展能力状况					
销售(营业)增长率(%)	24.2	16.8	9.5	−7.6	−17.5
资本积累率(%)	12.5	7.6	3.8	−4.9	−11.8
三年资本平均增长率(%)	17.6	11.2	4.6	−3.9	−13.0
三年销售平均增长率(%)	21.3	15.4	3.5	−6.2	−19.0
技术投入比率(%)	1.2	0.8	0.5	0.3	0.1

表 4-5　全国国有企业效绩评估标准值(中型企业)

项　目	优秀值	良好值	平均值	较低值	较差值
一、财务效益状况					
净资产收益率(%)	10.0	6.0	2.1	−3.5	−8.1
总资产报酬率(%)	5.1	3.3	1.4	−0.8	−3.4
资本保值增值率(%)	106.0	103.5	100.5	96.0	93.0
主营业务利润率(%)	25.4	17.3	9.4	3.3	−3.5
盈余现金保障倍数	7.5	5.0	1.3	−2.1	−5.9
成本费用利润率(%)	6.8	4.7	1.2	−7.7	−15.4
二、资产营运状况					
总资产周转率(次)	1.3	0.9	0.5	0.2	0.1
流动资产周转率(次)	2.7	1.9	1.0	0.5	0.2
存货周转率(次)	13.5	7.9	2.9	1.6	0.8
应收账款周转率(次)	16.8	9.6	4.4	2.4	1.3
不良资产比率(%)	0.1	1.6	9.6	15.7	28.7
三、偿债能力状况					
资产负债率(%)	49.2	60.1	78.0	85.5	97.4
已获利息倍数	3.6	2.3	0.9	−0.2	−3.3
速动比率(%)	114.6	93.7	66.3	44.9	29.6
现金流动负债比率(%)	14.2	8.6	3.0	−1.5	−6.0
四、发展能力状况					
销售(营业)增长率(%)	21.7	14.3	7.8	−8.7	−19.6
资本积累率(%)	9.6	5.0	−0.6	−6.3	−14.4
三年资本平均增长率(%)	16.9	9.1	2.6	−5.4	−17.5
三年销售平均增长率(%)	20.3	13.6	2.0	−9.5	−23.0
技术投入比率(%)	0.7	0.6	0.4	0.2	0.1

表 4-6　全国国有企业效绩评估标准值(小型企业)

项　　目	优秀值	良好值	平均值	较低值	较差值
一、财务效益状况					
净资产收益率(%)	7.7	5.2	2.4	−2.2	−8.8
总资产报酬率(%)	4.3	2.8	1.3	−1.4	−4.4
资本保值增值率(%)	105.3	103.6	101.1	98.1	92.5
主营业务利润率(%)	30.1	21.3	9.9	−0.9	−12.3
盈余现金保障倍数	8.0	5.2	1.3	−0.1	−4.5
成本费用利润率(%)	6.1	3.7	0.9	−8.6	−16.8
二、资产营运状况					
总资产周转率(次)	1.3	0.8	0.4	0.3	0.1
流动资产周转率(次)	2.6	1.8	0.8	0.4	0.2
存货周转率(次)	12.1	6.7	2.1	1.1	0.7
应收账款周转率(次)	15.7	9.0	4.0	1.8	0.4
不良资产比率(%)	0.1	2.0	11.6	19.8	30.1
三、偿债能力状况					
资产负债率(%)	52.6	62.2	81.3	90.3	97.4
已获利息倍数	2.6	1.9	0.8	−0.4	−3.4
速动比率(%)	119.7	97.5	68.2	41.8	25.4
现金流动负债比率(%)	14.9	9.0	3.1	−3.8	−12.2
四、发展能力状况					
销售(营业)增长率(%)	20.3	12.1	3.2	−13.4	−21.4
资本积累率(%)	6.1	4.0	0.8	−6.5	−14.6
三年资本平均增长率(%)	16.8	8.4	1.1	−5.6	−17.1
三年销售平均增长率(%)	18.4	11.6	1.8	−13.1	−26.3
技术投入比率(%)	0.6	0.4	0.3	0.2	0.1

效绩评价标准值还按照各行各业列示了可供参考的财务数据，例如有关工业的全行业、大型企业、中型企业和小型企业数据(参见表 4-7、表 4-8、表 4-9、表 4-10)。

表4-7　全国工业企业效绩评估标准值(全行业)

项　　目	优秀值	良好值	平均值	较低值	较差值
一、财务效益状况					
净资产收益率(%)	8.7	5.6	3.9	-2.2	-8.1
总资产报酬率(%)	5.9	3.8	2.3	-1.4	-4.0
资本保值增值率(%)	107.9	105.6	103.1	98.2	92.8
主营业务利润率(%)	23.6	18.2	13.5	6.7	-0.8
盈余现金保障倍数	8.6	5.4	1.5	0.3	-1.2
成本费用利润率(%)	7.2	5.7	3.5	-5.9	-15.2
二、资产营运状况					
总资产周转率(次)	1.0	0.6	0.4	0.2	0.1
流动资产周转率(次)	2.4	1.8	1.2	0.6	0.3
存货周转率(次)	9.5	6.2	3.9	1.9	1.1
应收账款周转率(次)	13.5	8.9	5.7	2.3	1.2
不良资产比率(%)	0.2	1.7	6.7	12.5	29.4
三、偿债能力状况					
资产负债率(%)	39.7	48.7	64.5	83.0	96.6
已获利息倍数	3.9	2.9	1.6	-0.3	-3.2
速动比率(%)	120.6	94.0	72.5	45.8	27.0
现金流动负债比率(%)	15.7	11.0	5.8	-1.0	-6.1
四、发展能力状况					
销售(营业)增长率(%)	24.2	16.5	8.8	-6.5	-22.3
资本积累率(%)	12.3	7.2	3.0	-7.3	-14.2
三年资本平均增长率(%)	15.9	10.3	3.8	-6.6	-15.5
三年销售平均增长率(%)	18.0	12.7	1.8	-10.0	-20.2
技术投入比率(%)	1.0	0.8	0.5	0.2	0.1

表 4-8　全国工业企业效绩评估标准值(大型企业)

项　　目	优秀值	良好值	平均值	较低值	较差值
一、财务效益状况					
净资产收益率(%)	11.9	6.1	4.5	−0.2	−4.6
总资产报酬率(%)	7.0	4.3	2.7	0.7	−2.1
资本保值增值率(%)	108.4	106.5	104.2	99.7	95.3
主营业务利润率(%)	25.8	20.7	14.6	7.6	2.0
盈余现金保障倍数	8.5	5.7	1.6	0.6	−0.5
成本费用利润率(%)	14.6	10.0	6.1	−4.0	−14.6
二、资产营运状况					
总资产周转率(次)	0.8	0.6	0.4	0.3	0.1
流动资产周转率(次)	2.3	1.7	1.3	0.7	0.4
存货周转率(次)	8.1	6.1	4.0	2.1	1.4
应收账款周转率(次)	14.4	9.6	6.1	2.8	1.7
不良资产比率(%)	0.1	1.3	4.7	9.8	25.6
三、偿债能力状况					
资产负债率(%)	38.0	46.8	60.4	76.8	88.8
已获利息倍数	5.1	3.5	2.1	0.4	−1.3
速动比率(%)	125.2	102.7	76.8	52.0	34.5
现金流动负债比率(%)	19.4	14.7	7.9	−0.4	−5.0
四、发展能力状况					
销售(营业)增长率(%)	26.7	18.4	10.5	−6.3	−21.0
资本积累率(%)	13.7	7.9	3.9	−4.1	−11.7
三年资本平均增长率(%)	17.3	11.3	4.8	−6.2	−15.0
三年销售平均增长率(%)	19.1	14.3	1.9	−6.3	−19.2
技术投入比率(%)	1.4	1.0	0.6	0.3	0.1

表4-9　全国工业企业效绩评估标准值(中型企业)

项　目	优秀值	良好值	平均值	较低值	较差值
一、财务效益状况					
净资产收益率(%)	9.4	6.1	2.2	−2.2	−8.2
总资产报酬率(%)	5.6	3.9	1.6	−1.0	−4.0
资本保值增值率(%)	105.7	103.5	101.3	97.8	91.9
主营业务利润率(%)	21.4	16.5	12.7	6.0	−1.0
盈余现金保障倍数	10.3	6.0	1.4	0.7	−1.1
成本费用利润率(%)	6.4	4.2	−0.8	−8.2	−15.7
二、资产营运状况					
总资产周转率(次)	0.9	0.7	0.4	0.2	0.1
流动资产周转率(次)	2.3	1.7	1.1	0.6	0.3
存货周转率(次)	8.5	5.6	3.2	1.8	1.1
应收账款周转率(次)	12.3	7.8	4.2	2.4	1.4
不良资产比率(%)	0.2	2.0	10.8	18.7	33.8
三、偿债能力状况					
资产负债率(%)	44.8	57.5	66.5	82.4	97.4
已获利息倍数	3.6	2.5	1.0	−0.3	−2.3
速动比率(%)	109.2	87.2	60.4	40.2	27.0
现金流动负债比率(%)	15.1	9.5	3.9	−0.9	−4.5
四、发展能力状况					
销售(营业)增长率(%)	22.4	14.7	6.2	−7.8	−23.4
资本积累率(%)	10.8	6.5	1.2	−8.2	−15.7
三年资本平均增长率(%)	14.8	7.8	2.4	−6.8	−17.7
三年销售平均增长率(%)	19.5	13.4	3.8	−6.6	−19.9
技术投入比率(%)	1.3	0.9	0.4	0.2	0.1

表 4-10　全国工业企业效绩评估标准值(小型企业)

项　　目	优秀值	良好值	平均值	较低值	较差值
一、财务效益状况					
净资产收益率(%)	7.6	4.6	1.2	−2.9	−8.9
总资产报酬率(%)	4.4	2.8	0.7	−1.8	−4.8
资本保值增值率(%)	104.5	102.4	100.2	97.6	92.0
主营业务利润率(%)	22.5	17.3	11.9	5.2	−2.0
盈余现金保障倍数	6.6	3.8	1.1	0.1	−2.0
成本费用利润率(%)	5.5	3.3	−2.2	−9.1	−16.2
二、资产营运状况					
总资产周转率(次)	1.1	0.7	0.4	0.2	0.1
流动资产周转率(次)	2.4	1.8	1.1	0.6	0.3
存货周转率(次)	11.1	6.5	3.3	1.8	1.0
应收账款周转率(次)	12.0	7.3	4.0	2.0	0.9
不良资产比率(%)	0.1	2.5	12.1	21.4	35.7
三、偿债能力状况					
资产负债率(%)	45.3	58.3	78.8	89.9	97.4
已获利息倍数	3.2	2.1	0.4	−0.7	−4.2
速动比率(%)	117.7	93.1	61.6	40.0	24.8
现金流动负债比率(%)	12.2	6.6	2.1	−1.6	−6.3
四、发展能力状况					
销售(营业)增长率(%)	20.5	10.7	−1.0	−8.2	−25.6
资本积累率(%)	9.8	5.7	0.8	−9.8	−14.8
三年资本平均增长率(%)	12.6	6.4	−2.0	−6.8	−17.0
三年销售平均增长率(%)	17.9	11.6	1.5	−10.2	−23.7
技术投入比率(%)	0.8	0.5	0.3	0.2	0.1

行业情况的信用调查主要包括以下内容：

(1) 行业生产调查。

应观察行业总生产量的变化趋势，并与国内、国际总需求量加以比较，通过供求关系判断生产量不足还是过剩。在观察总体的同时，也要分析该行业每一种产品的生产趋势、成长率以及每种产品的构成变化，发现该产业的发展法则和特质。

(2) 行业原材料调查。

处于买方市场状态的企业，原材料供应充足。原材料相对短缺，尤其那些依靠进口原材料的企业，其产品价格依照国外市场原材料价格变动而变动。因此，应探究资源产品的生产、蕴藏量、价格趋势，以及政府采取的政策变化等。

(3) 行业销售调查。

销售分内销和外销两种。内销应观察市场变动对销售的影响，也要考察产品的市场寿命和新产品销售趋势等方面。外销产品应整体分析销售国别各自需求，并调查该产品在价格、品质、交易方式的国际惯例、竞争力和国际动向。我国加入世贸组织后，各种产品将更大量进入国外销售市场，因此，应密切注意外销地区的外贸政策、关税政策、配额、限额政策、贸易保护政策对外销产品发展的短期和长期影响。

(4) 行业存货调查。

行业存货的多寡与供求关系紧密。存货应保持在一定的程度以内，超过适当范围则须认真分析。比如：产成品存货增加，表示行业竞争激烈、产品滞销、市场销售不畅、供大于求，也可能是物价上涨，企业惜售。半成品存货增加，意味着产成品的型式、样式、规格已发生变化。原料存货增加，意味着产成品销售不畅，同业产品增加，或者原材料价格上涨，企业囤积以备不时之需。

(5) 行业价格调查。

一般而言，价格变动依市场供求关系而变。供大于求，市场价格必呈下降趋势；求大于供，市场价格必然攀升。这似乎很简单，但分析时还应调查该行业产品历年价格变动趋势，并与一般物价走势、竞争替代品价格走势相比较，在价格变动中探究行业未来发展趋势和方向。

(6) 行业设备调查。

行业设备调查内容包括设备运转能力、生产能力是否过剩，设备陈旧和新颖的结构比，新颖设备发展趋势和动态，以及全体产业设备投资动向等。

(7) 企业在同业所占的地位和特色。

从企业的资本、设备、从业人员等多方面进行比较，考察该企业在同业中的地位。再以历年的生产、销售额为基准，考察企业在同业中地位的升降。

企业的特色可用来分析企业技术、制造、产品品质等方面在同业是否有独创性和特殊性。

9. 营业状况

营业状况包括生产状况和销售状况，是企业扩大再生产，获取利润的最重要环节，企业其他一切行为，最终都是为营销服务。因此，营业状况的分析，是资信调查中关键一环。

(1) 生产状况调查。

生产状况调查又分为生产业绩调查、原材料状况调查、生产力状况调查等。

① 生产业绩调查。生产业绩调查包括产量趋势和生产方式两方面。

a. 产量趋势：主要调查该企业总体生产量的升降趋势，以及每一类产品的升降趋势。探究这种变化产生的原因，是与同业变化密切相关，还是仅仅是该企业自我行为。具体调查项目包括：设备增减和更新，技术和品质的优劣，经营方针是否适当，生产管理是否有效等。

即使该企业生产量呈上升趋势，也需考察市场份额是否上升。某些厂家前几年产销量均呈上升状态，也许现在却因竞争力不强等原因，市场份额过小而遭淘汰等。

b. 生产方式：生产方式包括预期生产和订货承制生产，采用预期生产方式的企业必须对市场变化、季节变化、流行趋势等经济因素十分敏感，才能使自己的产品始终畅销。而订货承制生产对市场因素要求不高，但对作业安排合理性、人员劳力分配等管理因素要求甚严。因此，调查时要根据具体情况具体分析。

② 原材料状况调查。原材料状况调查包括存货管理、采购价格和原材料耗损率等三方面。

a. 存货的管理：存货过多和过少都会影响企业正常经营活动。过多库存，不仅积压流动资金，而且增加管理费用，甚至造成原材料变质，影响成品质量；而存货太少，则可能造成供给生产的原料中断，直接影响生产和销售。因此，调查时要了解原材料名称、供应地、运输方式、耗用量、进货渠道安全性等问题，确定原材料管理的合理性。

b. 采购价格。原材料价格直接关系到成品成本，并进一步关系到产品竞争力。过高的原材料价格会成为企业的沉重负担，但只为追求价廉而忽视原材料品质，也会失去用户的信任，最终失去市场。因此，价廉物美才是每个企业追求的目标。本项目调查应该注意观察供货商情况、原材料品质状况、支付条件等方面情况。

c. 原材料耗损率。原材料耗损率是产出产品的原材料量与投入原材料量的比值，可以体现出企业设备的好坏和技术水平的优劣。

因各行业原材料耗损率差异较大，该项目调查应与同行业相比较才有意义。

③ 生产力状况调查。

生产力状况调查是一项较为综合的项目调查，生产力状况优劣的原因是生产要素有效利用的高低而决定的。具体说就是投入资本、设备、劳力、技术的综合体现，任何一项生产要素的不足都会影响企业的生产能力。

生产力高低的评价可从物的生产力分析和价值生产力分析两方面入手。

物的生产力分析是劳动量与生产产品产出量的比率，通过探讨该比率的高低分析生产力高低状况。

价值生产力分析方法是将产品以生产金额、销售收入额、附加价值额等货币单位表示，例如，以劳动量与附加价值相比较，称为附加价值生产性。

(2) 销售状况调查。

销售状况比起生产状况更易受到市场和外部因素的影响。考察时，应主要注意企业在销售量趋势、销售价格、销售对象、账款回收状况、推销能力等几个方面的业绩和合理性。

① 销售量趋势：主要考察企业近年来总销售趋势，以及各部门、各种产品的销售趋势，借以分析造成该销售趋势的原因，是与行业总趋势相关，还是与企业本身销售能力、产品品质、价格、付款等因素有关。

② 销售价格：销售价格是影响销售业绩的最主要因素，每家企业都苦心探索，希望找到一条既利于竞争和占领市场，又能够获得最大利润的价格体系。商品价格的高低，总体讲反映出此类商品的供需状况，同时体现出具体经营者的生产能力、产品品质、推销能力、营业政策等的差异。因此，调查时必须将该企业的销售价格与其他同业企业相互比较，分析其价格构成的依据及合理性。

③ 销售对象：销售对象是指企业销售面对的客户群。客户群素质的高低、客户群分布的广狭，都是左右企业业绩和竞争力的因素。因此，在调查时应注意以下几点情况：

a. 销售对象在其行业中的地位、信用、资历、业绩等情况；

b. 销售对象的分布以及与主要销售对象成交金额的大小；

c. 与销售对象往来的安定性。

④ 应收账款回收状况：付款方式已经成为继产品质量、产品价格之后第三个企业竞争的方面。当买方市场形成后，客户将赊销作为购买产品的主要条件之一。大量放账的结果会给收账造成很大压力，收账状况的好坏直接体现出企业信用管理的优劣。

收账方面的调查应考察其收账时间长短，有预付定金时的状况和具体结算日、放账状况和趋势等等，更要考察应收账款与应付账款的协调程度。如果收账日期远长于付款日期，其资金调度压力将很大，反之如果付款日期大于收账日期，可能会使一些流动资金闲置，影响资金周转速度。

⑤ 推销能力：考察企业的推销能力，应先从探究其采取何种销售途径入手。一般来讲，生产商和消费者之间都会通过许多中间环节连接，这些中间环节承担着企业销售的重任，其销售区域的分配，环节间资本、人、物关系和合理性都影响着企业推销能力。

调查员通过上述生产状况、销售状况的调查以外，还应注意以下各项情况：

a. 销售与生产是否协调，有无销售有力而供应不足，或实际产量大于销售业绩的情况；

b. 业务部门是否因为创收而忽视成本和收账问题；

c. 是否经常开发出新产品，新产品实现商品化生产的时间周期长短；

d. 产品受季节变化影响的程度以及具体对策；

e. 交易条件是否灵活，能否满足不同客户的需要；

f. 对销售对象是否做资信调查；

g. 企业经营管理水平有无明显改善；

h. 各地销售的商业情报能否及时报送有关部门或管理阶层等等。

二、资信调查报告的内容与结论

资信调查是一项纷繁复杂、极为专业的工作，而且需要花费大量的时间和人力，对调查人员的素质要求也很高。对于绝大多数企业来讲，单靠自身的力量无法完成这项工作。于是，委托专业资信调查机构(即信用管理机构)调查就成为一条可行之路。

专业资信调查机构调查的内容十分规范。在委托人不提出特殊要求的情况下，专业调查机构的调查一般按照以下的步骤和内容进行调查，并形成相应的结论。

资信调查行业在世界各国发展时间有长有短。在欧美国家已经存在一百多年，而在其他国家和地区出现只有几十年甚至几年，因此，资信调查机构的专业化程度参差不齐，调查报告的水平也有高有低。在委托国外资信调查机构调查时，不可能要求每一个国家的报告都能达到非常高的水准，但每一份报告都应当充分反映被调查公司的全部信用要素，大致可以包括以下9个方面。

1. 企业注册资料或商业登记资料的调查情况

调查人员首先调查企业注册资料或商业登记资料，并判断企业是否合法成立。另外，通过企业的注册资本和实投资本可以估计企业的规模大小。例如在对香港的企业调查中就遇到不少企业的注册资本为几千或几万港元，而实投资本只有2个港元。这样的企业很多都带有投机性质，有利可图就继续发展，遇到困难就关门歇业。如果你的贸易伙伴是这样的企业，你就应当谨慎从事了。

2. 企业性质的调查情况

调查人员第二步是了解企业的性质。了解企业的性质对今后与该企业的交往很有必要。对于不同性质的企业，可以制定不同的信用政策。比如说，对独资企业和股份公司就应区别对待。以香港地区为例，独资企业成立时只需到税务局商业登记处填妥申请表格，交付登记费即可。独资企业的欠债和资产，也是出资者的欠债和资产，如果企业资产不足以偿债，出资者就要以个人的资产补上。这对债权人来说十分有保障。但这类企业的规模都很小，经济实力很薄弱，经不起大的风浪，倒闭的可能性大，不宜与之做大额贸易。公开的股份公司成立的基本条件是，公司资产不少于一亿港元，提交最少三年的会计记录。三年内，每年的纯利不少于1 000万港元。与这类公司交易，坏账机会可能会较少，但应注意交易手续的合法性。

3. 企业历史的调查情况

调查人员要调查企业的历史发展，从中可以看出它过去的经营与变化。比如股东是否有过变动，业务范围是否有过变化。如果有，则应考察变动的原因是什么。公司经营历史的长短也是其经营水平的一个标志。如果公司有较长的经营历史，那么该公司就应该有比较丰富的经营经验，较高的经营管理水平。另外也会有稳定的供货渠道和销售渠道。与这样的公司做交易可以放心一些。

4. 企业隶属关系的调查情况

看看公司是否隶属于某个大的集团公司，如果是，那么该公司在遇到困难时可能会得到集团的支持。与这样的公司做交易风险会小一些。

5. 股东和经营者情况的调查情况

当你打算与一个企业交往时，你应当知道该企业的股东是谁，即该企业为何人所拥有。特别是对于独资企业和合伙企业，更应了解其股东背景。一个股东持有股份越多，他对企业的控制权就越大。在中小企业中，大股东往往同时也是企业的经营者，对于他们的了解尤其显得重要。这类企业的组织机构不完整，事无巨细均由股东(经营者)一人或几人管理。他们兢兢业业，尽心竭力，但他们毕竟才能有限，不可能样样精通，在管理上有明显的局限性。他们其中的很多人缺乏现代经营观念、独断专行，不利于发挥员工的积极性。

主要股东之间的关系是否融洽对企业资本的安全性、稳定性影响很大。若股东之间派系分立，时起纷争，势必影响企业的正常经营。

另外应注意的一点是企业的主要股东是否还投资于其他企业，这些企业经营状况如何，特别对于独资企业或无限合伙企业，其股东负无限责任，如果他们所投资的某一个企业发生欠债、破产等情况，他们的其他企业就可能受影响。

经营者决定企业的经营方针，制定企业的发展战略，指挥管理企业的全部经营活动，对一切重大问题做出决策，他们的品行、学识、能力、经验以及健康情况等对企业的经营和发展有至关重要的影响。

一个成功的经营者应该为人正直，守信用，重名誉，有远见，有魄力，热爱事业，顽强进取，有高超的组织和领导能力，分析与判断能力，学识渊博，经验丰富，善于用人，社会关系广泛。

经营者过去的经历对其经营思想有很大的影响。若经营者是技术出身，他可能会偏重于产品的开发和生产，而忽视财务与销售，以至于销售不力，库存增加，造成资金周转困难；若经营者是销售出身，他可能会偏重于市场开发，而忽视生产和财务，致使产品陈旧，质量下降，或放账过滥，催收不积极，造成呆账增多，资金周转不易；若经营者是财务出身，他可能会偏重于财务管理，紧缩开支，削减生产和销售成本，导致企业活力下降，发展受阻。

除考察经营者的经验、能力外，还应考察其品行是否端正，为人是否负责任。因为经营者个人的品格会影响他的经营手法。若经营者是个有责任感的人，当企业欠债时，他会想方设法，克服困难，履行合同，偿还债务。反之，若经营者一贯不负责任，不守信用，那么即使企业财务状况良好，也可能会赖账。

我国某进出口公司通过私人介绍认识了一个外商，在未对其进行信用调查的情况下，与他签订了出口合同，并发货给该商人。该商人提货后提出种种借口拒绝付款，给中方公司造成了100多万美元的损失。事后对该公司做了调查，发现该商人在当地声誉极坏，欠了很多债务。如果事先做一下信用调查，就完全可以避免巨大的损失。

6. 经营状况的调查情况

在决定是否对某个企业提供信用时，了解该企业的经营状况非常重要。调查人员会根据企业的经营状况推断其获利能力大小。这项调查应包括以下几个方面：

(1) 业务范围：企业经营何种业务，是制造业还是服务业？批发还是零售？业务单一还是多样化？销售有无淡旺季之分？企业有无稳定的供货来源？产品或服务的市场分布如何，是地区性的、国内的，还是国际的？

(2) 营运情况：业务繁忙还是萧条，甚至歇业？业务发展趋势如何，是上升还是下降？

(3) 企业规模：是大型企业还是中小型企业？有多少雇员？

(4) 办公条件：办公室布置如何，办公条件好，还是一般、甚至很差？员工工作紧张程度如何？企业经营场所的地理条件对经营也有影响（位于闹市区的时装店肯定比偏远郊区的时装店有更多的顾客）。

(5) 各行业的一些经济指标，如企业人数、人均销售额等都有统计，可以考察企业的这些指标在本行业中是高还是低，由此可以看出企业的经营水平现状。

调查人员到企业上门调查时所见到的情况可以对从各种渠道得到的信息进行验证，特别是对于皮包公司，一经上门调查便可发现。

7. 付款记录的调查情况

作为卖方最关心的是能否收回货款。调查人员在调查中关注受信企业是否愿意且是否能够在债务到期时付款？如果企业不能按时付款，授信企业的保障是什么？是否有有效的手段索回货款？

通常，客户的付款情况不外乎以下四种：

（1）应当付款时才付；

（2）被提醒时才付款；

（3）被威逼时才付款；

（4）在付款之前宣告破产。

要想真正搞清楚受信企业到期能否付款，需要分析受信企业的财务状况，看它是否有足够的偿债能力，另外还应了解它过去的付款记录等。调查人员从企业的其他债权人那里可以得到以下信息：他与该企业交往时间多长？上一次交易情况如何？现在未结货款的情况如何，是否逾期？逾期多久？上一次付款在什么时候？他最近给予该企业的最高信用额是多少？销售条件是什么？企业的付款习惯如何？付款及时还是拖欠？拖欠多长时间？如果所有迹象表明企业有能力及时支付到期的债务，而且过去确是及时支付的，那么对该企业就应抱有信心；反之，如果一个企业有能力支付却不支付，就需要调查其中原因。如果企业经常无故迟付或拒付，则应保持高度警惕。

调查企业的付款记录，主要做法是向其相关企业和贸易企业了解情况。不过，目前欧美国家均有相关机构查询企业的付款记录。

8. 公共记录的调查情况

调查人员主要调查企业的法律诉讼记录和财产抵押记录。在这里可以了解到该企业是否被起诉过，起诉的原因是什么，是产品质量有问题，还是没有履行还债义务？欠债金额是多少？什么时候发生的？判决结果如何？如果你是买方，对方产品质量方面的纠纷应该引起你的注意，如果你是卖方，对方欠债不还被诉至法庭，应引起你的警觉。企业的抵押记录反映它的资产是否作了抵押，抵押给谁。了解这些情况可以帮助你估计一旦对方欠债，你能否通过对其清盘追回欠款。

9. 财务状况的调查情况

一套财务会计报告就像是一幅幅完整而清晰的图画，可以全面反映出企业的财务状况。通过财务分析计算得出的一系列财务比率与数据是很重要的信用信息。定期对企业财务状况进行分析，可以预测潜在的信用风险。调查人员收集财务信息后，交给本机构进行财务分析，分析主要围绕着以下几个重要问题：

（1）企业经营是否成功？是否盈利？

（2）企业的资产管理是否有效？资产的种类与分布是否合理？

（3）企业的融资结构是否对债权人有利？债务和权益各自所占的比例是否合理？债务的组合是怎样的？

（4）应付账款到期时是否有能力付款？

(5) 企业是否存在或有负债？如有无对外担保等。

上述工作全部完成后，专业资信调查机构把这些零散信息进行汇总、整理，编制出一份详细的调查报告，并在报告的最后加入资信调查机构自己的评价和评分，以及建议赊销的金额，供委托人参考使用。

需要说明的是，资信调查报告是第三方通过各种渠道汇总的信息，其内容有时会与事实有一定出入，一般难以做到百分之百的准确。因此，世界各国的资信调查报告都在报告的开头做出申明，如“报告只供参考，不作为决策的最后依据；同时，不作为任何法律文书和证明出现。如出现偏差，资信调查机构不承担任何法律责任”等。企业通过资信调查机构拿到资料后，应与自己掌握的资料进行比较，如果内容出现极大反差，就应当要求资信调查机构重新调查相关信息或进行必要的核实。

信用评价机构有关信用分析报告的产生过程可用图 4－3 简要说明如下(参见图 4－3)。

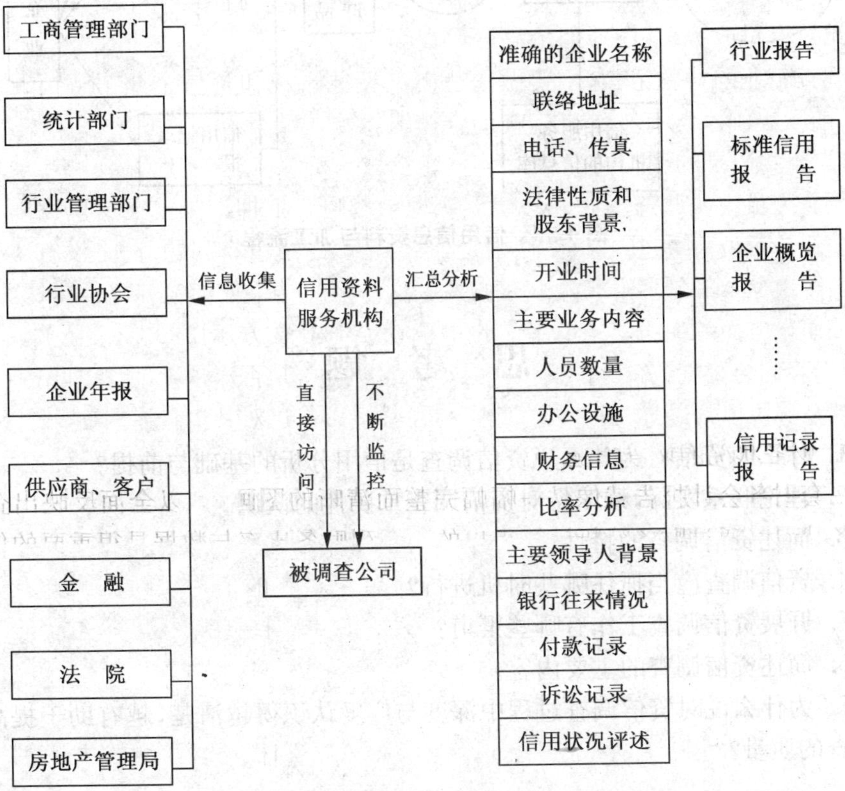

图 4－3　信用分析报告的产生过程

上述过程也可归纳如图 4－4 所示。

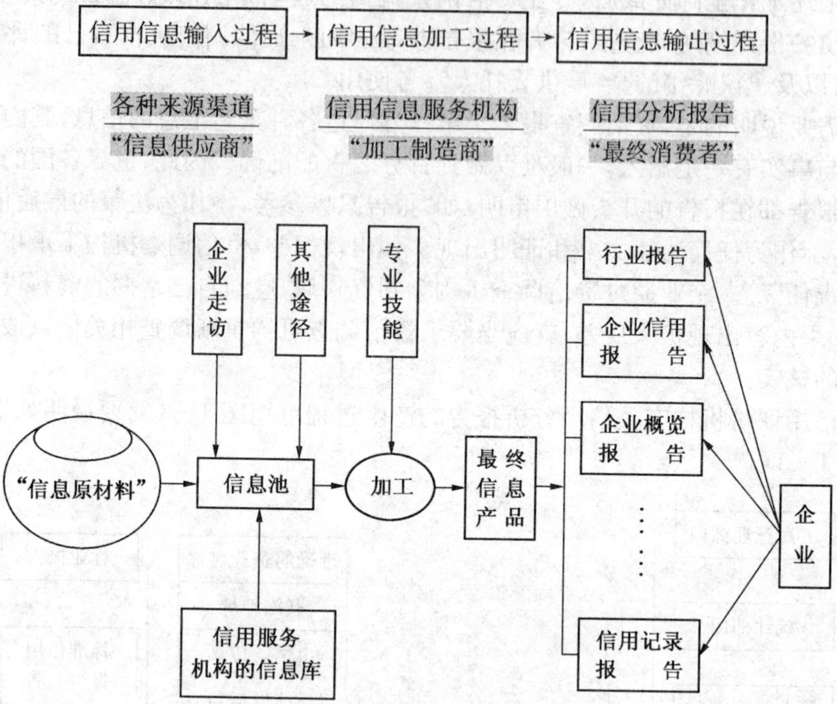

图 4－4 信用信息资料与加工流程

思 考 题

1. 什么叫资信？为什么说资信调查是信用分析的基础与前提？
2. 理论联系实际，谈谈您对资信调查重要性的认识。
3. 简述资信调查的特性。
4. 资信调查应当抓住哪些时机进行？
5. 开展资信调查工作有哪些渠道？
6. 简述资信调查的主要内容。
7. 为什么说对资信调查过程中深度与广度认识得越清楚，越有助于提高资信调查的质量？

8. 资信调查取得的资料和形成的结论一定是正确无误的吗？为什么？

9. 为了顺利而有效地工作，在资信调查中应当正确处理好哪些关系？

10. 简述财务状况调查分析在资信调查中的地位与作用。

第五章　企业客户管理

学习提要： 客户的管理是企业经营管理中至关重要的环节。在当今买方市场的氛围下，市场竞争日益白热化，企业始终面临着扩张信用以扩大市场份额和减少坏账以提高盈利这样的两难困境。解决这个难题的一个关键就在于有效地进行客户管理，降低企业经营风险。因此，本章首先从总体介绍了客户管理的概念，然后重点针对信用管理部门如何进行客户资料的搜集、客户的信用分析、信用额度授予、客户档案的建立和管理等进行详细介绍。

第一节　客户管理概述

客户管理，顾名思义就是对客户而言的管理，是指在客户信息收集和分析的基础上对客户的状况进行把握。在对客户进行管理时，其出发点是对客户信息的分析。所谓客户信息，广义上是指所有关于客户的信息，狭义上是指直接关系到新老客户的财务状况、生产状况、竞争公司状况等信息。而对客户进行管理的同时也是为了提高销售活动的成果，与客户建立良好的关系，并进一步提高客户的满意度，最终达到占领市场、扩大企业的目的。

一、客户管理的目的

客户管理是为了提高销售活动的成果，进行欠账款管理及信贷管理，此外，与客户建立良好的关系也是客户管理的目的。

客户管理的第一目的，是按照客户的状况来进行销售活动，提高销售活动的成果，从而根本性地强化销售力，例如：即使商品质量很好，但客户管理比其他竞争对手差，那么与客户的需求不一致的产品就不会被其采用。为了杜绝这种情况的发生，就必须很好把握客户的状况。

客户管理的第二目的，是要有利于欠账款管理及信贷管理。销售活动在钱款回收之后才告结束。根据客户管理的要求，在检查销售实绩的同时，也应检查回收条件及欠账款的滞留状况，必须尽早地、确实地对欠账款的回收进行管理。如果欠账款晚收或不能收回，那么销售活动中得到的利润就会因利息的支出而蒙受损失。在进行欠账款管理时，在有利于客户管理的同时，必须完成欠账款回收的目标，设定回收条件，制作欠账款状况表等来进行管理。企业要在欠账款早期完全回收的同时，根据客户管理的措施，判断信贷水平，把握剩余欠账债权与信用限度额的比例情况，彻底掌握客户的业绩等情况，这有利于信贷管理。

客户管理的第三个目的，是与客户建立良好的关系，销售活动如果能在与客户良好的关系中进行，商谈就会顺利地进行。一旦签约，销售活动就无需费太大的力气。

二、客户管理的内容

客户管理通常有以下三项内容。

1. 客户信息的收集与分析

客户信息在广义上包括：客户的动向；接近客户的其他竞争对手的动向；客户所处的环境等必须加以管理的信息。而狭义上的客户信息则就是有关客户的直接信息的内容。我们讲的客户信息一般是指狭义上的理解。客户的直接信息可以有以下内容：

(1) 客户的业务内容和业绩变化。

这方面的内容可以说是直接信息中最为重要的信息。如果没有此信息，本企业的销售活动就不可能开展。

关于客户业务内容的信息，在客户是制造企业的情况下，是关于他们所制造产品的生产动向及新设计产品、开发中产品的信息；在客户是商业企业的情况下，是关于他们所涉足行业内的商品动向。此外，他们在何处部署何种业务，也是必须掌握的信息之一。比如说，我们要和一家耗材行业的企业合作，如果他们还是打印机、复印机的生产厂家，我们就要了解他们正在生产的机器型号以及将要生产的机器型号和将来的生产趋势；如果他们是耗材批发商，那我们就要了解耗材行业的市场动向，他们的业务主流等等。

业绩的变化信息是关于客户的销售额和日常利润的信息。客户管理要了解客户的支付能力等信贷管理及客户经营上面临的问题等情况。

在了解到这种信息之后，企业就可以对客户提出解决问题的方法，这是进入具体商谈的第一步。

(2) 客户的销售方针。

这是关于客户今后重点发展的产品及流通渠道的选择等方面的信息。如果了解了客户的销售方针，就可使具体提案易于得到客户的接受，谈判也可顺利进行。

(3) 企业在客户中所处的位置及其变化。

这是客户如何考虑本企业的作用及重要性，以及这一考虑结果在何种程度上影响着双方合作的信息。

(4) 其他竞争对手在客户中的状况。

在营销中，要注意不应只考虑自身企业与客户有多么良好的关系，有共同解决问题的提案，但当其他竞争对手有优于本企业的战略时，就会有危机。因此要充分了解其他竞争对手接近客户的战略信息。目前的市场竞争非常激烈，所以我们不仅要维护好与客户之间的良好关系，也不能忽略竞争者的动向。

2. 实行与客户强化关系的对策

对于"客户关系"而言，主要有三种：

(1) 与企业购买者的关系。

此种客户关系维持与强化的核心并不是细节上的客户关怀和盈利分析，而是应形成战略上合作同盟关系，建立一支专业精干的销售队伍，给予客户以综合的解决方案，关系好坏更多的是决定于问题解决方案本身的优劣以及服务质量、反应速度等硬指标。比如：中国四大商业银行、中国粮油集团等大型国企选择IBM 提供电子商务方案，看中的是 IBM 对各种系统的集成能力、雄厚的技术力量以及行业经验。由于对企业销售要进行持续的谈判和反复的接触，有多位销售人员的参与，面对的也是企业的采购委员会而非单个客户，因此，对公司而言，更为重要的是销售流程的变革，以顾客为导向建设和管理行业或大客户团队，对整个销售过程进行监控，给予客户统一完整的服务。目前，本公司的这部分的客户很少，这是由公司产品的特点的影响以及由公司的整体战略所决定的。

(2) 与机构购买者之间的关系。

对此种关系，由于基本上采用招投标的方式，企业首先应有优质的产品服务以及低廉的成本，其次就是建立与政府机构之间良好的关系(它不同于商业关系，需要有独到的运作方式和公关技巧)。现阶段，许多公司主要是采取支持经销商竞标的方式，其实可以考虑自己作为竞标者的方式来操作，虽然结果可能会一样：使用相同的产品，但效果很可能就会不同：经销商竞标，打出的是经销商自己的品牌，而我们企业自己竞标，打出的可是自己的品牌，长此以往，品牌效应可不是短期的销售额所能代替的。

(3) 与经销商之间的关系是我国企业正在做且大有可为的。目前国内企业普遍使用分销代理制，对终端的顾客实行"一对一"营销几乎不可能，但是经销商某种程度就是企业的顾客，搞好与经销商的关系是立竿见影的。企业与其关系重点应放在利用现代的信息技术网络对销售、运输、库存、订单管理等进行改造，使得销售渠道和流程透明化、简洁化，企业可以和经销商之间进行实时信息共享和快速的后勤补给，既节约双方库存成本和资金沉淀，又能提高企业对市场的反映速度，在双赢中努力达到经销商对于企业品牌的忠诚。

3. 客户满意度的调查

客户满意度的调查，是指客户管理要了解客户对本企业具有何种程度的满足以及对企业的评价，尤其是现在的客户对本企业的产品和服务是否满意，这是最重要的问题。今天的企业是由顾客来选择的，不能满足客户的企业，客户就不会选择它，该企业就必然会被市场所淘汰。因此，营销部门甚至整个企业，都必须满足客户的需求，这样才能确实维持和客户的合作关系，使客户继续购买本企业的商品。

客户满意度的调查应在以下两个调查角度的基础上进行：

（1）客户满意度的测定。

客户满意度，实际上是客户对使用本企业产品及服务的评价。为了使客户再次或以后继续购买本企业的商品，这种评价是十分重要的。客户管理应站在客户的角度，研究他们对商品的要求。

（2）企业在市场中的位置。

在市场中本企业所处的位置，是指和其他竞争对手相比较的位置，据此可客观地把握客户的满意程度。在进行调查时的注意点主要有：用数字来进行比较；以时间序列来测定改善效果；把握业绩及其关系，进行以上调查得出结果后，要研究客户与本企业之间是否存在认识上的分歧，对明显的分歧点应该进行再认识，这样才能进行以让客户满意为中心的营销活动的改善。

公司正在进行客户满意度的调查，说明了公司充分认识到客户需求的重要性。

4. 正确处理客户投诉

处理客户投诉是客户管理的重要内容。出现客户投诉并不可怕，问题是如何正确对待和处理。在这里提一下很久以前发生的事，海尔在把产品向农村市场推进的过程中，就接到这样的投诉：出水管容易发生堵塞。技术人员发现，这不是产品的原因，而是当地的用户把洗衣机用来洗红薯，红薯一般带有很多泥，这样，只用来提供排出污水的出水管就会堵了。得出这个结论，海尔并没有理直气壮地去反驳投诉者，而是向他们解释，并且意识到这是来自农村市场的一个商机，并且立即研发出可以洗红薯的洗衣机，这在当时是独一无二的产品，不仅在客户心目中树立了产品一流、服务超一流的企业形象，而且抢占了农村市场。

“会抱怨的客户才是真正的客户”，TRAP调查公司的这项调查结果表明，顾客抱怨中实际上蕴含着“坏事变好事”的许多机会点，就看企业如何及时把握这些机会点。因此，正确地处理客户的投诉是企业客户管理中的一个非常重要的环节。

第二节 客户定义及其分类管理

一、广义客户的定义

前面一节总体介绍了客户管理的基本概念和重要性，本节则重点针对信用管理部门眼中的客户介绍一些基本知识和概念。

正如前面所说，“企业最大的、最长远的财富是客户，然而企业最大的风险也来自客户”。企业信用风险是指在以信用关系为纽带的交易过程中，交易一方不能履行给付承诺而给另一方造成损失的可能性，其最主要的表现是企业的客户到期不付货款或者到期没有能力付款。很多公司由于应收账款回收不力，轻则造成企业的流动资金紧张，重则造成公司大笔坏账损失，甚至经营困难。因此，如何对客户实施有效的管理是企业经营者需要重点思考的问题。

企业采用赊销方法进行销售，就必须在原有的管理上增加信用管理功能。客户的评价和档案管理是企业信用管理的第一步，其理想目标在于事前防范产生于客户的风险，让企业与按照其标准筛选出的客户进行信用交易。

在当今买方市场的氛围下，市场竞争日益白热化，企业始终面临着这样的两难困境，即：一方面，必须不断扩张信用以扩大市场份额，但另一方面，又必须最大限度地减少坏账以减小成本，提高盈利。解决这个难题的关键是借鉴国内外成熟经验，在企业中建立起有效的信用管理系统，解决好客户选择、授信政策和授信额度以及应收账款管理等各方面问题，从而实现扩大销售和降低成本的预期目标。

对企业的赊销活动进行管理是信用管理部门的最主要工作之一，但却不是信用管理工作的全部。也就是说，信用管理部门并不是专门为了赊销管理而建立的，它还可以指导赊销活动以外的工作。如果对企业的信用管理工作做出比较完整的定义，其作用应该是帮助企业规避来自客户的风险，而任何有可能对企业造成经济方面伤害的企事业法人和自然人类型的客户都是信用管理部门的工作对象。因此，信用管理部门的客户与销售部门的客户有着相当大的不同之处，但并不能完全涵盖销售部门的客户，两者之间存在着交集关系。

在市场经济条件下，赢得客户是一个企业赢得市场竞争的关键，拥有一个质量良好且数量可观的客户群是企业能否存活的生命线。从企业接触到的各种"客户"和"潜客户"中筛选出资信可以接受的客户，并按照规范同这样的客户进行交易，这是企业开始实施信用管理(Credit Management)的第一个环节。

企业是以投资人盈利为目标而建立的，企业盈利的方式具体体现在对产品或服务的销售。以制造类企业为例，企业的经理人员和销售人员普遍认为，凡对企业产品有需求并有支付能力的法人单位或者消费者个人，都是企业的潜客户(Customer Prospective)，而付钱购买本企业产品的企业或消费者个人就都是企业的客户。

然而从理论上讲，这是一种用市场营销的观念对客户进行定义，与企业信用管理意义上的客户，在定义上有着很大的区别。对于一般的产品制造类企业的销售部门而言，它是根据产品的特征和市场定位来定义潜客户群(Prospective Customer Group)的。销售人员采用各种销售技巧，直接接触对"自家"产品可能有需求的单位或消费者个人，最终将产品销售出去。产品销售工作的重点和使用的技巧，一般随着产品的"生命周期"而不断变化。在有些管理水平不高却急于销货的企业，其销售人员甚至会认为，凡同自己企业签订购货合同者就是客户。而企业信用管理部门同财务部门的看法一样，只有收到货款的销售才算数，否则就是损失。信用管理部门的基本职责是帮助企业规避在信用交易中产生的风险，广义而论的信用管理是防范企业受到经济方面的损失。一个使用现金购货者，这不是赊销，对于卖方不存在拖欠和坏账风险，它自然不是信用管理部门的客户。所以，信用管理部门定义的客户不能完全涵盖企业销售部门的客户。同时作为企业的供应商也应是信用管理部门的客户，但是它们大多却不是销售部门的客户。那么也就是说信用管理部门和销售部门两部门对客户的定义存在着的关系是交集的关系。换句话说，信用管理部门具有替销售部门筛选信用条件合格的赊销客户的功能。通过以上的说明，我们可以更清晰地理解信用管理意义上的客户："凡是掏钱购货的买主都是企业销售部门的客户，而凡是对企业构成经济损失或者潜在经济损失风险者，不论它是企事业单位还是消费者个人，都是信用管理部门的客户"。另外，销售部门的管理功能是以售出产品为导向的，而信用管理部门的管理功能是以保证货款和防范企业的不必要支出为导向的。信用管理部门与销售部门的具体配合体现在筛选讲信用的客户与企业进行信用交易。

二、典型信用管理的客户

前面我们简单地介绍了究竟什么样的客户才是信用管理部门的客户，为了让这个概念更加清晰，我们在这部分举了一些实际例子，通过这些例子能够加强读者对“信用管理部门客户”的理解，同时对信用管理部门的职能和重要性加深印象。

企业产品的买主可能不是信用管理部门维护或监控的客户。对于生产制造型企业，几乎全部使用现金交易的客户都不是信用管理部门的客户，厂家直销点的普通客户和产品的一些零星买主也不是信用管理部门进行监控和管理的客户，但是信用管理部门有可能保存它们的消费行为纪录。因为它们一旦采取非现金交易的方式，它们就会成为信用管理部门的客户。

例 5－1 中国某 XX 鞋店平均每半年向生产皮鞋的 YY 厂购买鞋子，每次交易方式都是采用现金交易，平均交易额大概在 10 万元左右。在这种交易行为持续了将近两年以后，中国某 XX 鞋店采购中心的王主任打电话给 YY 厂的销售部门，希望 YY 厂允许 XX 鞋店采取先取走大约 15 万元左右的货，待下月 XX 鞋店有钱进账时立即支付货款，并且同意双方签订一份类似赊购形式的购货协议或打一个欠条。由于 YY 厂的管理制度规定，凡交易形式采用赊销的，统一由信用管理部门进行审批。因此，销售部门立即附上了 XX 鞋店的赊销请求，同时附上相关联系人员的名片。信用管理部门立即委托某征信调查机构进行资信调查。返还的信息资料表明，该公司的集团总部由于分店的投资规划考虑不周，造成资金周转不灵，资金链存在很大问题，近一年来经营状况不佳，不断走下坡路，破产风险极大，并且已经拖欠多方的货款，其信用指数值比较低。信用管理部门将调查结果和客户评价通报给销售部门，由销售部门以厂的管理制度为由，委婉地拒绝了 XX 鞋店的这一请求，并请它按照程序向本厂申请赊购信用。

[分析]

(1) 从例中可以看出，尽管 XX 鞋店在 YY 厂有历史交易，并且时间比较长，但是由于一直采用现金交易方式，因此信用管理部门并没有它的相关记录档案。它是销售部门的客户，但不是信用管理部门的客户。

(2) 经过该次调查，XX 鞋店在 YY 厂的信用管理部门信用档案中有记录了，但由于其申请被拒绝，它仍然没有构成信用管理部门监控和维护的客户。

(3) 虽然通过外部资信调查机构需要花费一定的费用，一般国内的资信调查报告的费用在每份 1 500 元左右，这笔费用与 15 万元无法收回相比还是降低了成本。

对于生产制造型企业，供应商是信用管理部门维护和监控的客户。材料、设备、零件供应商是将它们的产品卖给企业的卖主，从销售部门讲，它们绝对不是客户。他们不与企业的销售部门打交道，而与企业的供应或采购部门进行交易。但是，对企业信用管理部门而言，供应商也是客户，是广义而论的客户，而且多半是核心客户或重要客户，是使企业正常经营运作的保障。企业的信用管理部门有责任替企业供应部门筛选出合格的材料、设备、零件供应商和中介商，防范一些供应商对企业弄虚作假，提高质次价高的材料，不按照合同及时供货。筛选合格的供应商是保证企业生产所需的材料、设备、零件的供应能够及时稳定。同时，企业也需要培养出自己的合格供应商队伍。另一方面，也能够防止企业供销部门产生腐败行为，还可以替企业办理信用证手续的开证商业银行减少被不法分子套汇的失误。在买方市场的条件下，供应商往往愿意非常积极地提供自身的信息，实地考察供应商的设备和生产管理并没有太大的困难，因此信用管理部门可以积极利用上述的有利条件，结合资信调查，对供应商做出合乎实际的评价。下面的例子就针对企业的供应商进行简单分析。

例 5-2 ××汽车制造厂的管理制度明确规定，每年都必须对厂的供应商进行筛选。这项工作就由信用管理部门协助厂供应部进行挑选。由于组成汽车所需的零配件非常多，因此该厂所需的供应商门类也很多，发动机、轮胎、玻璃等等材料都需要相应的供应商。该厂明确规定要求货比三家，使得该厂的供应部名单上的供应商数量非常之多。因此，必须对这些供应商其进行筛选。首先，信用管理部门的技术人员将供应部名单上的供应商进行分类，分类原则是按照质量、及时供货、交易额度大小进行排队。然后，根据信用好坏，将每种材料或设备的供应商进行排队。最后，在综合考虑了供应商信用排名和价格差别等因素后，由供应部和信用管理部联合成立评审小组，最后确定了供应商的排名。信用管理部门从其中挑选了 5 家供应商，并委托中介机关进行合同信用评估，并出具了合同信用评估报告书，然后从中挑选出 3 家比较好的推荐给供应部，并附上书面的合同信用评估报告。由于挑选出的几家供应商提供的材料的技术指标接近，并且产品差价小，所以信守合同和供货的及时因素等就成为首位应考虑的因素。

[分析]

(1) 尽管供应商不是企业的买主，反而需要企业向它们进行采购，但它们会对企业的生产产生重大影响。它们可能不是销售部的客户，但是它们是信用管理部的客户。

(2) 选择合格的供应商，除对它们进行合同信用等调查外，还可以通过向它们的客户发问卷或电子邮件进行专门调查。

(3) 工厂的管理应该明确，在下一次评选之前，供应部应该严格按照供应商排名进货，并将评审结果通知排名第一的供应商，以鼓励供应商。

(4) 任何一个成功的企业必然会有一批非常优秀合格的供应商，因此企业也必须加强对自身供应商的教育和培育，将它们培养得能够完全符合企业的要求。

三、客户的分类管理

企业的信用管理部门对客户进行分类管理，主要是出于客户对企业的重要性和客户档案管理费用进行考虑，其次才是考虑客户与企业的关系。考虑客户对企业的重要性因素，信用管理部门可将客户分成普通客户和核心客户。管理核心客户档案的费用，一般要高于对普通客户的档案管理费用。根据企业与客户的关系，客户还可以被分为与企业有信用交易关系的客户和与企业没有建立商业关系的客户。根据企业与客户的内外贸关系，客户还可以被分为内贸客户和外贸客户。对于内贸客户还可以被细分为本地客户与外地客户（参见图 5-1）。

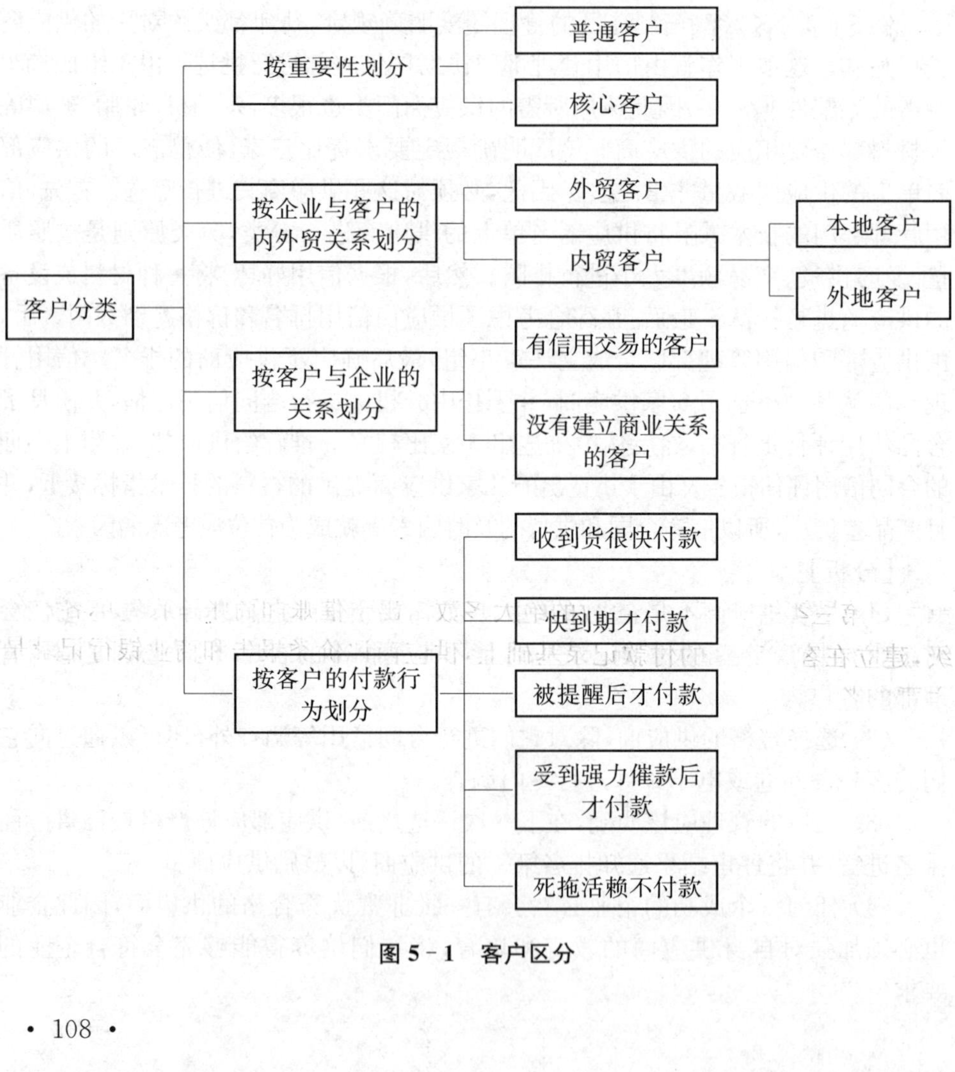

图 5-1　客户区分

在所有的客户分类中，最重要的是区分普通客户和核心客户。

1. 根据年交易额区分

关于普通客户与核心客户的区别，关键要素是企业与客户的年平均交易额，其次就是考虑企业与客户的交往时间长短。根据商训的教导，80%的销售额来自20%的客户。因此，企业确实有必要对“实现80%销售额度的20%的重要客户”进行特别关注和重视，它们也就是企业的核心客户。从风险控制的角度，这类客户出现的风险比较大。在这个原则下，企业信用管理部门可以按照年度的销售额对客户进行排名，然后以3～5年的年销售总额的70%进行划线，在线上的客户可以定义为核心客户。

2. 根据交往年度区分

在企业经营过程中通常碰到一些企业，年交易额不是很高，但是与企业有多年的交往历史，对于这类客户企业也应该按照核心客户进行管理。因为企业往往觉得这类客户由于交易记录一直很好，而且交易金额也不是很大，通常的防范心理不够。所以，企业的信用管理部门必须定期对老客户进行分析，主要注重企业的发展趋势，包括领导层、经营状况和财务状况等的变化趋势。如果出现某老客户变化趋势说明它在走下坡路，企业信用管理部门就应该对该类“老客户”严加监视。

一旦将客户划入到核心客户的范围，对其档案进行管理的复杂程度就会提高，对应的档案管理费用也会有所提高。

3. 按客户的付款行为划分

企业的信用管理部门对客户进行的另外一种分级的方法是从收账的角度考虑的，即按照客户的付款行为进行分级。通常，按照付款行为，可以被分为如下几类：收到货很快付款、快到期才付款、被提醒后才付款、受到强力催款后才付款、死拖活赖不付款。根据欧美信用管理教科书的说法，在西方国家，第二和第三类客户占客户总数的绝大多数。出于催账和商账追收考虑客户分级，建立在客户企业的付款记录基础上，供应商评价类报告和商业银行记录是主要参考。

第三节　客户资料的搜集和分析

真实可靠的客户信息，即所谓的企业征信信息，是信用管理的基础。由于信息的收集、存储和处理是有成本的，因此，信用管理人员必须了解从何处采集客户的信用信息？同时这些信息应该包含哪些方面的内容？

一、客户信息的来源

根据企业自身的经济实力以及客户的重要性程度不同，企业的信用管理部门对于不同的客户信息资料的搜集方式可以有所侧重。按照企业信用管理部门客户信息来源的不同，主要可分为：

(1) 企业自身收集的信息；

(2) 官方信息；

(3) 银行信息；

(4) 公共媒介信息；

(5) 征信公司提供的信息和委托第三方调查的信息。

各种来源的信息特点不同，企业信用管理人员必须对收集来的信息进行科学的分析和处理，将其中的相关信息转变为量化的征信信息，才能将其对应地归入客户档案。

1. 企业自身收集的信息

这部分信息主要来自企业的销售部门，一般包括客户提供的“企业简介”、“产品介绍”；客户网站上的宣传资料；通过网络搜寻到的关于企业的各方面报道；本企业或企业上级单位在客户单位所在地的派驻机构对客户进行的实地访问了解的情况；其他了解客户的人士或中介的介绍等。这种信息一般是不完整的、非即期的，甚至是含有欺骗性的信息。关于客户企业简介和客户企业的网页，均有不同程度上的宣传客户优势和掩盖客户不良记录的倾向，经过训练的征信调查人员都会很容易地对信息偏差给予定量分析。但是，这种信息仍然是具有一定参考价值的，而且取得这种信息是不需要付费的。

2. 官方信息

关于官方信息，除政府政策类信息外，政府一般不可能向企业提供其客户单位的专业调查和分析。但是政府部门的有关优良企业、不良企业的处分信息会通过电视、网络、报纸等新闻媒体对外发布的，但是需要企业能够善于总结和搜集该类信息。同时统计部门会定期发布一些信息，比如：《统计年鉴》、《钢铁工业年鉴》、《机械工业年鉴》、《电子工业年鉴》等资料可以作为对客户了解的一些宏观参考意见。如果是上市公司，可以通过《中国证券报》、《金融时报》等相关报纸公布的上市公司的资料。但这部分信息都并非专业的资信调查获得的信息，其调查内容不可能满足企业信用管理的要求，他们对于客户信息只能作为一种补充信息。

在国内，企业的官方信息主要集中于以下几个部门，参见图 5-2。

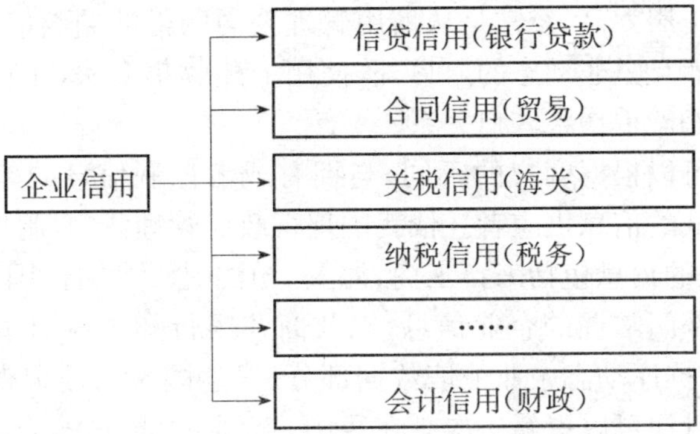

图 5-2　官方信息的来源方式

3. 银行信息

因为银行有储户存款和借贷的动态信息,同时银行对一些大储户又有专门的调查报告,因此银行的信息对于企业有非常大的参考价值。但是银行信息的覆盖面窄,也并不完全对外开放。据悉,人民银行的贷款证系统在国内300个城市联网开通,系统拥有数十万企业的贷款申请、付款记录和其他信息,而且都是动态的信息。但是,这个数据库不对外开放,只在银行内部使用。

4. 公共媒介

从公共媒介得到的客户信息是有一定偏见的信息,它比客户自己提供的简介在客观公正性上要好一些,但是它是更不完整的信息。除非将某企业的公众媒介报道进行长期积累和特殊加工,并做非常有技巧的统计处理。通常,公共媒介会经常报道当地大型和较特殊企业的情况,多数是这些企业的正面形象,这是公共媒介所提供的信息中最值得利用的部分。但是,它不是完整的信息,也不是动态信息。若对公共媒介的信息进行长期收集和统计加工,它的成本会相当高,远高于从信用管理公司定购来的客户资信调查报告价格。

5. 征信公司提供的信息和委托第三方调查的信息

信用管理公司是向企业信用管理部门提供资信调查信息产品和服务的专业公司,它们所提供的企业资信调查信息是比较完善的,经过打分系统分析的,而且是动态的。也有很多企业设有自己的商业或科技情报系统,尽管其也能比较专业地收集客户信息,但它们一般不动态跟踪客户,也一般没有开发信用管理或风险管理计算机软件的能力,再加上人工成本越来越高,调查报告不能再销售等原因,调查费用变得非常高。

由企业管理部门委托的第三方进行调查,得到的信息有可能是合格并有深度的。例如委托律师事务所通过律师取证得到的被调查对象的特殊信息,或者通过类似公安刑侦方式取得的信息。其优点是第一手信息,真实可靠性较高。

其主要缺点是，费用太高，经常是从信用管理公司购得的同类信息的数倍，乃至数十倍的价格，而且是非动态的。另外，使用上述收集方法，比较容易让客户察觉，其后果可能是严重伤害客户关系。

因此，我们可以根据客户的不同，与拥有或者控制信息的单位建立供求关系，寻求成本最低的信息供应者。依我国现行政府管理体制，制作完整的企业资信调查报告所需的信息包括来自工商、海关、司法、技术监督、国有资产管理、统计、房管等政府部门掌握的企业信息，以及商业银行和供应商掌握的非政府信息。关于世界数据库动态企业征信数据部分，发达国家的被调查企业的企业财务数据，每三个月便可以更新一次。在我国，直到20世纪90年代中期，上面提到的有关政府部门开始将所控制的一些征信有关的信息商业化，例如工商局的信息服务中心就提供工商数据的有偿服务。但是，由于我国的国家信用体系尚未建立，没有出台关于要求将政府部门管理的征信数据向社会公开的有关法律法规，公开收集到完整且可靠的征信数据还比较困难，中国境内的信用管理公司还不能提供具有国际信誉的高质量的企业资信调查报告。

二、客户信用分析

信用管理的基本理念是防患于未然。也就是说在与客户交易之前，就对客户的信用状况进行定量化评价，即筛选有资格享受产品赊销优待的客户进行授信。由于决不向底细不明的客户赊销产品是企业信用管理坚持的原则，信用管理部门就必须掌握评价客户的技术。对中小规模的企业类型的客户信用状况进行科学的评价，其方法基于所谓的“企业信用要素理论”，采用的基本手段是数理统计方法。

由于企业信用要素学说起源于英美，为方便记忆，这些学说都喜欢用英文单词的第一个字母概括企业信用要素的特质。其中，以“C”学说最基本，随后又陆续发展出“F”学说、“A”学说、“P”学说、“M”学说等各类演进学说。由于在《信用评估理论与实务》一书中，对于企业信用要素学说有比较详细的阐述，这里就比较简单地介绍一下“C”要素学说发展至今的最为完整的六“C”学说。

1. 六“C”要素学说

企业一旦决定采用赊销方式扩大产品销售，首先遇到的问题就是确定赊销的对象，也就是定义客户群。然后，信用管理部门会对企业的客户群进行分析和分类，按照交易额度和资信评级来划分客户。只有在信用管理部门完成了上述两个工作程序之后，才能够决定对客户进行授信，处理新的客户信用申请。所以，客户授信工作的核心在于对客户的信用评价。

在企业信用政策中建立的信用标准，就是给企业信用管理部门提供确定赊销对象和对客户进行授信的政策依据。确定向哪个客户授信，主要考虑客户的及时付清货款能力和生意潜力。在当代信用管理理论中，广泛使用的考察客户的6C系统，其实是对客户认识的一种理论，用于帮助企业信用管理部门全面考察企业客户是否为合格的赊销对象，以确定是否接受客户的信用申请。依据考察客户的6C理论，发展出许多对客户进行评价的手段和数理统计方法，将6C理论的数量化处理，是企业资信评级的基础。

所谓考察企业客户的6C系统，是因为考察客户信用和偿付能力的主要六个要素的英文均是以C开头的，故称其6C系统。6C分别指的是客户的Character（品格）、Capacity（能力）、Capital（资本）、Collateral（担保品）、Condition（环境状况）、Coverage insurance（保险）。关于6C可以解释如下：

(1) Character（品格）。

企业的品格是指企业和管理者在经营活动中的品德、性格、行为、作风，企业的品格主要通过企业管理者的行为表现出来。绝大多数人认为，品格是企业信用要素中最为重要的因素之一，在很大程度上决定着企业信用的好坏。这好比一个出身贫寒的人，虽然衣不遮体，食不果腹，但如果性格秉直，品格高尚，就不妨碍他成为受人尊敬和爱戴的人。企业的品格也是一样，对于别人授予的信用，应本着按时偿还债务的意愿和诚意办事，不论遇到何种困难和打击，甚至倒闭，都应以最大的努力偿还债务，保持良好的作风，这样的企业和经营者可以说品格优良，是授信的优良对象。反之，有些授信者虽然经济富有、地位显赫，但是言而无信，随意拖欠他人货款，撕毁签约、抛弃信用，这样的企业和经营者品格恶劣，不适宜授之以信。

(2) Capacity（能力）。

能力是仅次于品格的信用要素。能力的含义较广，既包含经营者经营、管理、资金运营、信用调度等方面的个人能力，又包含企业自身规模决定的营运、获利和偿债等的企业能力。经营者能力和企业能力相辅相成，缺一不可。有时，虽然经营者有卓越的才华，但由于企业自身力量有限，无法取得更大的发展；有时，经营者平庸无能，虽然权掌庞大企业，最终难逃倒闭的命运。因此，考察企业的能力，应从企业能力和经营者能力两方面入手，舍弃其一都会失之偏颇。

(3) Capital（资本）。

考察企业的资本，更准确地说是考察企业的财务状况。一个企业的财务状况，基本反映出了该企业的信用特质。一个品格高尚、能力卓越的企业，倘若其资本来源有限，或者资本结构失调，大量依赖别人的资本，就会直接危及企业的健康。因此，授信资本结构、资本安全性、流动性、获利能力等财务状况，是授信者考察的主要方面。

(4) 担保品(Collateral)。

担保品指客户用其资产对其所承诺的付款进行的担保。对于有资产抵押的客户的信用条件可以适当地放宽。对于没有信用记录和有不良信用记录的客户来讲,以一定的合法资产作为抵押是必要性的。

(5) 环境状况(Condition 又称 Circumstance)。

这里所谓环境状况,又称经济要素(Economic Factor)。凡是一切可能影响企业经营活动的因素,大到政治、经济、环境、地理位置、市场变化、季节更替、战乱等,小到行业趋势、工作方法、竞争等都是体现在状况这一要素之中的。经济要素要有别于上述 4 个要素,是企业外部因素造成的企业内部变化,不是企业自身能力所能控制和操纵的。近 50 年来,尤其是 20 世纪的后 20 年,全球范围内政治稳定,经济发展的态势良好,商业繁荣,在这种情况下,状况要素(经济要素)对企业信用造成的影响较之上述 4 要素而言就显得次要多了。

(6) 保险(Coverage insurance)。

“保险”一词有广义、狭义之分。狭义的保险只表示保险公司提供的传统保险业务,而广义的保险含义则广泛得多。凡是涉及债权保障方面的作业方式和业务,都统称为“保险”。比如信用保险、保理、信用证等众多具有保障作用的业务都是“保险”业务。

保险这个“C”的重要性在近代,尤其是现代商业活动中逐渐体现出来。同“担保品”性质一样,保险也是通过减少授信者的潜在风险,达到获取信用的目的。但保险是通过第三方“保证”取得信用,而“担保品”一般却只是自己提供,所以保险比担保品的运用更加广泛。随着社会商业服务业的成熟,为客户提供“保证”服务的机构和品种越来越多,很多信誉良好的企业已经可以通过“纯信誉”借助服务机构的保险获取授信者的信用,而不用自己提供“担保品”以获得信用。因此,“保险”比“担保品”更能体现现代经济贸易发展的特点。

对客户进行企业资信调查,直至对企业进行资信评级和使用信用风险指数评价企业,都是根据 6C 原则发展出来的,使这些原则更具有可操作性和以量化形式表现。企业信用管理部门还可以参考上述原则制定出一些能够客观反映客户 6C 状态的因素,并将其量化,然后得出客户的资信等级或者信用风险指数。

2. 资信调查的因素

对客户进行的企业资信调查,需要调查到哪个程度才算可以接受的呢?用行话问,就是收集征信数据的深度和广度程度是什么?从技术角度讲,需要取得足够制作一份合格企业资信调查报告的企业征信数据。征信数据可以是量化的,也可以是非量化的,其中量化的或者可以量化的企业征信数据必须可以适应特定的数学模型，替被调查的企业做出评级和信用风险指数两个数量化的指标。为了做出企业资信评级和信用风险指数指标，首先要根据使用的评级数学模型来确定所需要调查的数据数目，然后再逐项地收集所需的企业征信数据。

在实际工作中，各个从事企业资信调查的专业信用管理公司都建立有自己的企业资信评级和测算信用风险指数的系统。对资本市场上的金融机构和上市公司，穆迪和标准普尔公司建立了世界性的资信评级系统，它们根据各国的情况不同而有所修正。对于非上市的绝大多数中小型企业，只要有充分的企业征信数据，也可以评级，评级原理相同，但使用的评价体系不完全相同。在一般情况下，评价体系的变化是根据被调查企业所在国、所在地区、所在行业等方面的情况，特别是根据所在行业的状况进行调整的。合同信用等级评价体系给出的企业合同信用指数，都是根据所选取的 20 个因素计算的。

以合同信用评价体系为例，整个评价体系包含四个方面的内容：合同管理水平、合同履约能力、合同履约状况、社会信誉（参见表 5－1）。

表 5－1　影响企业合同信用的 20 个因素

合同管理水平	合同履约能力	合同履约状况	社会信誉
合同管理制度建立健全情况	资产负债率	合同履约率	不良记录
合同管理制度实施情况	速动比率	合同履约率变动指数	优良信誉
合同管理各级负责人职责落实情况	现金流动负债比	合同变更率	
合同管理人员的岗位资质情况	净资产收益率	逾期账款比率	
合同管理人员的业务水平考核情况	总资产报酬率	逾期借款比率	
合同条款的规范和格式合同的应用情况	营业收入增长率	合同履约客户满意度	
合同签约率			

3. 客户信用风险指数

对非上市公司和广大中小企业的量化评价，最有用的指标是被调查企业的信用风险指数（Credit Risk Index）。不同于企业的资信评级，算出信用风险指数的目的是决定授信额度，在实践中有的商业银行将信用风险指数值直接与批给企业的贷款额度挂钩。如前所述，合同信用风险指数是对近 20 个数据项的数学处理的结论，它提示赊销企业应该如何向被调查客户企业进行授信。目前上海市企业合同信用等级评价体系的分级情况如表 5－2 所示。

表 5-2 上海市企业合同信用等级评价的企业风险指数

风险等级	风险程度
AAA	合同信用极好
AA	合同信用优良
A	合同信用较好
BBB	合同信用尚可
BB	合同信用欠佳
B	合同信用较差
CCC	合同信用差
CC	合同信用很差
C	合同信用极差

对客户进行信用评价，具体的评价过程在《信用评估理论与实务》一书中介绍了合同信用等级评价、银行资信评级等评价系统的指标体系的设置和具体操作办法，有兴趣的读者可以参照这些体系对客户进行信用评价。

第四节　客户信用额度的确定与授予

一、设立信用额度的优越性

客户信用额度的使用可以提高信用管理部门的效率，信用经理不用对每笔订单都亲自决定，尤其是那些已经经过审核，完全符合标准的客户。如果处理得当，信用额度为信用经理节省时间，以使他们有精力做其他重要的工作。信用额度使信用经理保持对账户的控制，并将事务性工作交由下属处理。

另外，信用额度加强了对整个账户的通盘考虑，而不只局限于考虑某单票生意，这样反过来会有助于做出更好的决定。同样，信用额度也保护了买方，对于那些考虑欠周密的客户是一种控制。这些客户当时可能过于乐观，认为自己有能力购买更多的货物，但事实并非如此。

二、使用信用额度的注意事项

对于使用信用额度的单位，必须注意及时根据客户的情况进行适当调整。

否则，就偏离了设立信用额度的基本目的。当然这就需要花费大量的时间和资金，但是这种复审肯定是必不可少的。若不根据客户的情况及时修正其信用额度，将导致信誉好的客户的订单得不到增加，而回款速度慢、信誉较差的客户得不到处罚的情况长期存在，从而影响企业自身的信誉，容易带来客户的流失。因此，在欧美企业一般都是定期(一般是半年)审查老客户的信用状况，修改已设立的信用额度。当然目前我们国内的一些企业，如果有使用信用额度的企业，一般都是一年定期对客户重新进行评审。

三、信用额度的设立方法

信用管理部门只有在先完成了信用调查后才能更准确地设立信用额度，此时，信用管理部门要更仔细地检查信用数据，更全面地分析和思考是否接受未来的订单。

确定信用额度通常采用的方法有以下五种。

1. 参考其他债权人所给予的信用额度

使用这种方法有一个前提，即企业了解它的竞争对手给客户的信用额度。尽管很难得到准确的数字，但可以通过直接交换信息或通过调查机构获得大概的情况。这种方法的不利之处是，其他企业所允许的信用额度也可能会超过客户的实际承受力。而且，即使其他企业给予它的信用额度不高，但几个销售商同时向一个客户供货，客户的承受能力是否能够得到保障呢?

如果一个企业采用这种方法，它应该了解：竞争者如何确定它的信用额度，为什么这样定？而不是简单地获取一个大概的数字就够了。因此，大多数情况下，许多企业还是依据自身对客户信息的分析和理解来设定信用额度，只有在特殊的情况下才会使用这种办法。

2. 低额启动，逐步增长

一个非常普遍和实际的做法就是从小的金额开始供货，如果该客户按时付款则逐步增加金额。信用管理部门刚开始可以给客户一个低限额或仅够第一批购买的金额。随着与客户的往来增加，客户证明他们能够支付更大的金额，则信用管理部门可以提高限额以使客户能够支付更大的购买。如果客户支付能力不足，信用管理部门将维持现有额度以限制顾客的购买，甚至降低额度。但是，这种摸着石头过河的方法将面临丧失商业机会或坏账的风险，不利于企业的发展。

3. 按时间段确定购买数量

某些企业信用管理部门尝试在一个特定的时期内限定某些购买的总金额。如：对于一个平均每月购买 10 万元货物的客户，提供它 30 万元的额度，或 3 个月的额度。当然，实际的时限会根据不同的行业、不同的情况而变化，这种方法的优势在于简单统一。这个方法同时强调销售额，因为销售额不断增加，信用限额也会不断增加。它的缺点是总金额难以准确确定。

4．以调查机构的评级为基础

信用调查机构提供评级以表明客户的财务能力和总体信誉水平。具体的信用额度可以从两个方面来确定，即财务评估和信用评级。有调查机构提供欠账记录和其他数据的情况越来越普遍，这些材料将来也会越来越重要。

5．使用公式方法计算出信用额度

这种方法以某些财务数据为基础，如净资产、流动资产、净资产周转率以及库存。随着计算机的广泛应用，许多信用经理已经开发出了一些管理系统和模型以帮助他们做出信用决策和设定信用额度。财务比率、经济状况、机构评级、边际利润和其他数据可以输入计算机模式以辅助决策。这种方法的优势在于可以消除偏见，不利的是缺乏灵活性。

公式方法与信用决策中使用的信用评估体系相类似。分数或评分用于评价一个信用申请人的具体的资格和特征。如：企业的经营历史越长或流动比率越高，在信用评估体系中的分数越高。如果总分数够高，信用请求就可以被批准。信用评级也可以被用于决定信用额度，而且这种方法的好处是在决策中排除了偏见。但如要确保这种做法长期有效，就需要在公式中使用有效的指标和适当的权重，评估的数据也必须是即时的。

下面，针对客户的信用评审我们在此处介绍了某公司的客户授信和年审评价制度，供读者参考。

例 5－3　某公司的《客户授信与年审评价制度》

(1) 信用(合同)管理机构加强与各业务部门的联系沟通，及时掌握客户的信用信息，对客户实行分级管理，将客户的信用等级分为 A、B、C、D 四级，分别制定不同信用等级所对应的信用额度、信用期限、信用折扣。

(2) 信用(合同)管理机构负责建立每位客户包括名称、住所、法定代表人、注册资金、电话、信用标准(对客户资信情况进行要求的最低标准)、信用等级内容的表单，并及时进行动态更新。

(3) 信用(合同)管理机构负责制定客户信用申请表、客户调查表、客户信用审批表、回复客户的标准信函等表格；受理客户信用申请；采用对客户进行走访、调查、向有关部门收集客户资信状况资料等方式掌握客户信息，填写客户调查表，对客户进行信用评级，报主管副总审批后，确定信用等级，并及时回复客户。

(4) 对客户实行跟踪管理，补充客户信用信息，每年末对客户的信用状况进行汇总分析，形成书面的年审评价报告，并根据年审报告及时调整客户信用等级与授信额度。

(5) 对延迟付清款物的客户，视情节轻重给予信用等级的降级处理；对恶意拖欠款物的客户授信额度为0，要求采用即时清结的方式或列入黑名单，拒绝业务往来。

(6) 各业务人员应及时收集客户信息并向信用(合同)管理机构反馈；信用(合同)管理机构应定期将客户信用状况评价结果反馈公司各相关部门。

第五节　客户档案的建立和管理

客户信息收集、处理、评价的成果都具体地记录在标准版式的企业资信调查报告中，它构成了合格的客户档案。对于企业信用管理的客户档案管理工作，一个合格的最简单客户档案就是一份普通版本的客户企业资信调查报告，客户档案库的数据平台就是普通版本的企业资信调查报告，客户档案是在这个基础上建立的。建立合格的客户档案库是企业信用管理工作的起点，它属于企业信用管理部门的基本建设工作。

一、客户书面档案资料的保管和整理

在对客户档案资料进行保管分析的过程中，客户书面档案资料的保管和整理是最基础的工作。因为在交易过程中逐渐形成的客户档案资料是非常多的，为了避免今后的合同纠纷和防范合同风险、法律风险、信用风险，这些书面的交往资料应该被完好地保存起来。

这些资料一般包括：交易过程中的合同、谈判记录、可行性研究报告和报审及批准文件；对方当事人的法人营业执照、营业执照、事业法人执照的副本复印件；对方当事人履约能力证明资料复印件；对方当事人的法定代表人或合同承办人的职务资格证明、个人身份证明、介绍信、授权委托书的原件或复印件；我方当事人的法定代表人的授权委托书的原件和复印件；对方当事人的担保人的担保能力和主体资格证明资料的复印件；双方签订或履行合同的往来电报、电传、信函、电话记录等书面材料和视听材料；登记、见证、鉴证、公证等文书资料；合同正本、副本及变更、解除合同的书面协议；标的验收记录；交接、收付标的、款项的原始凭证复印件。

二、客户电子档案资料的建立

一般而言，企业客户的档案资料的企业信息收集、处理、评价的成果都具体

体现在标准版式的企业资信调查报告中，它构成了合格的客户档案中核心的内容。对于企业信用管理的客户档案管理工作，一个合格的最简单客户档案就是一份普通版本的客户企业资信调查报告，换句话说，客户档案库的数据平台就是普通版本的企业资信调查报告，客户档案就是在这基础上建立的。建立合格的客户档案数据库是企业信用管理工作的起点，它属于企业信用管理部门的基本建设工作。客户电子档案资料的建立和维护随着企业发展阶段的不同，其操作方式和总体架构也会随着不同。因此，下面我们根据目前较为常见的几种客户档案管理模式做些简单的介绍。

1. 简单的客户档案资料管理

大多数处于初级阶段的小规模企业，企业的营业额总体比较小，并且企业的客户量不是很大，因此就是将一些客户档案形成电子化文档资料。通过 Word、Excel 等办公自动化的软件进行简单的编辑、统计等操作。当然这种操作方式的特点是成本比较低，但是对于客户资料的分析效果不是很好，资料的整合和再利用的可能性不是很大。

2. 客户档案数据库建设

企业规模发展到一定程度，客户的数量有一定的规模，必须建立客户档案库才能更好地对客户进行管理。在实际操作中，客户档案库的建设采用两种模式，一种是单独的客户信用档案数据库的建设；另外一种是融合在企业的信息化管理系统中，其中的某一部分是客户信用档案数据库。

企业客户档案库建设的前提是由一位训练有素的信用管理经理主持和做出合理的预算，在预算允许的前提下，也可以聘用信用管理专家到公司帮助建档和对档案人员进行培训。同企业的客户档案建设预算额相关的因素很多，主要因素包括：企业的总客户数、核心客户数、中外客户比例、计算机管理系统水平(MIS 系统、局域网、决策系统等)、企业本地市场扩张速度、并购计划、海外发展计划等。它们都与客户档案库的预算成正比例变化关系。在国内，根据目前征信产品的价格和经验，可以预估企业客户档案建设投资规模，关于企业客户档案库建设的预算问题，可参照如下经验公式进行估算：

$$\text{建设预算}=Q\times\{P\times[1\,500\times(\text{客户总数}-\text{核心客户数})]+3\,000\times\text{核心客户数}\}$$

其中，Q 是一个 1 至 4 的系数，它的大小与企业原有国际版本客户档案的合格程度、计算机网络化管理程度、设备质量等硬件条件成反比，即：企业客户档案库管理的软硬件质量越好，系数值越小。Q 值与当时的计算机设备市场价格成正比。表 5－3 给出正确设定 Q 值的参考。

表 5-3　Q值估计表

企业档案管理硬件情况	参考值Q值	一般分布情况
非国际版本档案、设备陈旧	3.5～4	管理水平低的企业
非国际版本档案、设备情况一般	2.5～3	大多数国企
非国际版本档案、设备先进	2	未引进征信服务，但重视商情的企业
完全新建	4	新建企业
部分国际版本档案、设备情况一般	2～3	中资银行、有实力的外贸公司
部分国际版本档案、设备先进	2	中外商业银行、外商投资企业
国际版本档案、设备一般	1.5～2	外商投资企业、外资银行
国际版本档案、设备先进	0.3～1	著名跨国公司、外资银行

P是企业外商客户数除以中国客户数的比值，在运用此公式时港澳台客户不算是外商客户。

下面，我们针对客户的信用档案包括的内容、保管的程序等方面通过某公司的客户授信和年审评价制度进行针对性地介绍，供读者在实际操作过程中参考。

例 5-4　某企业客户信用档案的建立与管理制度

1. 建立完整的合同档案。档案资料包括以下内容：

(1) 谈判记录、可行性研究报告和报审及批准文件；

(2) 对方当事人的法人营业执照、营业执照、事业法人执照的副本复印件；

(3) 对方当事人履约能力证明资料复印件；

(4) 对方当事人的法定代表人或合同承办人的职务资格证明、个人身份证明、介绍信、授权委托书的原件或复印件；

(5) 我方当事人的法定代表人的授权委托书的原件和复印件；

(6) 对方当事人的担保人的担保能力和主体资格证明资料的复印件；

(7) 双方签订或履行合同的往来电报、电传、信函、电话记录等书面材料和视听材料；

(8) 登记、见证、鉴证、公证等文书资料；

(9) 合同正本、副本及变更、解除合同的书面协议；

(10) 标的验收记录；

(11) 交接、收付标的、款项的原始凭证复印件。

2. 公司所有合同都必须按部门编号。信用(合同)管理员负责建立和保存合同管理台账。

3. 合同承办人办理完毕签订、变更、履行及解除合同的各项手续后一个月内，应将合同档案资料移交信用（合同）管理员。

信用（合同）管理员对合同档案资料核实后一个月内移交档案室归档。

4. 各公司及部门应于每年的 1 月 10 日和 7 月 10 日前将本公司管辖范围内上年度和本年度上半年的合同统计报表报送集团公司信用（合同）管理机构。

各部门应于每年的 1 月 10 日前将管辖范围内上一年度信用（合同）管理情况分析报告报送公司信用（合同）管理机构。

5. 建立完整的客户信用资料，包括客户信用申请表、客户调查表、客户信用审批表、回复客户的标准函、客户信用表单、授信资料、年审评价报告等，并附客户概况、付款习惯、财务状况、商账追讨记录、往来银行、经营状况等调查原始资料。

6. 客户信用档案的查阅需填写查阅申请单标明查阅人、查阅客户名称、查阅用途，由档案管理员填写借阅时间、归还日期。信用档案的缺失以及涉及商业秘密内容的泄漏要追究相关当事人的责任。

7. 配备大专以上学历，具有数据库检索服务的能力和经验的人员专（兼）职档案管理员。

8. 档案管理员必须经过企业信用管理专业知识培训，考核合格后方可上岗。

思 考 题

1. 对客户进行信用管理的重要意义是什么？
2. 信用管理部门的客户与一般意义上的客户有什么区别？
3. 信用管理部门对客户如何进行分类管理？分类管理的方式有什么好处？
4. 客户的信用资料可以通过哪些途径进行搜集？
5. 采取不同搜集方式获取的资料各自的侧重点是什么？
6. 如何对客户搜集的信用资料进行分析？
7. 如何确定客户的信用额度？
8. 系统的客户管理应该包括哪些环节的内容？
9. 一份完整的客户信用档案应该包含哪些内容？

第六章　企业合同管理

学习提要: 企业合同管理与企业信用管理是企业风险管理相辅相成的两个方面,其管理的目的都是为了避免和有效控制来自市场经济活动中的经营风险。合同管理是企业经营管理的基础,存在于企业经营活动的各个环节中,具有全程性的特征。本章通过介绍企业合同管理的基本概念、合同管理的目标与组织以及运用计算机技术管理合同,希望读者通过本章的学习能够更深层次的理解合同管理,掌握如何开展企业的合同管理工作。

第一节　合同管理概述

一、什么是合同

合同,在英文中称为“Contract”,在法文中称为“Contrat”或者“Pacte”,在德文中称为“Uertrag”或者“Koutrake”。这些都是来源于罗马法的合同概念“Contractus”,本意为“共相交易”。英国《牛津法律大辞典》给合同所下的定义为:“合同是两人或多人之间为在互相间设立权利义务而达成的具有法律强制力的协议。”英美合同法巨擘科宾指出:“在合同法上,我们使用协议一语是指双方当事人之间的,通常以合同为结果的交易。”1999 年 3 月 15 日颁布,1999 年 10 月 1 日起施行的《中华人民共和国合同法》第二条第一款称:“本法所称合同是平等主体的自然人、法人、其他组织之间设立、变更、终止民事权利义务关系的协议。”所有这些论述似乎都表明合同是法学领域(确切地说,是民商法或者经济法领域)研究的范畴和对象,是债、是交易、是承诺的交换。

从微观经济学的角度看,合同可能也是经济学家最熟悉的范畴之一。合同的核心问题是交换承诺和承诺的交换,而理性决策最重要的论题之一也是交换承诺和承诺的交换。理性决策把承诺看成实现目标的一种工具。当然,理性决策理论集中研究的是即时交易中出现的选择。决策者应当卖苹果,还是应当卖书;应当成批卖,还是应当拆零卖。但承诺交易与即时交易的不同之处在于:“承诺交易是缓期交易或含有完成交易所需时间在内的交易。从事这种交易的人在交换承诺或完成交易的时间之内必须向他人作出他要做什么或者不做什么的承诺。”因此,我们也可以说,“合同是承载着时间因素的远期交易活动的载体,”是实现远期交易目标的工具。故有人称之为“载体说”、“工具说”。在现代市场经济中,对企业而言,合同不仅仅是反映交易活动的民商事法律行为,它更是企业经营者实现企业经营目标的一种工具,是承载企业对外交易活动的形式载体。(实质载体则是合同交易标的本身。)“任何一个企业经营者只有在约束其未来行动的预期收益大于预期成本时才会约束自己未来的行动。”由于在合同订立和合同完成之间有一个时间的推移,因而将出现两个重要的微观经济学问题,即如何合理分配未来可能发生的偶然性的风险问题和如何解决相互交换信息中的不对称问题。企业合同管理研究将提供一些处理风险和信息的规则,这将有助于合同交易的实现,从而也将有助于企业目标的实现。

二、什么是企业合同管理

民商法与公共行政分别从不同角度对企业合同管理的概念作过表述,各有侧重。本文把企业合同管理的概念表述为:企业合同管理是指企业对自身以合同这种形式载体承载的交易活动,为合理分配偶然性风险和相互交换信息,在订立、履行、变更、终止、结算、清理等一系列行为中,进行计划、决策、组织、实施、监督、控制的总称。

从这个意义上看,企业合同管理具有自治性、基础性、综合性、全程性的特征。

企业合同管理是企业的自治性管理。合同是商品生产的产物,它随着商品生产的发展而完善。企业的合同管理,则是随着企业作为独立商品生产者和经营者而产生的。因为只有企业有着自己的经济利益,能自主地进行生产经营活动时,企业才有着自己的合同利益,才会关心合同的订立和履行,才会以积极的态度对合同加强管理。企业合同管理因其属于企业对自身对外交易过程中的各个环节进行自我审查、自我监督、自我控制、自我校正,以达到自我约束、自我保护、自我完善、自我发展的目的。故企业要不要开展合同管理,管哪些合同,管些什么事,管到什么程度,以及怎么管理合同,主要由各企业根据自身的具体情况而定。

企业合同管理是现代企业各项生产经营管理的基础管理。随着改革开放的深化、市场经济体制的逐步建立,企业必须面向市场,适应市场,学会在市场的海洋中游泳,成为依法自主经营、自负盈亏、自我发展、自我约束的商品生产者和经营者,成为独立享有民事权利和承担民事义务的企业法人。企业合同管理,作为企业法务管理中一个重要的特殊领域有其特定的管理过程,而这一过程又是伴随企业各项生产经营活动同步进行的。因此,企业合同管理已经成为企业生产经营管理的基本内容之一。例如,安徽省芜湖金田(集团)公司,在公司供应链管理中坚持通过管理采购合同,用合同架设企业与农户的桥梁,用合同选择企业的合格供应商,用合同培育企业的合格供应商,走以合同为纽带的"公司加农户"的发展之路,解决了个体农民小生产与原料市场社会化的矛盾。通过管理采购合同不但使企业所需的原材料得到充足的保障,而且使农民生活迅速达到小康水平。该企业创建时仅 8 个人,靠 5 万元贷款,以帮助农民经销、加工山芋丝、山芋粉起家,经过 10 年的拼搏,截至 2000 年底已拥有 1 300 名职工,2 亿元资产,并年创汇 0.2 亿元,贸工农一体化,产供销"一条龙"经营的集团公司。

企业合同管理是融入于企业生产经营管理中的综合管理。由于合同普遍存在于企业对外交易的各个领域,企业合同管理的内容极为丰富,涉及面非常广泛。它不可避免地会同企业经营管理中的营销管理、采购管理、生产管理、资金管理、计划管理等内容产生交叉,因此,企业合同管理并非是游离于企业各种生产经营管理之外的,完全独立的,自成体系的另类管理;而是融入于企业各种生产经营管理之中的,同企业各种生产经营管理目标相一致的,但又以合同行为、合同现象为研究对象的管理活动。例如,上海广电股份有限公司通过合同管理改革传统的生产经营计划管理模式,将过去单纯由公司计划部门制定生产经营计划的运行体制,改为由公司销售部门根据市场销售情况,(根据上期合同履行结果和下期合同预订情况)提出生产计划、销售方案的运行体制,使近年来公司电子产品的销售业绩以年均 20%左右的速度递增。

企业合同管理存在于企业经营活动的各个环节中,具有全程性的特征。企业对自身合同的管理不仅仅是管合同怎么订、生意怎么做,而是要对合同的订立、履行、变更、终止、结算、清理等全过程进行管理。而由于合同普遍制约着企业生产经营活动的各个环节,合同管理必然存在于企业管理全过程的各个环节中。由于现代企业是各种生产要素整合而成的有机体,不是传统意义上的手工作坊的规模平方或立方。企业合同管理就不能简单地将目标、任务分解到各个部门去,要求他们"守土有责";而要将企业生产经营活动全过程中各道环节的合同问题统筹安排、各司其职、整合成一个系统、有效的管理机制。企业合同管理是贯穿于现代企业生产经营活动全过程的管理。

三、现代企业管理合同的意义

何谓现代企业,在现代社会里,按照现代企业制度建立起来的企业就是现代企业。对建立现代企业制度,有这样四点加以描述:产权清晰、责权明确、政企分开、管理科学。其中管理科学似乎至少可以从一个方面说明现代企业为什么要管理合同。在市场经济体制里，各类市场主体间进行的各种商品交换和经济往来，主要通过合同的形式实现。交易的契约化，反映了市场经济的内在要求，是市场经济不断完善的结果。交易的契约化又必将促使合同本身逐步成为维系市场这个大系统运行的重要纽带。对如此重要的载体和工具，作为实行科学管理的现代企业怎能熟视无睹呢。

中国经济体制改革的目标是建立社会主义市场经济体制。在市场经济体制中、国家调控市场，市场引导企业。企业经营决策主要听从市场信号，而合同则是反映市场供求、价格等导向信号的重要途径。企业获得的销售订单直接反映了客户对商品或服务的品种、质量、价格、交易条件等因素的具体要求，而企业发出的采购、劳动力、技术、资金等订单则又从另一个角度把这些信息转换成新的信息发送出去。在这种信息的不断传递和交换中，合同始终是重要的载体和媒介，成为企业获取信息的广泛、具体、直接、迅速的渠道，成为企业根据需求正确决策的重要信息源。企业生产经营活动中各项计划是否合理，如何调整都有赖于这个信息源，而这个信息源数量够不够、质量好不好、交换是否对称、效用如何等等，都可以通过管理合同来调整。合同管理是企业了解市场导向，适应导向功能的关键一环。无论是现代企业还是传统企业谁也无法在失准信息的误导下作出正确的判断和决策。所以，现代企业管理合同的第一个理由是要整理信息，帮助决策，调整计划，达到产销平衡，实现经济效益。有位学者说："财富的一半是合同。"也有学者说："管理出财富。"这二者的意思都说明，现代企业管理好自身的合同可以出财富、出成果、出经济效益。

现代企业与传统企业在管理上的主要差别是从经验型管理逐步走向科学化管理。在传统企业中，经验是最宝贵的财富之一，经验总是同阅历、资历、经历联系在一起的。由中国内陆不少企业管理者的成长史可以看到：一个师傅带出来的徒弟，差不多都是一种模式的，烙印还很深。生产经营管理实践中，注重管理经验的重要性远远超过技术性。一位即将退休的上海某无线电厂主管生产经营的副厂长曾经叙述该厂当年彩色电视机的生产销售指标要同比增长17%是怎么来的。因为国家经济计划增长11%，上海经济计划增长14%；该厂是市属大企业，既不能低于这个数（+14%），也不能低于这个率（+3%）。问起这套理论典出何故时，其一言以蔽之，师傅带徒弟。这样的企业能发展、生存下去吗？科学管理不是一句空话，看来是要对企业彻底改造，"要以今天的冒险换取更强有力的未来"。科学管理要求企业的经营者在决定做什么或不做什么时，都要符合市场导向，适合企业实际情况。这不是"博弈"，是寻找其中的规律。做不违背规律、符合规律、能动地利用规律的事，持之以恒；企业内才会形成尊重规律、探索规律、运用规律办事的求实精神、务实作风、唯实氛围。这将给企业的发展带来难以估量的后劲，奠定企业发展坚实的文化基础。所以，现代企业管理合同的第二个理由是要建立起诚实守信、求真务实的企业文化，以实现企业目标。企业竞争有很多因素，品牌、质量、技术、价格、资本、信誉、人等等，信誉如何是很重要的。商品、服务的品牌、质量、价格、交易条件中都包含着企业的信誉，良好的信誉离不开信用的不断积累，合同是交换承诺，承诺交换后得以兑现是最能直接体现企业信用的行为。民间商谚谓之：金杯、银杯，不如口碑。这样看来，现代企业管理合同实际上是在管理企业自身的信用、信誉，还可以出理念、出思想、出企业文化。

第二节　企业合同管理的目标与组织

一、企业合同管理的目标

“目标表示最终结果，而总目标需要由子目标来支持。这样，目标就形成了一个有层次的体系和网络”。企业合同管理目标是企业合同管理的最终目的和最终结果。企业合同管理的总体目标，可表述为“三点一线”：点一，促进企业各部门、各环节互相衔接，减少合同失误，提高合同履约率，对外构建良好的采购、销售和协作网络，“管理出效益”；点二，促进企业内部人、财、物各要素根据市场信息，不断优化组合并发挥最佳效用，增强自身防范和抵御合同风险的能力，提升经营管理水平，构建良好的企业文化，“管理出思想”；点三，促进企业内部形成善于发现问题，敢于提出建议，乐于互助协作，勇于开拓创新的氛围，使本企业以优质的产品、服务，优良的信用，优秀的品格，值得信赖的形象在社会上享有良好的声誉；用合同管理这根线把追求卓越的业绩、能力、品格三个点连到追求企业价值最大化这个总目标上来。概括起来就是：管风险，管信息，管自身的信用和信誉，最终是管好企业的未来。企业合同管理目标是一切合同管理的终结目的地。它既是一切合同管理活动的出发点，又是一切合同管理活动所要求达到的结果。因而合同管理的目标也贯穿于整个管理活动之中，通过一系列的合同管理过程来实现。企业合同管理的具体目标一般包括：订约准备阶段的管理目标、订约阶段的管理目标和合同履行阶段的管理目标。

1. 订约准备阶段的管理目标

做好订约准备阶段的管理是订好合同的前提条件。所以，必须充分做好订约前的一系列准备工作。订约准备阶段的管理目标具体包括市场调查、市场预测、做好资信调查、制订谈判方案和草拟合同意向文书。

做好市场调查是订约准备的必经步骤。

在销售合同订立前，市场调查的目标主要是了解本企业产品的市场需求情况，什么样的品种、规格、花色最受用户和消费者的欢迎；同行业的其他企业生产、销售同类产品的情况；了解消费者的需求、支付能力和正确估算自己的生产能力等。调查过程、调查方法、调查结果都要形成信息资料，作为订立合同的参考。例如：北京开关厂在 1998 年 10 月闻讯有关部门要进行农村电网改造，立即组织厂里销售人员和技术人员到农村，进行深入的调查，诚恳听取农民和电工专业人员的想法和要求，然后组织全厂技术人员“攻关”，组织全厂各相关部门围绕该项目重新安排生产、采购、运输。1998 年底就生产出适用农村电网改造急需的开关，深受农民和农村电网施工部门的欢迎。仅 1999 年 1 月份就接到订货单 2 000 多台(套)，使该厂原来产品滞销的局面迅速得到改变。

在采购合同订立前，市场调查的目标主要是寻找、发现、选择和培育合格的供应商。例如：1999 年到 2000 年，上海汽车(集团)公司在仪征项目的采购工作中，再造业务流程，从过去寻找、选择合格的供应商改变为发现和培育合格的供应商，取得了很好的效果(详见图 6－1、原采购流程，图 6－2、再造后的采购流程)。

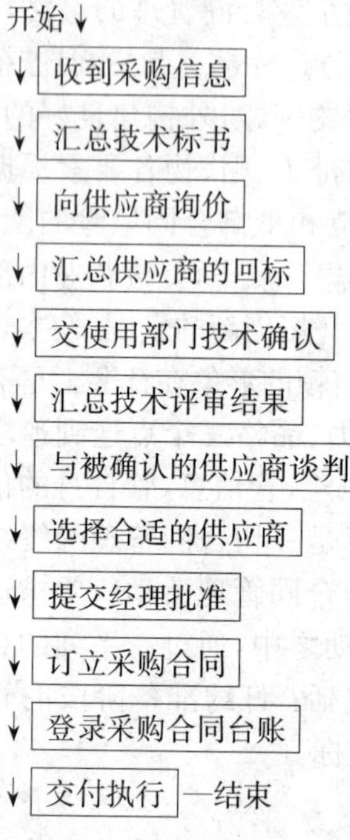

图 6－1　原采购流程

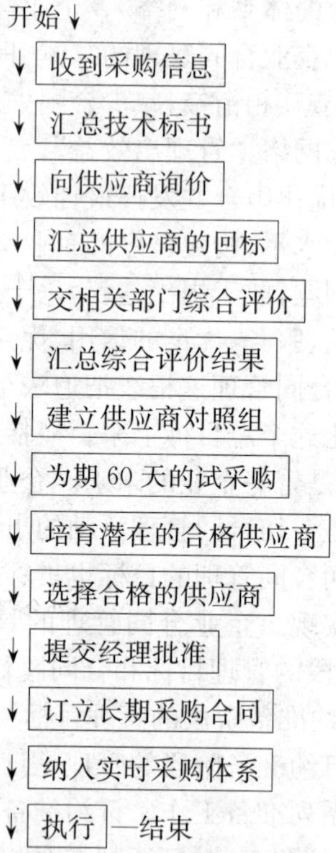

图 6－2　再造后的采购流程

表面上看再造后的采购流程比原采购流程多了两道程序，必增加采购成本；但实际上却因培育了合格的供应商，建立了实时采购体系，反而大大降低了采购成本。

市场预测是对未来市场经济活动过程及其变动趋势的研究。预测是对客观事物未来发展的预料、估计、分析、判断和推测。市场预测就是对于市场经济活动过程及其变动趋势的预料、估计、分析、判断和推测预期。根据市场调查整理出来的信息资料，运用科学的预测理论和方法，对市场供求变化情况进行分析研究，为是否订立合同、和谁订立合同、订立什么合同、怎么订立合同作决策准备。市场预测在销售部门可被用来评价与衡量潜在的机会、规模和利润；在采购部门可被用以获得正确数量的供应物；在制造部门可被用以估算生产能力和产出水平；在财务部门可被用来测算需筹集投资和经营上所需之现金。"如果计划指标远离预测，企业就会受损失；要么会承受过剩的生产能力或盲目采购导致的产品积压，要么会因存货短缺而丧失订立合同的交易机会。"

做好资信调查是为了事先做好充分准备，有效防范未来可能发生意外的法律风险。法律风险看起来不像是经济问题，似乎也很难用什么数学公式来计算。然而大量的事实证明，正是这种看起来不像是经济问题的法律风险，往往导致企业财产的无端受损，甚至破产；故法律风险也应纳入预测内容、范围之中。这样看来，资信调查就是为有效防范未来可能发生的意外法律风险的必不可少的机会成本。

资信调查包括资格调查和信用调查。

资格调查包括对当事人的主体资格调查和签约的法定代表人、委托代理人资格调查。对当事人主体资格的调查要注意订立合同的当事人必须具有合法的主体资格，具有相应的民事权利能力和民事行为能力，才有订立合同的权利。对法定代表人、委托代理人的资格调查包括：核对法定代表人的身份证明；核对委托代理人的"授权委托书"或者"委托代理证书"及身份证明。只有在授权委托范围内订立的合同，才能有效避免日后为合同效力问题发生无谓的争讼。

信用调查主要是对当事人的履约能力和履约信用进行调查。履约能力调查主要了解对方资本充足与否、现金流量如何、经营管理能力和生产经营业绩等方面的情况。履约信用调查是了解对方是否重视合同、恪守信用，能否如期履行合同，能否如期支付货款，以往有无不良信用记录等。

拟制合同意向草案。在市场调查、市场预测和资信调查后，还需进行科学决策。决策是指对规划、方案、策略和措施作出选择和决定，这里指的是对订立合同的策划、选择和决定。包括决定是否订立合同、和谁订立合同、订立什么合同、怎么订立合同，对未来可能发生的意外风险怎么分摊。生产经营（或购买）什么产品、生产(购买)多少数量、何时投产(买到),生产(购买)的产品需达到什么质量,价款或酬金是多少,何时履行,怎样履行等信息如何进行对称交换。制订订立合同的方案或合同意向书,通过比较,优选,择最佳方案作为要约草案提出,为正式订立合同做好准备。在这里,本文作者认为,最佳并非等于出价(或要价)最高(低),还有数量、质量、履行的期限、地点和方式等其他条件要综合平衡、分析。

2. 订约阶段的管理目标

为了使合同从订立时起就具有合法性、真实性和可行性,还必须认真做好合同订立阶段中的管理工作。订约阶段的管理目标具体有:卓有成效地组织协商谈判,拟订公平、合理,切实可行的合同条款。

所谓卓有成效地组织协商谈判,关键在于如何评价卓有成效,即卓有成效这一管理目标的定性与定量要求,如何能够再具体分解到协商谈判的各个环节之中去。例如,各次协商谈判的时间、地点、谈判策略、参加人选,哪个部门牵头组织,哪些部门派员协助,分别扮演什么角色,要价/压价分别达到程度,什么时候见好就收等等,都要事先充分酝酿,定出分解目标,有条不紊地逐一实施。

所谓拟订公平、合理,切实可行的合同条款,关键在于如何评价公平、合理,切实可行。我们知道公平、合理其实是心理价位,是人们的主观对该合同项下的交易条件的认识、分析和评价。这就提示我们:公平、合理,具体体现在一份合同的各个条款之中时,它就不仅仅是本企业对该合同项下的交易条件的认识、分析和评价;而且还应当也是对方对该合同项下的交易条件的认识、分析和评价。只有双方的心理价位达成一致时,该合同项下的交易条件才是真正切实可行的,因为合同交易不仅仅是承诺的交换,而且也还是交换承诺。交易活动过程中的分目标与交易行为期望结果的总目标是不同的,但在总体上应当是一致的。

3. 合同履行阶段的管理目标

合同履行阶段的管理目标是在合同生效后,要使合同目的最终得以实现。为实现这一目标,企业还需做好合同履行中的计划、组织和实施等管理工作。履行合同是企业生产经营管理水平的综合反映。要保证按约履行,就需要企业各相关部门、各相关环节的密切配合;就需要对计划、供应、能源、生产、质检、销售和运输等各道环节统筹协调;就需要制订企业各相关部门、各相关环节的分解目标;就需要分别锁定企业各相关部门、各相关环节的责任。但仅仅明确分工,各司其职,各负其责,“守土有责”是远远不够的;还需企业各相关部门、各相关环节通力协作,在相互之间的结合部、“边界地带”互相朝对方多走半步,互相延伸、覆盖一段;要形成以履行合同为轴心目标的企业整体行为,千方百计全面履约,否则难免发生意想不到的经营风险。例如:上海某电机厂业务人员与重庆某县水力发电站订立加工定制2套小型水轮发电机组的加工承揽合同。合同订立时,定作方交付了定金7万元,并约定第二年3月交货,以便充分利用5月至9月的丰水季节发电。过了11个月后,即第二年2月该水电站派人到电机厂询问提货事宜。此时,电机厂的业务人员急坏了,因为期间他因病住院半年多,忘了交代订立合同之事。结果,致使电机厂承担了双倍偿还定金14万元和追加赔偿金5万余元的责任;因合同延迟履行,水电站也将推迟一年发电。

仲裁裁决完此案后了解到,该电机厂虽然建立过合同管理制度,其中不乏也有接受订货或者订立加工、承揽、定作合同后到交付履行的交接流程和制度。但是在实际执行中,基本上都是单向、单线进行传递和流转的,生产部门、采购部门从来都是等待销售部门传递、流转,从未实行过什么延伸覆盖。由此可见,单向、单线进行传递和流转的企业合同管理制度是有缺陷的,它不能有效防范合同履行过程中,因某一员工的不慎失误造成违约的风险。另外,当事人在合同依法成立后,双方还需加强联系,沟通信息,关注合同履行中的通知、协助等事项;负有履行义务的一方更要加强管理,积极开始准备和全面履行合同约定的义务;否则难免会为此而支付高昂的"学费"。

二、企业如何组织合同管理

组织一词在不同的场合有着不同的含义。在管理学的有些教科书中,组织是名词,表示人们按照一定的规则组合成一种管理运行结构。但在《管理学》一书中,原著作者认为组织一词也可以是动词,表示人们按照一定的规则来管理一项事务,并把这种管理组合成一种运行机制。本文认同后者之意。高明的管理者以及那些愿意合作的管理者清楚自己在企业合同管理中应有的作用以及他们之间的相互关系,他们将会十分有效地一起工作。从本质上来说,设计并保持这样一种企业合同管理系统就是企业组织管理合同工作的管理职能。正是在这个意义上,我们把组织管理合同工作看成:① 明确所需要进行的合同管理环节并按其管理过程加以分类;② 明确可考核的合同管理目标并对实现目标的活动进行分组;③ 通过授权使合同管理人员知道为实现合同管理目标应当做什么,能够做什么;④ 为组织管理合同工作中的横向协调、纵向协调制定相关的规则。

1. 组织管理合同的订立

皮之不存,毛将焉附。没有合同也就无所谓合同管理,管理合同必然要管好合同的订立。组织合同订立过程中的管理,主要是组织协商谈判、拟订合同文书、履行合同生效手续。

组织协商谈判。通过对合同的研究,我们知道合同的订立是一个要约—新要约—再要约—再新约—直至承诺的过程,也就是一个协商谈判的过程。协商谈判是要精心组织的,组织协商谈判一般要考虑以下三个方面:制订谈判方案,控制谈判氛围,拟订合同条款。

组织协商谈判要事先做好充分准备,制订谈判方案。谈判方案一般宜考虑:根据对方当事人的情况,选择合适的时间、合适的地点;准备好合同意向书以及相关的资料;确定参加谈判人选(不在于数量、级别,而在于素质、技艺);事先发出(或收到)要约(或新要约)的,可针对要约(或新要约),研究谈判的内容、进程和对策。要在事先充分计算机会成本的基础上考虑起点标准、最高价格、让步的速度、幅度和底线。合同谈判要抓住重点,没有重点就没有对策。谈判的内容是丰富的,但应围绕一个或几个关键问题协商,作出明确的约定。不能不分轻重缓急,什么都想要。在谈判过程中要随时把握住双方的真实需求。

控制好谈判的气氛和节奏,在和谐的氛围中商定合同具体条款,这是订立合同十分重要的"艺术"。各企业因拥有的资源不同而在市场上处于相对优势或者劣势地位,但在商务谈判中仍应遵循平等、自愿、公平、诚实信用原则。相对优势者可以利用优势,但要"用而有度";相对劣势者必然要作让步,但也是"让而有度"。人们只有在违约成本高于守约成本时才会"望而却步",前文提到过的"任何一个企业经营者只有在约束其未来行动的预期收益大于预期成本时才会约束自己未来的行动"。这一论断告诉我们,显失公平的合同在订立之时就等于给自己套上了被别人牵着鼻子走的缰绳。

拟订合同条款,在双方协商一致的基础上,拟定合同条款,用文字形式准确表达,这是订立合同中十分重要的技术性环节。例如:1996年初,四川省某精干麻厂卖给湖南省澧县纺织厂20吨精干麻。在双方订立销售合同时,澧县纺织厂反复斟酌后认为,精干麻有苎麻精干麻和大麻精干麻、黄麻精干麻、红麻精干麻之分。虽然都称精干麻,但市场价格大有差别。当时,苎麻精干麻每吨价高达2.58万元,而大麻精干麻每吨只有0.28万元,两者相差9.2倍。澧县纺织厂斟字酌句后,坚持要求在品名"精干麻"的前面添加了"苎麻"二字。交付验货时,澧县纺织厂按合同约定,拒收了对方掺杂的12吨大麻精干麻。添加"苎麻"二字,准确地表述合同标的,使企业避免了至少是27.6万元直接经济损失的意外风险,倘若计算一旦发生纠纷,甚至发生诉讼的风险,可能就远不是这个数额了。该例证给我们的启示是:合同中的法律风险也是可以计算的。对合同条款进行必要的字斟句酌,用语周密严谨,防止产生歧义误解;文字书写的工整、书面整洁等等;所有这些都是为防范意外风险而必须支付的时间成本和人力成本。几名精明的员工花数小时研究和数小时谈判的成本,化解可能发生的数十万元损失的风险,这样的投入产出比较是任何人都算得过来的。

履行合同成立、生效的手续。合同条款拟订完毕后，在双方已完全认可的情况下，还应履行合同成立、生效手续，即由双方签字或盖印。包括由双方订立合同的法定代表人或委托代理人亲自在合同书上签名，或者加盖单位印章或合同专用章，合同才能成立、生效。根据法律、行政法规规定，有些合同需经有关部门审批（或者登记）后才能生效的，则应及时报送；在有关部门审批（或者登记）后，正式生效。

2. 组织管理合同的履行

组织管理合同的履行，大体有以下内容和步骤。登录合同台账、分解和落实履行合同的目标任务，并传递履行合同目标任务的信息。组织检查督促，保障企业全面实现合同目标任务。随时掌握对方情势变化的信息，适当运用变更、中止或终止合同的权利，防止自身债权的落空。

一些企业从生产经营管理的实践活动中体会到管理合同履行的重要性，逐步建立起合同管理台账和合同管理统计报告制度。合同管理台账，就是建立账册，对本企业的全部合同分类登记，及时记载合同订立和履行情况，以便随时掌握合同履行过程中存在的问题，并进行信息反馈。合同管理报表是为了了解订立合同的总量和完成合同目标任务情况，为企业有效控制生产经营活动和管理决策提供依据的统计资料。其种类有周报、月报、季报、年报等等。有些企业同时还建立了以销售合同为轴心的计划、采购、生产、运输的运转机制。以原上海宝山钢铁总厂（现为宝钢集团的宝钢股份有限公司）为例，销售部门一经订立销售合同，随即登录销售合同台账，项目有：合同编号、合同类别、订货单位、订货数量、规格、质量、金额、履行期限、发货方式及到站（港）、实际执行情况等。想了解企业各种销售合同的订立、履行、变更、终止、结算情况，翻开销售合同台账就一目了然了。销售部门要将销售合同的订立、履行、变更、终止、结算情况和销售后的市场调查、市场预测情况实时传递给企业计划部门和企业合同管理部门，计划部门据此将合同目标任务分解为合同采购目标任务、合同生产目标任务、合同运输目标任务及合同资金目标任务分别交供应部门、生产部门、运输部门、财务部门；供应部门依合同目标任务购进原料并做好采购合同台账；生产部门根据合同生产目标任务制定进度将合同任务进行再次分解，组织分厂、车间和协作厂执行；生产分厂、车间和协作厂生产出产品后交运输部门并做好生产台账，运输部门履行完毕即将信息实时传递给销售部门和财务部门并做好运输台账，财务部门既要负责协助销售部门结算，又要负责安排采购、生产、运输等资金，并做好各种应收应付记载。各履行合同目标任务的部门均要把实际履行结果适时反馈给企业计划部门和企业合同管理部门以及其他相关各履行合同目标任务的部门。企业合同管理部门定期进行检查，修正合同传递、流转程序等合同管理制度中的偏差。这种以销售合同为轴心的计划、采购、生产、运输的合同管理运转机制和运行程序，使企业各级管理者对合同的履行情况能够做到心中有数。各个部门企业经营管理经济责任制与合同管理密切结合，调动了各部门和员工的积极性，实现了以销定产，以销促产，按需定购的良性循环，促进企业不断发展生产，提高经济效益。又如，上海石油化工股份有限公司为了保证销售合同的履行，从订立合同→合同登记→计划安排→技术准备→购入材料→投入生产→入库保管→托运发货→财务结算→统计分析→售后服务→信息反馈，各个管理程序都有专人负责，从而保证合同按质、按量、按时履行。再如安徽省宿州市淮北煤矿建设公司机械总厂把合同作为贯穿企业生产经营各项工作的主线，为保证合同产品的按约交货，采取分口把关、各负其责，责任到部门、分厂、车间，具体到人的包干措施，并制定了“三抓”(抓产品质量、抓按期交货、抓售后服务)、“二保”(保证资金、保证供应)制度。根据合同交货时间，由技术、供应、生产部门分别提出技术准备，材料供应的具体时间和生产周期，由生产厂长综合平衡，确定完成期限，下达作业计划，坚持每周检查一次车间生产情况，对可能出现延误的，及时调度，遇特殊情况时，下达调度命令强制执行。对完成好的部门和个人给予奖励，对未完成任务的部门和个人给予经济制裁，并视情节给负责人以行政处分。

组织检查督促，保障企业全面实现合同目标任务。检查督促企业履行合同目标任务的执行情况，是合同履行管理中的重要环节。企业经营管理者和合同管理人员，应向企业各部门、各环节了解企业合同目标任务的执行情况，检查企业合同目标任务的资金、人员、材料、生产的落实结果，督促各部门、各环节按时、按质、按量完成企业合同目标任务，协调企业内部的协作关系和解决履行合同目标任务中遇到的难题。例如，湖南省零陵卷烟厂实行管理跟踪制，即合同订立后，履行到哪个环节，管理就跟踪到那个环节。及时掌握情况，发现问题，排除障碍，千方百计保证合同得以履行。检查督促的形式，有多种多样，一般应按照企业章程和各部门的职责分工负责，可以在企业产销调度会上进行检查；可以用体现生产进度的日报、月报、旬报、季报来检查；可以用图表分列、合同登记簿、卡片来检查；可以定期或不定期检查。从本文作者工作实践看，凡在市场上、社会上被公认为重视合同、恪守信用的企业，大都是内部管理程序科学，检查督促机制健全的企业。

随时掌握对方情势变化的信息，适当运用变更、中止或终止合同的权利，防止自身债权的落空。应当先履行债务的企业，要采取有效的方法注意收集对方当事人情况变化的信息，在有确切证据证明对方发生经营状况严重恶化；有转移财产、抽逃资金，逃避债务；严重丧失商业信誉；有其他丧失或可能丧失履行债务能力等上述情形之一的，可以中止履行合同。同时应及时通知对方并要求对方提供适当担保。对方如能提供适当担保的，可以恢复履行。后履行债务或者同时履行债务的企业，也同样要采取有效的方法关注对方当事人发出的情势变化信息，在对方未履行合同义务时，要及时提出抗辩。在中国当前市场经济秩序不理想的情况下，这些管理措施都是为有效防范意外风险而必须支付的时间和人力成本，且这些成本在法律上是作为合法权利而受保护的。

3. 组织管理合同履行后的服务

所谓合同履行后的服务主要是指售后服务。按照现代市场学的观点，一个销售过程的结束，正是下一个销售过程的开始。处于两个过程之中的售后服务，有人称之为第二市场，是争夺下一轮市场的关键环节。从这个意义上看，搞好售后服务是企业赢得竞争的关键，同时也是巩固和拓展市场的基础。故本文作者认为：现代企业加强售后服务不仅要考虑"建立顾客满意"，更要考虑是否能够"超越顾客期待"。

今天，顾客面对众多的产品和品牌，众多的价格和供应商，他们将会如何选择呢？答案只有一个，顾客的选择将取决于他们的满意。什么是顾客的满意呢？菲利普·科特勒博士说："满意是指一个人通过对一个产品的可感知的效果（或结果）与他的期望值相比较后，所形成的愉悦或失望的感觉状态。"根据这个定义，满意度是可感知效果和期望值之间的差异。效果低于期望，顾客就会不满意；效果等于期望，顾客就满意；效果高于期望，顾客就会高度满意。许多企业都明白这个道理，因此，它们都在努力追求顾客的高度满意，因为仅有一般满意无法建立顾客的忠实度。仅有一般满意的顾客一旦发现了更好的产品或服务时，总会很快地选择新的产品或服务。那些十分满意的顾客一般不会轻易更换供应商。只有对某一产品或服务高度满意的顾客才会因愉悦而产生情绪上的共鸣，而不仅仅是一种理性偏好。正是这种情绪上的共鸣，创造了顾客的高度忠实。这是顾客感知的效果。顾客的期望值又是如何形成的呢？期望是顾客在过去购买的经验、朋友的评价、销售者和竞争者的信息比较等因素的综合基础上形成的。企业把顾客的期望值定得太低了，无法引起顾客的满意。顾客会认为：本来就该是这样的。期望值定得太高了，顾客的失望也随之增长，顾客会感到上了广告的当。既然建立顾客的满意是如此重要，厂商岂不都应当生产"零缺陷"的产品吗？然而"零缺陷"是追求目标；绝对的"零缺陷"是不存在的，有缺陷是绝对，"零缺陷"是相对的。有缺陷，怎么办？许多经营者都会不假思索地告诉你：加强售后服务啊！于是售后服务便成了一个弥补缺憾的重要手段。例如，湖南省长沙电冰箱厂曾在全国建立287个维修网点，遍及29个省、市、自治区，形成电冰箱维修服务网络，并承诺3天内必上门维修服务。再如，施乐公司保证：产品售出后，3 年内如有任何不满意，公司将为其更换相同或类似产品，一切费用由公司承担。可是厂商们又发现，老问题没解决，还冒出了新问题。老问题是：老顾客的忠实度未见提高，新顾客的信任度更无把握。新问题是：随着销售的逐步扩大，维修网点越来越跟不上；随着销售额的逐步增长，售后服务费用也日长夜大。例如，广东省神州燃气具联合实业公司，曾经在 1992 年 4 月 1 日至 1993 年 1 月 30 日的 10 个月时间里，组织一支 300 多人的技术检修队伍，在 30 个省份开展上门服务，为用户免费检修热水器。总计行程数万公里，为 101.2 万用户提供了上门巡检服务，耗资 320 多万元。这大概是中国燃气热水器行业史上规模最大的一次售后服务。

老问题、新问题交织在一起，淮南之桔似乎变成了淮北之枳。我们不妨听听恒源祥公司的刘瑞旗先生怎么说，不妨看看海尔公司怎么做。刘瑞旗先生说，作为一家卖绒线、羊毛衫的企业，在售后服务上必须视顾客为“衣食父母”；产品可能有瑕疵，服务不应有瑕疵。北京某研究院张女士来沪出差时在上海恒源祥买一条羊毛裤，回京后发现裤腰上有漏针，随手打了个电话给公司。公司只问了两件事：一是产品编号，二是张女士地址；然后马上电告北京恒源祥，专门送一条质量好的羊毛裤去；并在一小时内送到。张女士的意外欣喜，一周内全院皆知。这种口碑广告的效应使得所有认识张女士或听说了这件事的人，都成了恒源祥公司潜在的顾客。恒源祥公司在处理此事件时，不仅仅用维修来弥补顾客的不满意，也不仅仅满足于重建顾客的满意，而是创造了一个超越顾客期望的满意。刘瑞旗先生认为：售后服务是合同交易的一部分，售后服务是企业卖给顾客的产品中的附加值，是企业无形资产分摊到产品中去的折旧。这一管理思想在海尔公司也得到了验证。海尔公司把所有来自顾客的信息都输入了计算机，任何一个顾客对海尔产品的任何不满意信息，都由顾客关怀中心协调、处理，并把信息及时、准确传递到公司各相关部门。一件产品甚至某一部件的更换次数，都作为重要的信息数据采集、分析和处理。几年前，家住田林新村的王先生，买了一台空调器，安装上有点问题。生产厂商几次派员上门服务都未解决。王先生希望海尔公司派员前往“复诊”。海尔公司非但派员去了，而且解决了问题。后来，王先生迁新居时希望海尔公司能事先帮助设计、安装空调器，海尔公司又满足了他的要求。此后，王先生成了海尔公司的“促销员”和“合伙人”，提出不少建议。例如：能否“度身定做”；能否由顾客自己“设计”产品。这些构思在海尔公司均已变成了现实。

以顾客为中心的企业在不断追求创造顾客满意的时候，也应当看到，创造超越期望的顾客满意，未必等于追求顾客满意最大化。顾客满意的期望值是刚性的，而感知的效果是弹性的。这就要考虑三方面的因素：第一企业可以通过降低价格或增加服务来提高顾客的满意，但是，这也会降低利润。第二，企业可以通过其他途径来增加利润(如改进技术，工艺、管理等)。第三，公司有许多利益相关者，包括：员工、供应商、分销商、投资者等。增加了提高顾客满意的成本，即转移了部分原可提高这些利益相关者"满意"的利润。因此，企业还得遵循这样一个规律：在总资源不变的限度内，企业必须在保证利益相关者能够承受的基础上，尽力构建顾客满意。

4. 组织管理合同履行后的结算和清理

合同之债要得以最终偿还就离不开结算。对一段时间内的一批合同集中进行结算就是清理。多数传统的中国企业长期以来有一种习惯性思维，认为合同履行后的结算和清理是企业财务部门的职责。如果钱收不回来或者无款付账，那是财务部门的工作没做好。其实，这是一种错误的认识。如果企业的销售部门只管发货给客户而不负责收回货款，那么企业岂不是成了慈善机构。这样的销售员是任何人都能胜任的。企业的销售部门只有完成了货款的回收才算实现了销售；企业财务部门才有资金去支付供应商的货款等等；企业才有了继续生存下去的运转资金。同样的道理，企业的采购部门如果只管要货而不考虑付款，那么谁又甘愿长期充当你的慈善机构呢？所以企业合同管理最终要落实到合同履行后的结算和清理这个环节上去。

组织管理合同履行后的结算和清理，就要对企业合同台账反馈出来的已经发生的应收款、应付款，及时组织各业务部门会同财务部门进行定期和不定期清算。定期清算是对已逾结算期限的应收款、应付款，分别按照一年以内、一年以上两年以内、两年以上等不同情况，及时组织力量收回应收款，安排期限支付应付款。对确实无法收回的应收款，要履行必要的手续，冲账；并要查明原委，分析成因，采取措施，亡羊补牢。不定期清算是对尚在结算期限内的应收、应付款项及时进行结算，勿使其演变为六个月以上的中长期债权、债务，因为货币是有时间价值的。货币的时间价值表明一定量的货币在不同的时间定点上具有不同的价值。即货币在周转使用中会因时间因素而形成一定的差额价值。在经济活动中，这种差额价值并非都是呈正向增长的。如果企业不注意或者不善于管理合同履行后的结算和清理，货币在周转使用中因时间因素而形成的差额价值就会负增长。企业组织管理合同履行后的结算和清理，就是充分利用货币具有时间价值的规律，充分发挥合同管理职能的理财作用，通过管理合同履行后的结算和清理，加快企业资金周转速度，降低企业资金使用成本，增加企业现金流量，使货币在周转使用中因时间因素而形成的差额价值呈正增长，提高企业经营绩效。

第三节　运用信息、系统、控制理论管理合同

一、信息是企业合同管理的基础

在各种经济信息的不断传递和交换中，合同始终是重要的载体和媒介。在充当载体和媒介过程中，合同又成为企业获取信息的广泛、具体、直接、迅速的渠道，成为企业根据需求正确决策的重要信息源。企业生产经营活动中各项计划是否合理，如何调整都有赖于这个信息源，而这个信息源数量够不够、质量好不好、交换是否对称、效用如何等等，都可能影响企业各种管理职能的履行。在合同的订立、履行、变更、终止、清理、结算过程中，企业内部会产生大量的信息，面对这庞杂的信息，若不进行信息处理，不作整理、筛选，综合分析，不以最迅速而有效的形式向各级管理人员提供准确的信息，合同的管理就无法进行。企业对合同进行全过程的管理很大程度上是在对合同全过程中各环节的信息传递和信息交换进行管理。不处理信息，管理也就失去了意义。

信息的方法是以信息活动作为分析和处理问题的基础，完全撇开作为对象的合同管理具体活动形态，把企业合同管理的全过程抽象为企业合同信息交换、处理的全过程。这就可以对合同信息的接收、使用和处理及其过程进行研究，分析作为研究对象的企业合同管理各种具体活动的特性，从而将不同的合同信息及其交换、处理过程加以对比和类比，找出其活动的规律；同时也可以为企业利用机器模拟合同管理提供依据。以信息为基础，把企业合同管理看作是合同信息及其交换、处理的全过程，就可以从整体出发，用联系、发展、转化的观点，综合研究企业合同管理信息的交换、处理过程，以求获得对企业合同管理全过程的系统的整体的认识。

信息反馈是企业合同管理的重要手段，企业对合同的管理则可以作为一个控制系统，而任何控制系统的一个基本要求又是信息反馈。信息反馈是合同管理中非常重要的手段，没有良好的信息反馈系统，管理者就无法对自己的各项管理活动进行有效的控制。信息反馈是指把输出的一部分信息再输送回来，以便同原来规定的标准值或目标值进行比对，及时发现偏差、加以纠正，从而调节信息的再输出。例如，企业通过建立合同履行全过程的信息反馈制度，制定信息反馈的数据、内容要求、反馈时间等，然后根据反馈信息建立动态的进度台账，将实际进度与标准周期比较后，发布两种统计报表信息：一是合同进度执行报表和危险合同信号，送达企业高层领导和销售、采购、生产、计划、财务等各相关部门，

以便对即将发生危机合同及时处理；另一种是发布合同与能力对比控制报表及图示，根据计划部门编制的各种产品生产能力资料和合同累计数，进行合同与能力的对比分析，使企业的相关部门了解哪些合同未达到生产能力，哪些合同已超过生产能力，以便指导销售部门承接合同。

在企业合同管理工作中信息反馈是一个不间断的循环过程，这个过程如图 6－3所示。

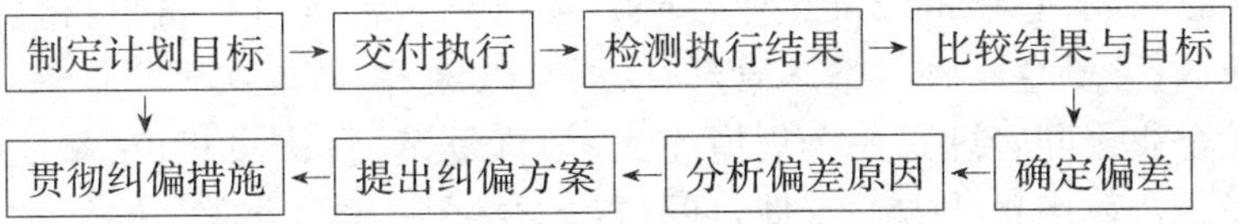

图 6－3　企业合同管理信息反馈循环过程图

在这一过程中，分析偏差原因后可能会发现实际执行和计划目标两方面都有问题，故纠偏方案也可能是同时针对实际执行和计划目标两方面的，因而合同管理信息反馈始于“制定计划目标”，终于“贯彻纠偏措施”。实践中这一信息反馈过程是不间断的，每经过一轮循环，管理工作的水平就提高一步。因此，信息的处理和反馈是现代企业合同管理的重要手段，也是现代企业合同管理达到既定目标的重要保证。从某种意义上看，现代企业合同管理的全过程也是合同信息不断进行收集、传递、使用、处理和反馈的全过程。

收集信息和反馈信息之例证。现在有些企业已经开始用收集信息的手段建立产品跟踪服务，建立用户登记卡，用户来访登记，并要求件件有登记、有处理、有结果，寄来访处理反馈单，定期或不定期走访用户，解答用户咨询。收集信息是企业在“买批评”。例如，吉林省柳河第二化工厂从 1995 年起采取一户一建档的合同档案管理方法，把用户的需求情况、资金情况、企业动态、履约能力等逐项登记，对保证合同签约质量，提高合同的履约率，起到了重要作用。在收集信息的基础上，将信息反馈到企业决策机构，促成下一轮生产、销售、订立合同的良性循环。又如，吉林省柳河电容器厂以合同信息反馈作为提高产品质量的重要渠道，近五年来开展跟踪服务 600 多次，召开用户座谈会 40 多次，征集用户产品质量的意见和建议 110 多条，已采纳 30 多条，对主导产品电容器和电容器控制柜 9 次改进设计，使产品质量和性能不断提高，名列国内同行业前茅。

二、用系统方法管理企业合同

随着生产的社会化，经济的全球化，市场的开放度进一步扩大，市场本身的网络化也是不可避免的；市场的网络化又必将促使其本身逐步成为一个日趋成熟、完善的大系统。在市场这个大系统里，随着经济的发展，合同在交易契约化和市场网络化进程中的作用越来越大。企业如何增强合同信用意识，提升合同管理水平，充分发挥合同在市场运作中的积极作用，充分发挥合同管理在提升企业综合管理水平中的积极作用，逐步实现企业价值最大化的总目标，将是一个极其复杂的系统工程，更是现代企业管理中亟待解决的重大课题之一。目标管理是一个全面的管理系统，现代企业合同管理同样可以用系统的方法，把企业中的营销管理、供应链管理、生产作业管理、财务资金管理等诸多管理活动用合同这根线整合起来，有意识地瞄准企业合同管理目标和营销管理、供应链管理、生产作业管理、财务资金管理等诸多管理日标，有效地、高效地实现它们。

现代企业合同管理是一个规模庞大、结构复杂、目标多相位、功能综合性的系统工程。企业用系统方法管理合同，首先要强调现代企业合同管理是一个整体大系统的理念。现代企业合同管理是由企业中不同层面、不同岗位的管理者，按照各自不同的职责，对合同及其信息进行的收集、传递、使用等活动所构成。不同的管理者、不同的管理职能，相互联系、相互制约，都是现代企业合同管理的有机组成部分。因此，现代企业合同管理既要发挥每一个管理部门、每一道管理环节、每一个管理者的作用，又要着眼于整体的协调。解决了某些带普遍性的问题，就能更有效地调整组织结构和体制规划的设计。用系统方法开展企业合同管理，既要把合同管理的理念、目标、方法融入于企业的营销管理、供应链管理、生产作业管理、财务资金管理，同时又要看到合同是企业销售、采购、外发加工、借贷资金等生产经营活动的形式载体，合同管理是附在企业营销管理、供应链管理、生产作业管理、财务资金管理这些“皮”上的“毛”。把握好这个度，协调好相互关系很重要。

用系统理论研究和开展企业合同管理还要有效地运用现代数理统计技术和定量分析方法。这将使我们对于现代企业合同管理中客观规律的认识，在质的方面进一步深化和精确化，更好地预见合同交易在市场态势发生某些变动的情况下会引起什么后果，诱发那些意外风险。从而可以进行模拟实验和各种方案的选优，不必在没有把握的情况下以企业、市场、社会为试验室盲目试验，支付高额学费。例如，对企业合同管理，可通过建立合同管理信息系统(CMIS)，进行调查和预测，并从企业合同管理信息系统数据库中筛选、分析和提炼出较为切合实际的市场信息，作为企业合同交易决策的基础和前提。在合同管理中从定性研究发展到定性研究与定量分析相结合，广泛运用数学模型进行定量分析，标志着现代企业合同管理水平达到了一个新的高度。

三、运用控制理论管理合同

企业合同管理的控制职能是对企业合同管理的结果进行衡量与对企业合同

管理的过程进行矫正，以确保企业合同管理的目标能够实现和为实现合同管理目标所制定的计划能够得以完成。“可以把计划工作和控制工作看成是一把剪刀的两刃，没有了其中的任何一刃，剪刀也就没有了剪刀的作用，也就不成其为剪刀了。”控制工作是每一位合同管理人员的职能，实施合同管理控制的主要职责应由负责计划目标任务执行的每一位合同管理人员来完成。尽管各个层次、各个岗位的合同管理人员所控制的范围不同，但他们都负有执行合同管理各项计划目标任务的职责，因而控制是每个层次合同管理岗位的一项主要管理职能。现代企业合同管理的控制职能主要有：控制基本过程，控制关键点，控制实时信息和前馈控制。

1. 控制基本过程

现代企业合同管理控制的基本过程包括以下三个步骤：确定合同管理标准；对照这些管理标准衡量合同管理绩效；矫正管理过程中偏离合同管理标准计划的情形。

确定合同管理标准。由于合同管理计划目标任务是合同管理人员控制工作的准绳，控制基本过程的第一步总是制定计划。然而由于合同计划目标任务的明细度和复杂性不一样，并且合同管理人员通常也不可能事事过问，所以就得制定具体合同管理标准。标准是衡量合同管理绩效的尺度，是考核合同管理结果的计算单位。这样就可以给合同管理人员一个信号，使他们知道合同管理计划目标任务的进展情况，知道下一步要由谁去做什么、怎么做，而无需过问合同管理计划目标任务执行进程中的每一个具体的细节性步骤如何操作。制订企业合同管理标准时，应当充分考虑各部门、各环节、各岗位对各类合同管理中不同的立场观点。能反映合同管理中不同立场观点的管理标准，用以衡量管理绩效时，可能更便于矫正合同管理中发生的偏差。

尽管对照企业合同管理标准衡量合同管理绩效，有时会因标准本身在制定过程中有偏差而招来一些非议，但是我们通常在倒洗澡水的时候是不会把澡盆里的小孩子一起倒掉的。精明、能干的合同管理人员有时能够预见到合同订立、履行过程中的一些偏差，但不可能要求所有的合同管理人员都精明、能干到同样的程度，故还是需要尽早揭示合同管理过程中的偏差，对照企业合同管理标准衡量合同管理绩效，找出偏差并采取适当的措施纠正之。

发现问题是为了解决问题，对照企业合同管理标准衡量合同管理绩效是为了矫正合同管理偏差。如果企业合同管理标准能够正确反映各部门、各环节、各岗位对各类合同管理中的不同的立场观点，并按这样的管理标准来衡量管理绩效，就便于矫正合同管理偏差。这是因为，如果把控制工作看成是整个合同管理系统的有机组成部分，并且能够把控制工作同各部门、各环节、各岗位的其他各项管理职能结合起来，合同管理就可以通过修正计划、调整目标、重新划分事权、更换作业人员等办法来矫正管理中发现的偏差。

2. 控制关键点

现代企业合同管理中如何选择控制关键点是一项重要的控制原则。如何"选择关键性控制点的能力乃是一项管理艺术，因为健全的控制取决于关键点。"合同管理人员都必须思考这样一些问题：什么地方、哪些方面能够最准确地反映本部门、本环节、本岗位的合同管理目标？当目标没有达到时，什么地方、哪些方面能够最准确地将它反映出来？能够准确发现合同管理偏差的关键点有哪些？能准确表明合同管理出偏差的责任部门、责任人和原因的是什么？企业合同管理中的控制关键点可以是各种各样的、可考核的定性指标或定量指标，也可以是必要的、行之有效的无形标准、判断预测或反复试验。合同管理人员只有在控制实践中，通过对控制过程的实际运作才能把握好合同管理中的控制关键点。

3. 控制实时信息和前馈控制

现代企业合同管理中如何控制实时信息和实现前馈控制是实现有效控制，使企业合同管理从静态控制走向动态控制的进步，是面向未来的控制。合同管理控制实践中经常遇到的一个大问题就是应对措施在时间上的滞后，时滞问题说明在现代企业合同管理中仅有一个合同信息的输出反馈系统，并仅以此作为衡量和控制的手段是有问题的。企业主管得到合同订立、履行、变更、终止、清理、结算中发生问题的信息时，后果已经出现，"为时已晚的信息仅是令人扫兴的历史事实而已。"鉴于在合同管理控制实践中"实时信息是事情一发生就出现的信息。"从理论上讲，可以把实时信息看作合同管理人员在管理合同中取得实时控制的重要手段，当信息显示偏差时实施动态的实时控制。但合同管理实践表明，收集合同管理实时信息数据是能做到的；但除个别事例外，当信息显示偏差时实施动态的实时控制则较难。因为当信息显示偏差时还需分析偏差原因，制定纠偏方案并付诸实施，这都是需要耗费时日的。实时控制虽然很难，并非意味着无所作为。合同管理人员越早发现偏差，就能越早纠正偏差。

前馈是面向未来的控制，是企业合同管理人员利用最新获得的信息仔细地反复预测，并把预测同预期目标作比较，探寻其中的差异及其变量，以促成计划的修订，从而把预测做得更为精确。用前馈控制系统监测合同交易运行过程中的变化及其规律，以此衡量合同交易运行过程中的变化是否符合合同交易的计划目标，如果不符合，就要改变合同交易运行过程，从而取得预期结果。前馈系统实际上是一种特殊意义上的反馈系统。前馈控制系统是相当复杂的，它离不开实时信息，而实时信息中经常包含着一些异常的意想不到的"干扰"因素（例如，诈骗、恶性倒闭等），不但会影响控制的结果，而且还影响控制系统本身，要事先预见所有的意想不到的“干扰”因素可能会带来的变量，显然也不切实际。现代企业合同管理中如何运用前馈控制确定各种合同变量并把这些合同变量看作相互作用的系统，建立预测模型并把它电算化，还有待于进一步再实践，再认识。

第四节　运用计算机管理合同

一、计算机管理合同的作用

计算机是最先进的信息处理工具，它的广泛运用对社会生活的各方面产生了很大的影响。计算机以其运算速度快、精确度高、记忆能力强、能自动进行计算的特点，在现代社会管理中的巨大作用已越来越多地为人们所认识。企业运用计算机管理生产经营活动的优越性已显而易见，计算机也将成为现代企业管理合同的必不可少的重要手段。企业运用计算机管理合同，具体作用有三点：

1. 有效管理信息

使用计算机管理合同可极大地增强企业合同管理人员采集数据、处理信息、传递信息的能力，可以使企业合同管理信息得到有效的集中、储存、传递和使用。前文提到，海尔公司把所有来自顾客的信息都输入了计算机，任何一个顾客对海尔产品的任何不满意信息，都由顾客关怀中心输入计算机后，协调、处理；并把信息及时、准确传递到公司各相关部门；一件产品甚至某一部件的更换次数，都作为重要的信息数据采集、分析和处理；就是例证。计算机合同管理信息系统(CMIS)的建立，改变了过去信息分散在各部门、各环节(因人工集中成本太高)而难于集中，因而不能发挥作用的状况，使信息在企业合同管理中的基础作用得以充分发挥。

2. 提升管理水平

用计算机管理合同可以使企业合同管理的基础工作科学化，企业合同管理水平进一步得到提升。使用计算机管理合同后，要求建立统一的合同管理数据库，可以改变企业传统合同管理用人工方式在收集、处理数据中的重复、混乱和差错现象，确保数据的准确和及时。由于计算机可以迅速、及时、准确的进行信息传递、逻辑判断和信息处理，将改善合同管理信息滞后的现象。计算机的使用和信息数据收集、储存、传递、使用的电算化，使得企业合同管理实时信息系统的开发成为可能，这就为企业合同管理的计划、决策、组织、实施、监控提供了有力的保障，从而提升了企业合同管理的水平。

3. 提高人员素质

用计算机管理合同可以促使企业合同管理人员的素质进一步得到提高。计算机管理合同可取代许多手工操作，使企业合同管理人员从纷繁的合同台账登录、催报合同统计等具体事务中解脱出来，综观全局，集中精力对合同流转和信息交换进行更有效的协调、监控等管理活动。在此基础上还可以把企业合同信息发生与合同计划目标的执行部门整合成企业合同信息处理系统，为企业及时提供经过筛选、分析和处理的大量有效信息。企业合同信息的及时反馈和前馈，使合同管理人员有可能做到事后控制结果，事中控制过程，事先进行预测控制，真正做到对合同事前、事中、事后全过程的动态控制，从而进一步提高了企业合同管理人员的素质。

二、基础管理及前期准备

计算机虽然是最先进的信息处理工具，但它毕竟是工具，不能代替人的创造性思维活动，它不仅要由人设计、制造与维护，而且要按人给予的程序工作。没有人的控制，计算机并不能把事实有机联系起来变成有用的信息。

在使用计算机系统管理合同时，企业合同管理人员的工作主要是：一要做好需求分析。要系统分析企业合同管理各环节的需求，确定各环节合同管理问题的性质；在确切了解问题症结，切实做好需求分析的基础上，设计解决问题的方案。二要编制好合理的工作程序。根据问题性质、需求分析、设计方案，编制计算机语言、计算程序、计算指令，送给计算机执行。程序编制中要反复模拟试验，充分听取具体操作人员的意见和建议；程序编制好以后要请专家严密论证，及时修改，否则事后再“打补丁”就劳民伤财了，将来维护也成问题。三要反复进行调试操作。把程序输入计算机后，要反复调整各部分程序的操作，保证将正确完整的原始资料输入计算机，按要求计算出结果，输出信息。

企业在使用计算机管理合同前需要做好一系列的基础工作和前期准备工作。使用计算机管理合同具有很大的优越性，然而计算机在合同管理中的运用也并非是一件轻而易举的事情，只有在具备一定条件、完成一系列基础准备工作之后，才能有效地运用计算机管理合同。

1. 客观基础的前期准备

首先是企业合同管理工作要程序化。企业合同管理工作程序化，就是要将企业合同管理工作按其内容和要求的不同，制定出标准的工作程序，用企业合同管理制度将它确定下来，成为行为的准则。企业合同管理工作的程序是编制计算机运用软件的依据。例如，企业可以通过其合同管理机构，负责控制合同履行的全过程，对合同履行全过程中的安排调度、技术准备、投入生产、入库保管、批运发货、财务结算、拒付处理、统计分析、排除障碍等每一道管理程序进行进行计划、决策、组织、实施、监控、明确权利与责任，并规定每一环节的工作内容和标准。对相关信息的数据采集、传递和处理都明确其程序、期限和责任者，使企业合同管理工作有条不紊地进行。

要把统一合同文件。在手工处理数据的条件下，纸介质的合同文本及各类报表和原始单据是记录和传递信息的主要载体。目前许多企业的合同种类、格式繁多，尚不统一；各种报表、台账的内容、格式也不统一，不利于合同的现代化管理。但是，使用计算机管理合同后，可以对各类纸介质的合同文本、合同报表、合同台账以及原始凭证，以磁介质（或者电子介质）的界面统一格式，统一分类，统一编码，以适应合同现代化管理的需要。

要设计好合同的格式。企业订立合同可以使用国家工商总局或者有关行政管理部门、行业组织设计的各种合同示范文本；也可以根据自身交易方式的特点，参考各种合同示范文本，设计适合本企业使用的合同文本。在设计时，可以运用表格与条文相结合的方式，并注意顺序合理，重点突出，语义清楚，逻辑性强。在合同格式中，预留出适当的位置，便于记载合同当事人双方特别约定的事项。使用计算机管理合同后，企业可以把本企业使用的各种合同文本（包括各种合同示范文本）汇集储存在计算机里，供本企业相关业务人员随时调用。

要设置好合同的台账。合同台账原本是根据企业汇总、统计、分析的要求而设置的用以积累合同资料的账簿，对合同的订立、履行、变更、终止、结算、清理等情况进行登录、记载。销售合同一般设置五种合同台账：合同综合台账；分类或分户台账；销售去向明细账；库存明细账；用户档案。在计算机管理合同后，合同台账将进化为计算机合同管理信息系统中最重要的数据库之一。合同的种类、编号，对方单位的名称、地址，订立合同的日期，合同标的的品种、规格、数量、质量、价款，约定的履行期限、地点和方式，以及合同实际履行或未履行的情况都应如实登录、记载。计算机合同管理台账数据库的设置，一方面有利于合同数据的统计、整理，保证准确提供信息，另一方面有利于合同统计数据的积累；通过合同台账数据库对合同统计数据的分析、整理，才有可能使企业通过合同管理产生的信息条理化、系统化，适应企业管理者经济分析的需要，成为企业管理者决策的依据。

建立合同传递流程。企业实行合同传递的目的，是使合同信息及时准确传递到需要履行合同义务的职能部门。合同传递原本是企业对外订立合同后，为顺利安排生产和履行合同，将合同信息进行摘录，分发企业各职能部门的一种程序。有些企业的合同传递，采用订约时一式几份分发各部门的做法。使用计算机管理合同后，企业只需把对外订立的合同输入合同管理数据库，计算机就可以及时准确地自动传递到需要履行合同义务的各部门,关键是事先要有一套科学合理的传递流程。

合同信息代码化。为有效运用计算机管理合同,还必须使合同信息代码化,即对合同信息进行编码。企业对合同信息进行编码,就是用一系列数码表示各种合同信息的主要内容,将合同双方的信息交换关系表达出来。例如 4-2001-103-115-03999 这个合同编号,由 5 组数码组成。4 表示合同交货期是 4 季度,2001 表示合同期是 2001 年度,103 表示对方企业的某种类别代码,115 表示该合同是本企业的第 115 个客户,03999 表示产品的生产号。科学地编制合同信息代码,并按代码进行管理,能迅速查出合同的履行情况。因此,合同信息代码不仅是计算机管理合同的基础工作,而且也是加强合同管理的重要途径。

2. 主观条件的前期准备

计算机合同管理信息系统,最终是由人进行控制、编程、操作完成的。因此,使用计算机管理合同对管理人员的素质和结构有较高的要求。人员结构的配置是否合理直接影响计算机合同管理信息系统的运行效果。一般可以考虑配置:系统分析规划设计集成人员,软件设计人员,硬件集成人员,系统管理员和操作人员。系统分析规划设计集成人员不仅必须具备相当程度的信息科学专业技术知识,而且要了解企业管理、合同管理、法务知识,能够组织、指挥计算机合同管理信息系统的整个开发过程,并在系统建成后负责系统的运行。软件设计人员要熟练掌握各种程序语言和软件工程方法,负责设计、编程、调试与升级、维护。硬件集成人员要熟悉计算机及外部设备的结构和原理,掌握故障检测方法,负责硬件设备的安装、调试与集成。系统管理员参与计算机合同管理信息系统的开发、安装、调试、培训等工作,并在系统开通后承担系统运行中的日常维护、管理工作。上述人员都要了解相应的企业管理、合同管理和法务知识。操作人员要具备一定的计算机知识和业务知识,能熟练操作计算机和录入数据,并能发现操作程序及数据的明显错误。

三、运用计算机管理合同的案例

昆明市租赁公司从手工操作管理合同到运用小型计算机管理合同的尝试。该公司每年订立合同在 2 000 份以上,租金收入数千万元,每年需结转的合同高达数千份,业务往来中订立、履行、变更、注销、结算、清理的合同,份数之多,内容之复杂,结算收付之频繁可见一斑。在该公司业务中最繁琐、冗赘的是普通租赁,其次是融资租赁。普通租赁的建筑施工机械、器材、机电设备等标的物的期限,伸缩性很大,经常需要根据承租方的实际要求提前履行、延期履行或者续展履行,还经常需要根据承租方的实际要求分批分期归还,结算随之变得多样化、复杂化。融资租赁的大型生产设备、大型交通运输工具及其他设备、仪器等等的租赁期限、租赁结算也需灵活多样、复杂多变。该公司普通租赁合同约占合同总份数的90%。在这类租赁合同中,每份跨年度的合同,手工结算一次一般需要1个小时,遇到品种繁多、期限较长、变化又大的合同,手工结算一次要超过2小时。经复核出现差错的还要返工,承租方经常要为结账付款而排队等候,意见很大。该公司内部月度、季度、年度盘点时,为清理变更、注销,履行完毕,提前履行,延期履行或者续展履行的合同,核查应收、实收账目,计算周期等等工作,经常要动用26名(有时甚至更多)精干员工,加班加点,紧张劳作,方可完成。鉴于这种状况,公司于1996年起,培训人员,引进人才,提出需求分析,购置计算机,开发软件,几经周折,几番努力,到1998年全面完成系统需求说明书及总体设计,经过试运行,基础数据录入、测试、人工核对,系统定型,投入使用,逐步建立合同管理数据库。几年来的运用实践证明,系统运作正常,完全满足公司业务需要,效益显著。各种统计报表均实现了计算机处理。企业使用计算机管理合同后,工作效率成百倍提高。昆明市第一建筑工程公司一工区1998年内与昆明市租赁公司订立标的物原值人民币500万元的租赁合同,期间也是复杂多变,到2000年结算时,按过去手工操作需12小时,现计算机处理仅用两分钟。过去手工完成月报表需180分钟,计算机仅用一分钟,即可得到准确的数据。过去8人工作一天,计算机仅用两小时,就能全面完成,而且各种数据准确。在手工计算过程中,工作人员与用户之间时有矛盾,争执,或者协调计算,有人为弹性。实行计算机管理后,解决了这些问题,因为计算机是依据各种原数据,计算得出各种数据结果,双方均得接受,避免了许多不该发生的矛盾,从而加强了合作关系。用户的好评与介绍,这种口碑广告的传播,比企业自己在任何媒体上的宣传更为有力,更为广泛,使企业的社会知名度大大提高,利润以近35%的速度递增。同时,公司在租赁部内普及计算机操作技术,现在70%的工作人员能上机操作,使这个部的人员精简出38.49%,充实到公司新拓展的业务岗位,促进了生产经营进一步发展。

思 考 题

1. 企业合同管理的概念和意义有哪些方面?
2. 企业合同管理的作用有哪些?
3. 企业合同管理的目标有哪些?
4. 签约的准备工作包括哪些内容?

5. 签约阶段有哪些管理工作需要做好？
6. 如何做好合同履行及履行后的管理工作？
7. 企业合同管理制度的作用有哪些？
8. 企业合同管理制度的内容有哪些？
9. 试分析企业在建立合同管理过程中应当注意的事项。

第七章　企业赊销管理

学习提要： 市场经济是信用经济，而赊销是一种信用销售。明确赊销管理的现实意义，制定合理有效的信用政策，学会信用分析并对应收账款进行决策，加强应收账款的日常管理并有效监控，对于提升一个企业的形象和市场竞争力，减少信用风险和损失具有特别重要的意义。

第一节　赊销管理概述

一、加强赊销管理的现实意义

进入21世纪，我国经济发展面临着前所未有的机遇和挑战。加入WTO后，我国经济将全面融入世界经济当中，将有更多的企业直接参与国际市场竞争，同时也不可避免地与来自世界各国（地区）的企业在本土市场展开直接较量。只有具有相对优势的企业才能在这场竞争中获得胜利，求得长远发展；而那些因管理不善等原因丧失竞争力的企业，将很快会在市场经济的惊涛骇浪中被淘汰出局。

一个企业如何才能提高自己的竞争能力呢？要靠商品质量优良，还要靠商品价格低廉，因为只有物美价廉的商品才能赢得客户；还有一个重要的依靠方面就是提高信用销售（赊销）的能力。也就是说，要更多地采用信用结算方式增强企业竞争力。与现金结算方式相比，信用结算方式的优势显而易见，购买商可以凭借自身良好的信用充当交易媒介，先收货后付款，从而大大提高购买商的购买能力和销售商的营业额。以发达国家为例，所有商业贸易的90％系采用信用方式进行，只有不到10％的贸易采用现金结算，信用结算方式已经成为商品交易中绝对的主流。而我国的信用交易方式仅占所有交易的20％左右，现金交易高达80％，落后的结算方式会严重地阻碍贸易的扩大和企业的发展，也会使一个企业的竞争力大大减弱。

然而,应收账款的发生毕竟意味着企业有一部分资金被客户占用,而且企业持有应收账款是有成本的,冒着很大的风险,那么企业为什么还愿意使用赊销方式而使企业持有应收账款呢?其中的主要原因是为了扩大市场占有份额和降低库存费用。

企业之所以采取赊销方式而不是现金销售方式,是企业希望依靠赊销方式为客户提供一些资金方便,借以扩大产品的销量。许多客户受限于其可支用资金的规模而愿意赊购。在国家实行银根紧缩财政政策时期,客户的资金通常不很宽裕,特别是在资金市场上的借贷存在一定困难或者在资金成本较高的情况下,许多企业希望通过赊购方式从生产厂家取得它们需要的部件或生产资料。生产制造业企业通过赊销方式,对客户提供短时间的资金融通,正好可以满足客户的上述需要。如果销货企业不能采取赊销方式的话,客户有两种选择,即:找采用赊销方式的原料生产厂家,或者减少每次的需求量。也就是说,客户必须依靠加速资金周转来应付对原料的采购。不论客户采取哪一种措施,显然都对供货的厂家不利。基于客户的这种需要和同行的竞争的压力,特别是外商企业的市场竞争,越来越多的企业采用赊销方式来扩大销售。在资金市场紧张、或者商品市场疲软、或者客户主要是小型企业等的情况下,赊销对于扩大销售规模的效果尤为可观。

客户要求采用赊销的另一个理由是,许多客户愿意保留一段时间的支付期,以检验商品和复核单据。购货客户如果以现金形式采购的话,立即钱货两清。日后,一旦发现存在商品数量、规格、品质、计算方面的误差,要求退还货款将是非常不方便的,即便最终能够退货,也将可能带来较高的退款费用。因此,如果采用赊购方式的话,购货客户可以在取得商品后对商品、有关票据进行认真的检查和复核,这就避免了现金销售中可能出现的麻烦。对于产品质量和信誉好的生产企业来讲,它们也是愿意给有信用的客户一个检验和复核时间的,因为发生客户争议,对于生产厂家自己并没有任何好处。

目前的市场发展,几乎没有哪个行业能够继续保持市场为一家或少数几家企业所垄断,同类企业之间的竞争经常是非常激烈的,特别是与资本雄厚的跨国型外资公司在市场上竞争,状况更是惨烈。许多企业都愿意采取更能够吸引客户的营销策略,借此扩大自己产品在市场上的份额。在众多的市场营销策略中,赊销是其中最常用和最有效的一种。在一个行业中,只要一部分企业采用赊销方式,就会迫使其他企业采取这种销售方式。因此,这对企业管理提出了更高的要求,不采取赊销方法的企业必将失去客户,败给竞争对手。但如果采取赊销方式的企业信用管理不善,造成客户拖欠和坏账过多,也会使企业走向破产。

持有应收账款是将资金融通给客户，这似乎没有持有库存安全，为什么企业不将尚未售出的产品全部入库保存呢？站在企业财会立场看问题，应收账款和存货都属于流动资产，但它们的性质是不同的。库存除占用企业一部分资金外，存货持有的成本相对较高，诸如储存费用、保险费用、管理费用、过期、过时、破损、偷盗、变质损失等等。产品售出并因此获得利润是生产的目的，将生产出来的产品放在仓库里而鲜为人知，有违企业经营的目的。站在对企业进行资信评级的角度看，存货的流动性要比应收账款差得多，虽然财务人员在计算流动比率时将存货与应收账款一视同仁，但在计算速动比率时则将存货予以扣除。由此看来，持有存货会影响企业的流动性的形象。道理很简单，出于降低资产持有费用和出于维护企业的流动性形象的考虑，企业也应该尽可能地将存货转化为应收账款，转化的有效方式就是通过赊销来实现。

在企业参与国际市场竞争中，为了提高竞争力，已经大量采用信用结算方式出口货物。但值得注意的是，虽然出口额大幅上升，但伴随而来的是大量逾期应收账款，有的企业坏账率甚至高达30%以上，远远高于西方企业平均0.25%～0.5%的坏账率。西方企业在高比例信用销售的同时，能够保持极低的坏账率，得益于西方国家已建立起相对比较完善的信用体系，企业在内部也建立起一套系统、完善的信用管理制度。正是通过信用管理，才使西方企业能够在最大限度地销售商品的同时，又保持极低的坏账率。

在市场经济中，企业之间的竞争，既是在商品的质量和价格上的竞争，也是在管理和服务上的竞争。事实上，在市场经济中，客户并不总是正确的，但确是永远重要的。现金销售虽然是人们期望的销售方式，但赊销永远是最重要的。信用管理水平如不迅速提高，将会使企业在竞争中处于不利的境地。因此，学习先进国家先进的信用管理制度，提高企业信用管理水平，加强企业的信用管理，确实对当前我国企业销售管理是最为急迫也是最有现实意义的了。

二、赊销成本的构成

应收账款是企业因对外赊销产品、供应劳务等而应向购货或接受劳务的单位收取的款项。各种调查资料显示，应收账款在财务结构中占有很大的比重，通常占流动资产的比重大约在40%左右，有的甚至更高，这无疑是流动资产管理的一个重点。销售得到付款时便有现金流入，购买付费时才有了现金流出，现金净流量等于现金流入量减去现金流出量的差额。由于赊销期通常在30天左右，而客户实际的支付天数往往是赊销期的几倍，甚至更多，致使销售商的应收账款占用大量的资金，成本急剧上升。时间就是金钱，没有免费的资金占用，而且，时间越长，不仅占用的资金越多，风险也会越大。此外，销售商一方面要发生大量的费用用以催讨货款，另一方面为了弥补拖欠损失不得不过度地借款融资，导致许多额外的管理费用和利息的产生。赊销的成本不容忽视。构成赊销（应收账款）的成本主要有以下三个方面。

1. 机会成本

应收账款的机会成本是指因资金投放在应收账款上而丧失的其他收入，如投资于有价证券便会有利息收入。这一成本的大小通常与企业维持赊销业务所需要的资金数量（即应收账款投资额）、资金成本率有关。其计算公式为

$$\begin{aligned}\text{应收账款机会成本} &= \text{维持赊销业务所需要的资金} \times \text{资金成本率} \\ &= \text{平均每日赊销额} \times \text{平均收账天数} \\ &\quad \times \text{变动成本率} \times \text{资金成本率}\end{aligned}$$

式中：

$$\text{平均每日赊销额} = \frac{\text{年赊销额}}{360}$$

$$\text{变动成本率} = \frac{\text{变动成本}}{\text{销售收入}} \times 100\%$$

资金成本率一般可按有价证券利息率计算。

在上述分析中，假设企业的成本水平保持不变（即单位变动成本不变，固定成本总额不变），因此随着赊销业务的扩大，只有变动成本随之上升。

例 7-1 A公司预测的某年度赊销额为 6 000 000 元，应收账款平均收账天数为 60 天，变动成本率为 70%，资金成本率为 10%，则应收账款机会成本可计算如下：

$$\text{应收账款平均余额} = \frac{6\,000\,000 \times 60}{360} = 1\,000\,000(\text{元})$$

维持赊销业务所需要的资金＝1 000 000×70%＝700 000（元）

应收账款机会成本＝700 000×10%＝70 000（元）

上述计算表明，企业投放 700 000 元的资金可维持 6 000 000 元的赊销业务，相当于垫支资金的 8 倍多。这一较高的倍数在很大程度上取决于应收账款的收账速度。在正常情况下，应收账款收账天数越少，一定数量资金所维持的赊销额就越大；应收账款收账天数越多，维持相同赊销额所需要的资金数量就越大。而应收账款机会成本在很大程度上取决企业维持赊销业务所需要资金的多少。

2. 管理成本

市场经济依靠信用来维持。如果社会缺乏信用,就意味着维系市场经济基础的契约失衡,共同投入、共担风险并共享收益的制度安排遭到破坏,市场经济就无法正常运行。信用的缺失至少会从以下几个方面增加交易费用,从而使管理成本上升。

(1) 合作伙伴之间在交易过程中的许多细节问题上达成一致所需要的谈判成本增加;

(2) 当外部环境发生变化时,为判断原有的合作关系能否存续、如何对原有的合作关系进行调整也将增加信息搜索成本;

(3) 由于信息不对称的存在和契约的不完备性,交易过程中需要加倍地监管,对那些可能奉行机会主义的代理人施加直接的防范和控制,就需要付出高昂的监管成本;

(4) 由于信用缺失会导致大量的自利行为和动机的出现,交易道德水平下降,从而使得交易活动中利益冲突和决策争端不可避免,摩擦增大,无形中增加了沟通和润滑成本;

(5) 赊销的风险无处不在,许多交易都有被处于拒付的危险之中,因为客户随时都会发生财务困难,甚至有可能宣告破产,因此任何企业都应当加强催款,甚至可以组成讨债队去收款。应收账款的管理成本是指企业对应收账款进行管理而耗费的开支,主要包括对客户的资信调查费用、邮寄差旅费用、收账费用和其他费用等。对客户提醒得越及时,催账的紧迫性越强,得到的付款就会越快,但这往往是有代价的。

上述管理成本实质上也都可以理解为是交易过程中的交易费用。在信用健全、信息沟通坦诚和有效的情况下,对于详细的契约和完善的监督依赖程度较低,交易成本也就很低。但一旦信用缺失,交易过程中的运作就变得十分困难,就必须应付无信用状态,成立专门的清欠追账队伍、打假队伍、法律维权队伍等,这就实际上增加了生产过程中的开支,造成企业运行成本的急剧上升,从而造成企业经济效益下降。

通常,一个设计得比较好的逾期应收账款追收程序,是企业信用管理部门有效地进行应收账款追收的保证,也是收账人员的行动指南。通常所提到的催收程序都是企业信用管理部门自行实施催账的指导,不包括委托专业信用管理公司以后的收账活动。逾期应收账款的催收程序从应收账款到期开始,先通过信函、电话或电报的方式礼貌地提醒对方付款期已到,应予付款。如仍未收到,通过欠款客户的反馈仔细分析原因,包括应收账款发生原因和无法收回的原因,寻找对策。然后,再次通过函电或专程上门实施催收,对欠款客户所施加的压力要逐步增强。执行该程序的每一个步骤都最好依照是有收账专员予以备忘记录，也便于信用管理经理的日常检查。下面给出一个较为典型的收账程序，其列表内容可供参考，实际操作时应当根据具体收账情况作适当调整，不可千篇一律（参见表7-1）。

表7-1 收账程序示意表

步骤	阶段	时间段	联系方法	催账形式
1	提醒客户	逾期第一天	传真	礼貌提示
2	提醒客户	以后第4天	传真	再度提示
3	了解问题	以后第4天	电话	了解客户发生了什么问题
4	第一次正式催账	以后第4天	传真	显示证据
5	严肃通知	以后第4天	传真	严肃通知
6	第二次正式催账	以后第4天	传真	显示证据
7	压迫客户式谈话	与6同一天	通话/拜访	表达不满
8	第一次经理对话	以后第3天	电话	催账级别升高
9	第二次经理对话	以后第3天	电话	最后一次通话
10	最后通知	以后第3天	挂号信	最后通牒
11	送专业追账公司	一周以后	委托追账	与追账代理签约
12	提出法律诉讼	半年以后	委托律师	法律行动

不论一笔逾期应收账款是国内欠款还是海外欠款，信用管理部门都应该及时追讨。事实证明，在客户企业所在当地进行及时和不停地催讨是成功追账的关键。很多客户欠款都是在及时而又不厌其烦的追讨之下被成功地收回。绝大多数通过企业资信调查审查的客户是重视其信誉的，它们应该能够还款。如果出现追账工作进展不顺利，应该先检讨一下企业信用管理部门的措施是否适当和到位。

事实上，在上述追讨的过程中，管理费用的增加将是不可避免的，这也是一种管理信用的代价。

3. 坏账成本

理论上讲，应收账款是一项流动资产，应当可以在12个月内转化为现金。但事实上，赖账现象时有发生，几年收不回来的应收账款也是屡见不鲜的。应收账款基于商业信用而产生，存在无法收回的可能性，由此而给应收账款持有企业带来的损失，即为坏账成本。这一成本一般与应收账款数量同方向变动，即应收账款越多，坏账成本也越多。为了规避发生坏账成本给企业生产经营活动的稳定性带来不利影响，企业应合理提取坏账准备。

三、赊销管理的目标

应收账款实际上是一项高风险的投资，其报酬就是在销售得到完全支付后所赚取的利润，而有现金流量支撑的利润才是有价值的，否则不仅是一种现实的损失或机会损失，还垫付进去大量的成本费用，这是一种有形的代价。

商品与劳务的赊销与赊供，在强化企业市场竞争能力、扩大销售、增加收益、节约存货资金占用，以及降低存货管理成本方面有优势。但相对于现销方式，赊销商品毕竟意味着应计现金流入量与实际现金流入量在时间上的不一致，所以产生拖欠甚至坏账损失的可能性自然也比较高。所以说，应收账款的增加，会造成坏账损失率上升和管理费用增加。也就是说，太严的信用政策将损失销售，而过宽的信用政策将导致坏账损失增加，为此，企业应在发挥应收账款强化竞争、扩大销货功能的同时，尽可能降低应收账款投资的机会成本，减少坏账损失与管理成本，提高应收账款投资的收益率。只有当应收账款所增加的盈利超过所增加的成本时，才应当实行应收账款赊销；如果应收账款赊销有着良好的盈利前景，就应当放宽信用条件增加赊销量，这是实施赊销管理的重要决策思想。

信用管理部门对赊销产生的应收账款进行管理的基本目标是降低持有这项应收账款的各项有关成本，使企业因使用赊销手段所增加的销售收益尽可能地大于持有应收账款所产生的费用。企业的产品销售如果能够全部实现现金销售是最好不过的，但这是不可能的，特别是对于在市场上同类产品和替代产品种类比较多的产品，以及产品处于供大于求状态或市场处于饱和状态这样的激烈竞争市场。一般来说，持有应收账款与企业的销售收入增加会呈正比例变化，但持有应收账款也是有成本的。如果对由赊销产生的销售类应收账款管理不当，风险也相当大。所以，科学的应收账款管理应该同时兼顾到资金的流动性和效益性。

第二节　赊销政策的制定与决策

信用应当是指“信守诺言”的一种道德品质，是建立在对他人的诚实的信任基础上的。没有人们之间相互享有的普遍信任，社会本身将会瓦解。在商品交换过程中，信用往往是指交易一方以将来偿还的方式获得另一方的财、物或服务的能力。信用的根据是获得财、物或服务的一方所做出的给付承诺。由此可见，信用是受信方和授信方的双方约定，发生在两者之间。在市场上，受信方往往是赊购者或者接受信贷者，授信方一般是采用赊销方式的企业或提供信贷的金融机构。信用包括两个重要因素：一是受信方必须在一定的时间期限内为获得财、物或服务而付款或还款，而且时间期限必须得到授信方的认可；二是授信方对受信方的付款承诺必须相信，而且对信用风险作出了判断。

赊销政策（也称信用政策）是指授信方制定的应收账款的管理政策，即对应收账款投资进行规划与控制而确立的基本原则与行为规范，包括信用标准、信用条件和收账政策三部分内容。制定合理的赊销政策并有效地进行决策，是加强应收账款管理，提高应收账款投资效益的重要前提，其目的是为了“尽力销售，尽力收回现金”。

一、信用标准

信用标准是企业评价客户等级，决定给予或拒绝客户信用的依据。如果企业把信用标准定得过高，将使许多客户因信用品质达不到所设的标准而被企业拒之门外，其结果尽管有利于降低违约风险及收账费用，但不利于企业市场竞争能力的提高和销售收入的扩大。相反，如果企业接受较低的信用标准，虽然有利于企业扩大销售，提高市场竞争力和占有率，但同时也会导致坏账损失风险加大和收账费用增加。

1. 分析影响信用标准的因素

（1）同行业竞争对手的情况。面对竞争对手，企业首先考虑的是如何在竞争中处于优势地位，保持并不断扩大市场占有率。如果对手实力很强，企业欲取得或保持优势地位，就需采取较低（相对于竞争对手）的信用标准；反之，其信用标准可以相应严格一些。

（2）企业承担违约风险的能力。企业承担违约风险能力的强弱，对信用标准的选择也有着重要的影响。当企业具有较强的违约风险承担能力时，就可以以较低的信用标准提高竞争力，争取客户，扩大销售；反之，如果企业承担违约风险的能力比较脆弱，就只能选择严格的信用标准以尽可能降低违约风险的程度。

（3）客户的资信程度。企业在制定信用标准时，必须对客户的资信程度进行调查、分析，然后在此基础上，判断客户的信用等级并决定是否给予客户信用优惠。

衡量客户资信程度的高低通常决定于信用要素。长期以来西方经济学家发表了大量的学说，这些学说从不同的角度分析企业的信用要素特点。由于企业信用要素学说起源于英美，为方便记忆，这些学说都喜欢用英文单词的第一个字母概括企业信用要素的特质。其中，最早出现的三“C”学说是信用要素的基本形式，后来发展为四“C”学说、五“C”学说、六“C”学说和三“F”要素学说等，而“F”要素学说是对“C”要素学说的分类归纳。现列表归纳并说明如下（参见表7－2）。

表7－2　信用要素表

项　目	三“C”学说	四“C”学说	五“C”学说	六“C”学说	三“F”要素学说
信用品质	√	√	√	√	管理要素
偿付能力	√	√	√	√	
资　本	√	√	√	√	财务要素
抵押品		√	√	√	
经济状况			√	√	经济要素
保　险				√	

在表7－2中，信用品质是指客户履约或赖账的可能性，这是决定是否给予客户信用的首要因素，主要通过了解客户以往情况与付款履约记录进行评价，包括企业的基本情况、企业历史、经营者情况、企业经营方针、内部管理、组织形式、银行往来、信用评价等。偿付能力的高低，与经营者能力、基础设施条件、规模和设备条件、员工能力、生产能力、销售能力有关，并取决于资产尤其是流动资产的数量、质量（变现能力）及其与流动负债的比率关系。一般而言，企业流动资产的数量越多，质量越高，流动比率越大，表明其偿付债务的物质保证越雄厚；反之，则偿债能力越差。当然，资产的变现能力越大，企业的偿债能力就越强；相反，负债的流动性越大，企业的偿债能力也就越小。资本包括资本构成、资本关系、增资能力与财务状况的现状等，反映了客户的经济实力，是客户偿付债务的最终保证。抵押品是指客户提供的可作为资信安全保证的资产。能够作为信用担保的抵押财产，必须为客户实际所有，并且应具有较高的市场性，即变现能力。对于不知底细或信用状况有争议的客户，只要能够提供足够的高质量的抵押财产（最好经过投保），可以向它们提供相应的商业信用。经济状况是指不利经济环境对客户偿付能力的影响及客户是否具有较强的应变能力，包括所在行业是否得到政府的鼓励或限制、同业状况、供需状况、地位状况、竞争状况等。此处的保险是指广义的保险，凡是涉及债权保险方面的作业方式和业务都可以称之为广义的保险。保险状况与承保现状同客户的信用有关。保险比担保品更能体现出现代经济贸易的特点。

此外，还有三“F”要素学说（管理要素、财务要素、经济要素）、六“A”学说（经济因素、技术因素、管理因素、组织因素、商业因素、财务因素）和五“P”学说（人的因素、目的因素、还款因素、保障因素、展望因素）等多种学说。

对客户进行企业资信调查，直至对企业进行资信评级和使用信用风险指数评价企业，都是在对客户的信用标准或资信程度评价的基础上发展出来的，使这些原则与方法更具有可操作性和以量化形式表现。企业信用管理部门还可以参考上述要素制定出一些评级方法，即选一些能够客观反映客户资信程度状态的因素，并将其量化，然后做出资信评级和信用风险指数，例如关于偿付能力的财务指标，根据客户评级基本原理，设定各种不同的资信好坏程度的评价标准区间值，建立对企业客户资信评价的基准。在处理客户信用申请时，对照这种基准来确定是否授给某个客户信用和信用额度的大小。关于客户资信评价标准的基本样式如表 7－3 所示，由于各行各业的情况有所不同，仅供参考。在该表中，还分别为三类信用等级界定了分值，这种做法是假定企业信用管理部门在日常信用管理工作中会采用评分方法来选择信用销售对象。当然，真正应用评分法时，还须对各项财务指标及其他项目合理确定加权的权数，以便最终能够得出一个合理的分数。

表 7－3　客户资信评级示意图

指标及付款记录	信用好 (70～100 分)	信用一般 (50～70 分)	信用差 (50 分以下)
资信评级	AAA 级和 AA 级	A 级和 BBB 级	BB 级以下
以往付款记录	全部在折扣期内付款	大部分在折扣期内付款	很少在折扣期内付款
流动比率	2.2 以上	2±0.2	1.8 以下
速动比率	1.2 以上	1±0.2	0.8 以下
现金比率	0.3 以上	0.2±0.1	0.1 以下
营运资金(万元)	150 以上	100±50	50 以下
负债比率(%)	30%以下	50%±20%	70%以上
资产总额(万元)	800 以上	500±300	200 以下
销售规模(万元)	1 500 以上	1 200±300	900 以下
应收账款周转(次数)	12 次以上	10±2	8 次以下
库存周转(次数)	7 次以上	5±2	3 次以下
赚取利息次数	8 次以上	5±3	2 次以下

2. 对信用标准进行评估

信用经济伴随着市场经济的产生与发展。市场经济越发展，信用经济与信用评估越重要。对信用标准进行定量分析与评估，旨在解决两个问题：一是确定客户拒付账款的风险，即坏账损失率；信用标准一般是客户获得企业商业信用所应具备的最低条件，通常以预期的坏账损失率表示。二是根据对客户信用资料的调查分析，根据评价信用优劣的数量标准等，具体确定客户的信用等级，以此作为给予或拒绝信用的依据。

二、信用条件

销售商时常会有这样的考虑，到底是给客户以更为宽松的信用条件还是更为紧缩的信用条件？这实际上是一个思考对客户的信赖程度问题和自身利益的问题。因此有人认为，"赊销"的意思就是"信赖"。当卖方将财产转交给同意日后付款的买方时就会存在一种明显的信赖关系，即付款将会在约定的日期完成。而赊销的数量与期限等条件则取决于信赖的程度。信用条件就是指企业接受客户信用定单时所提出的付款要求，主要包括信用期限、折扣期限及现金折扣率等。信用条件的基本表现方式如"1/10，n/30"，如客户能够在发票开出后的10日内付款，可以享受1%的现金折扣；如果放弃折扣优惠，则全部款项必须在30日内付清。30天为信用期限，10天为折扣期限，1%为现金折扣率。

1. 信用期限

信用期限是指企业允许客户从购货到支付货款的时间间隔。企业产品销售量与信用期限之间存在着一定的依存关系。通常，延长信用期限，可以在一定程度上扩大销售量，从而增加毛利。但不适当地延长信用期限，会给企业带来不良后果：一是使平均收账期延长，占用在应收账款上的资金相应增加，引起机会成本增加；二是引起坏账损失和收账费用的增加。因此，企业是否给客户延长信用期限，应视延长信用期限增加的边际收入是否大于增加的边际成本而定。

2. 现金折扣和折扣期限

延长信用期限会增加应收账款占用的时间和金额。许多企业为了加速资金周转，及时收回货款，减少坏账损失，往往在延长信用期限的同时，采用一定的优惠措施。即在规定的时间内提前偿付货款的客户可按销售收入的一定比率享受折扣。现金折扣实际上是对现金收入的扣减，企业决定是否提供以及提供多大程度的现金折扣，着重考虑的是提供折扣后所得的收益是否大于现金折扣的成本。

企业究竟应当核定多长的现金折扣期限，以及给予客户多大程度的现金折扣优惠，必须将信用期限及加速收款所得到的收入与付出的现金折扣成本结合起来考察。同延长信用期限一样，采取现金折扣方式在有利于刺激销售的同时，也需要付出一定的成本代价，即给予现金折扣造成的损失。如果加速收款带来的机会收益能够绰绰有余地补偿现金折扣成本，企业就可以采取现金折扣或进一步改变当前的折扣方针，如果加速收款的机会收益不能够补偿现金折扣成本的话，现金优惠条件便被认为是不恰当的。

除上述表述的信用条件外，企业还可以根据需要，采取阶段性的现金折扣期与不同的现金折扣率，如“3/10，2/30，n/60”等等。即给予客户 60 天的信用期限，客户若能在开票后的 10 日内付款，便可以得到 3%的现金折扣；超过 10 日而能在 30 日内付款时，也可以得 2%的现金折扣；否则，只能全额支付账面款项。

3. 对信用条件备选方案进行评价与决策

例 7-2 大华公司预测的 2004 年度的赊销额为 3 600 万元，其信用条件是 n/30，变动成本率为 70%，资金成本率为 10%。假设公司的收账政策不变，固定成本总额不变。该公司准备了三个信用条件的备选方案：A 方案维持原 n/30 的信用条件不变；B 方案是将信用条件放宽到 n/40；C 方案是将信用条件放宽到 n/50。有关三个备选方案估计的赊销水平、坏账百分比和收账费用等有关数据见表 7-4 所示。

表 7-4 信用条件备选方案资料表

单位：万元

方案 / 信用条件 / 项目	A n/30	B n/60	C n/90
年赊销额	3 600	4 320	5 040
应收账款平均收账天数	30	40	50
应收账款平均余额	3 600÷360×30=300	4 320÷360×40=480	5 040÷360×50=700
维持赊销业务所需资金	300×70%=210	480×70%=366	700×70%=490
坏账损失/年赊销额	3%	4%	5%
坏账损失	3 600×3%=108	4 320×4%=172.8	5 040×5%=252
收账费用	100	150	200

根据以上资料，可计算下列数据，详见表 7-5 所示。

表 7-5　信用条件分析评价表

单位：万元

项目 \ 信用条件 \ 方案	A n/30	B n/40	C n/50
年赊销额	3 600.00	4 320.00	5 040.00
变动成本	2 520.00	3 024.00	3 528.00
信用成本前收益	1 080.00	1 296.00	1 512.00
信用成本	—	—	—
应收账款机会成本	210×10%=21.00	366×10%=36.60	490×10%=49.00
坏账损失	108.00	172.80	252.00
收账费用	100.00	150.00	200.00
小计	229.00	359.40	501.00
信用成本后收益	851.00	936.60	1 011.00

根据表 7-5 中的资料可知，在这三种方案中，C 方案(n/50)的获利最大，它比 A 方案(n/30)增加收益 160 万元(1 011－851)；比 B 方案(n/40)增加收益 74.4 万元(1 011－936.6)。因此，在其他条件不变的情况下，应选择 C 方案。

例 7-3　接上例，如果该公司选择了 C 方案以后，但为了加速应收账款的回收，决定将赊销条件改为"2/10，1/20，n/60"(D 方案)，估计约有 50%的客户(按赊销额计算)会享受 2%的现金折扣；30%的客户将享受 1%的现金折扣。坏账损失率降为 2%，收账费用降为 50 万元。其他条件不变。根据上述资料，有关指标可计算如下：

应收账款平均收账天数＝50%×10＋30%×20＋20%×60＝5＋6＋12＝23(天)

应收账款平均余额＝5 040÷360×23＝322(万元)

维持赊销业务所需要的资金＝322×70%＝225.4(万元)

应收账款机会成本＝225.4×10%＝22.54(万元)

坏账损失 5 040×2%＝100.8(万元)

现金折扣＝5 040×(2%×50%＋1%×30%)＝65.52(万元)

根据以上资料可编制表 7-6 如下。

表 7-6　信用条件分析评价表

单位：万元

项目 \ 信用条件 \ 方案	C	D
	n/50	2/10,1/20,n/60
年赊销额	5 040.00	5 040.00
减：现金折扣	—	65.52
年赊销净额	5 040.00	4 974.48
减：变动成本	3 528.00	3 528.00
信用成本前收益	1 512.00	1 446.48
减：信用成本	—	—
应收账款机会成本	49.00	22.54
坏账损失	252.00	100.80
收账费用	200.00	50.00
小计	501.00	173.34
信用成本后收益	1 011.00	1 273.14

上述计算结果表明，实行现金折扣以后，企业的收益增加 262.14 万元(1 273.14－1 011.00)，因此，该公司最终应当选择 D 方案(2/10，1/20，n/60)作为最佳方案。

例 7-4　如果该公司某销售科长又提出了一个新的 E 方案，将赊销条件改为“3/20，2/40，n/60”，估计约有 60%的客户（按赊销额计算）会享受 3%的现金折扣；30%的客户将享受 2%的现金折扣。采用 E 方案以后，预计年赊销额将达到 5 400 万元，但坏账损失率估计上升到 3%，其他条件不变，该公司应选择哪个方案为优？我们可以通过计算，比较这两个方案由于赊销条件变化而增加的边际收入是否大于增加的边际成本来进行决策。

(1) 增加的收益：

$$
\begin{aligned}
\text{增加的收益} &= \text{增加的销售} \times \text{边际贡献率} \\
&= (5\,400-5\,040)\times(1-70\%) \\
&= 108(\text{万元})
\end{aligned}
$$

(2) 增加的成本：

① 增加应收账款占用资金的应计利息。

D方案应计利息＝5 040÷360×23×70%×10%＝22.54(万元)

E方案应收账款平均收账期(天数)＝60%×20＋30%×40＋10%×60＝12＋12＋4＝27(天)

E方案应计利息＝5 400÷360×27×70%×10%＝28.35(万元)

应计利息增加＝28.35－22.54＝5.81(万元)

② 坏账损失增加＝5 400×3%－100.8＝61.2(万元)

③ 现金折扣增加＝5 400×(3%×60%＋2%×30%)－65.52
＝64.08(万元)

(3) 增加的净收益＝增加的收益－增加的成本
＝108－(5.81＋61.2＋64.08)
＝108－131.09＝－23.09(万元)

计算结果表明，由于采纳E方案与D方案相比增加的净收益为－23.09万元，E方案不可取，即还是应该采用D方案为优。

三、收账政策

在企业向客户提供商业信用时，必须考虑客户是否会拖欠或拒付账款，怎样最大限度地防止客户拖欠账款以及一旦账款遭到拖欠甚至拒付时应采取怎样的对策等。收账政策就是指当客户违反信用条件，拖欠甚至拒付账款时企业所采取的收账策略与措施。

企业为了扩大销售，增强竞争能力，往往对客户的逾期未付款项规定一个允许的拖欠期限，超过规定的期限，企业就应采取各种形式进行催收。如果企业制定的收款政策过宽，会导致逾期未付款项的客户拖延时间更长，对企业不利；收账政策过严，催收过急，又可能伤害无意拖欠的客户，影响企业未来的销售和利润。因此，企业在制定收账政策时，要权衡利弊，掌握好宽严界限。

企业对拖欠的应收账款，无论采用何种方式进行催收，都需要发生一定的收账费用，如收款所花的邮电通讯费、派专人收款的差旅费和法律诉讼费等。一般而言，企业加强收账管理，及早收回货款，可以减少坏账损失，减少应收账款上的资金占用，但会增加收账费用。因此，制定收账政策就是要在增加收账费用与减少坏账损失、减少应收账款机会成本之间进行权衡，若前者小于后者，则说明制定的收账政策是可取的。

例 7－5 AB公司应收账款原有的收账政策和拟改变的收账政策如表5－7所示。

表 7－7　收账政策备选方案资料表

项　　目	现行收账政策	拟改变的收账政策
年收账费用(万元)	5	10
平均收账天数(天)	60	30
坏账损失占赊销额的百分比(%)	4	2
赊销额(万元)	540	540
变动成本率(%)	70	70

假设资金利润率为10%，根据表7－7中的资料，计算两种方案的收账总成本如表7－8所示。

表 7－8　收账政策分析评价表　　金额单位：万元

项　　目	现行收账政策	拟改变的收账政策
赊销额	540.00	540.00
应收账款平均收账天数	60	30
应收账款平均余额	540÷360×60＝90.00	540÷360×30＝45.00
应收账款占用的资金	90×70%＝63.00	45×70%＝31.50
收账成本	—	—
应收账款机会成本	63×10%＝6.30	31.50×10%＝3.15
坏账损失	540×4%＝21.60	540×2%＝10.80
年收账费用	5.00	10.00
收账总成本	32.90	23.95

根据表7－8的计算结果表明，拟改变的收账政策相关的收账成本低于现行收账政策的收账成本，因此，改变收账政策的方案是可以接受的。

第三节　应收账款日常管理

一、客户资信的日常管理

应收账款虽然在资产负债表上是以一个单独的项目单列的，但实际上它来自于不同的客户、不同的到期日、不同的偿债能力与财务现状。应收账款实质上是从高风险到低风险客户债务的总计数，它概括地提供出所有客户的综合信息，是一群风险的组合。

在对应收账款的日常管理中，仅仅知道所有客户的综合信息是远远不够的，客户的分类管理与资信调查显得尤其重要，因为不同客户所产生的风险可能是截然不同的。风险管理应当是具体的，有针对性的，这样才会有效。没有一个企业的财务状况是静止不变的，没有一个客户的风险是一如既往的。

在发货前，客户的赊销应被授权批准。为此，企业应正确制定信用政策，对赊销客户在信用额度内进行赊销。企业管理当局应负责制定企业的信用政策，确定信用标准、信用条件（含信用期限、信用额度、折扣率）及收账政策。销售部门应对每个客户进行信用调查，包括（但不限于）获取信用评审机构对顾客信用等级的评定报告，并根据客户的信用情况提出其信用期限、信用额度，并经企业负责人或其授权人批准。销售、收款经办人员必须根据批准的信用期限、信用额度控制赊销金额。

客户信用期限、信用额度的调整必须经相应权限审批人员审核批准。

由于应收账款流动性低于货币资金，企业在授予该项商业信用时，要特别谨慎，防止授信不当导致企业营运资金回笼困难引发的现金短缺。为此，企业应实施以下控制程序：

（1）客户既是企业财富的来源，又是企业风险的来源。企业要设立专门人员或机构，以客户资信管理为核心，实行客户管理制度。企业在授信之前先要对每个客户进行信用分析，包括审核该客户已审计的会计报表，银行资信证明和资信评估机构的证明等。由于我国信用体系还不完善，对企业而言，重视与该客户交往多年的历史还款记录并配合最近该企业动态资料，具有一定的可比性和说服力。

企业必须按照信用管理的要求，建立科学的客户信息分类标准，从逾期收款情况、总资产、资产负债率、速动比率、应付款支付周期、利润率、销售能力、市场占有率、行业信誉、合作时间、管理质量、组织结构等方面全面评估，制定客户信用等级评分标准，建立客户信息系统，对客户的资信状况调查应滚动或经常进行，并严格按信用等级加以管理。

（2）评估各客户的信用程度后，应确定每个客户的信用额度，每次赊销和未还欠账款之和不得超过额度。

（3）具体实施中，对于符合赊销信用评定的客户，应由信用部门主管在销售通知单上批准赊销数量和金额并签字，不合标准不予批准赊销。

（4）每个客户的授信额度应定期审查归档，必要时作调整要经有关人员复核。

企业应建立客户数据库管理制度，对全面收集管理客户信息，确保数据的完整和准确，按照销售情况和资金回笼情况及时更新数据库等内容，均应作详细规定。

企业应当实行客户分级授信管理制度，要求企业在销售过程中制定和执行一套科学的审批方法和程序，避免主观、盲目决策。核心是定量化的评估信用风险，按照信用额度控制企业内部决策行为，规范与客户间的信用关系，有效地降低逾期应收账款的发生率。

(5) 除“款到发货”的结算方式外，对以赊销为结算方式的销售合同必须根据客户资信管理数据库信息，确定客户的信用等级，按照授信限额和放账期限，进行分级授信管理。企业应制定具体的分级授信管理规定。

(6) 企业应根据销售及资金回笼情况对客户的资信额度进行动态管理。根据应收账款账龄清单，账龄分析应努力做到按每笔未结账单进行，对资信下降的客户要及时采取减少发货、加强催收和实行担保等预防和减少风险的措施，对资信差并拖欠货款的客户要停止发货。有条件的企业应在电脑管理程序中设计监督控制功能。

二、应收账款的日常管理

(1) 在应收账款的管理过程中，企业应遵循职务分设、相互制衡的原则，各部门应承担相应的责任。

(2) 销售部门应与财务部门建立每月财务对账制度，对账过程和结果应留有书面记录，对账差异应限期查明、调整。对应收账款管理过程中有法律追索权的原始凭证应归档并由专人保存。销售部门应建立与客户的定期对账制度，年度应由规定的非销售部门对重点客户进行函证；对账和函证结果应当留有记录，差异应及时报告和处理。

(3) 财务部门提供应收账款账龄清单及有关的财务会计报表，情况异常时发出警报。

(4) 销售部门根据批准的授信额度和期限执行销售流程，对客户超额授信的请求，销售部门认为应当满足客户要求的，应提出超额授信的理由和书面申请，按规定程序和权限，报请有关领导书面批准。

(5) 审计部门监控合同执行过程和结果，必要时发出警报，及时调整客户资信信息资料，加强客户资信管理。发现的违规、越权、失职问题以及了解的有关部门的整改措施，应当向分管领导报告。

(6) 决策者对各级管理层授权审批，审核企业重大信用政策调整。决策者应牢固树立“以效益为中心”的观念，不能轻易改变应收账款控制的程序，遇有突发特殊情况，需作重大调整时，必须按原决策程序及相关环节加以制衡。

(7) 企业应将应收账款管理责任明确落实到相关部门和人员，在考虑销售的效益时应考虑应收账款的成本。企业必须将产品的销售业绩和资金回笼结合起来，把销售货款回笼率作为考核相关部门和业务人员的主要依据之一，并与其收入挂钩。对于逾期应收账款的催讨要落实到人，责任人应承担逾期利息等相应的经济责任直至刑事责任。

(8) 企业应努力建立一支高素质的业务员队伍。为提高销售人员业务水平和有效监督，企业可在业务部门实行轮岗制。业务员根据工作需要进行调整时，新老交接必须做到账务核对清楚，交接手续规范。

(9) 针对业务员自行离职现象，企业应有事先防范措施。可采用以下措施：

① 客户管理制度。业务人员应按企业规定将客户资料归档，纳入客户资信管理系统。

② 设立风险基金。可事先缴纳，或可将业务人员的收入提取一定比例作为风险基金，根据销售和资金回笼情况按年度结算。

③ 定期轮岗。定期对不同地区产品销售的业务人员进行业务范围调整。

(10) 对于已经发生的应收账款，企业还应进一步强化日常管理工作，采取有力的措施进行分析、控制，及时发现问题，提前采取对策。

应收账款一旦为客户所欠，赊销企业就必须考虑如何按期足额收回的问题。客户能否严格履行赊销企业的信用条件，一般取决于两个因素：一是客户的信用品质；二是客户现金的持有量与调剂程度(如现金用途的约束性、其他短期债务偿还对现金的要求等)。如果客户的信用品质良好，持有一定的现金余额，且现金支出的约束性较小，可调剂程度较大，客户大多是不愿以损失市场信誉为代价而拖欠赊销企业账款的。如果客户信用品质不佳，或者现金匮乏，或者现金的可调剂程度低下，那么，赊销企业的账款遭受拖欠也就在所难免。

由于企业当期现金支付需要量与当期应收账款收现额之间存在着非对称性矛盾，并呈现出预付性与滞后性的差异特征(如企业必须用现金支付与赊销收入有关的增值税和所得税，弥补应收账款资金占用等)，这就决定了企业必须对应收账款收现水平制定一个必要的控制标准，即应收账款收现保证率。

应收账款收现保证率是为适应企业现金收支匹配关系的需要，所确定出的有效收现的账款应占全部应收账款的百分比，是两者应当保持的最低比例。计算公式如下：

$$\text{应收账款收现保证率}=\frac{\text{当期必要现金支付总额}-\text{当期其他稳定可靠的现金流入总额}}{\text{当期应收账款总计金额}}$$

上式中的其他稳定可靠现金流入总额是指从应收账款收现以外的途径可以取得的各种稳定可靠的现金流入数额，包括短期有价证券变现净额、可随时取得的银行贷款额等。

应收账款收现保证率指标反映了企业既定会计期间预期现金支付数量扣除各种可靠、稳定性来源后的差额，必须通过应收款项有效收现予以弥补的最低保证程度。企业应定期计算应收账款实际收现率，看其是否达到了既定的控制标准，如果发现实际收现率低于应收账款收现保证率，应查明原因，采取相应措施，确保企业有足够的现金满足同期必需的现金支付要求。

企业已发生的应收账款时间长短不一，有的尚未超过信用期，有的则已逾期拖欠。一般来讲，逾期拖欠时间越长，账款催收的难度越大，成为坏账的可能性也就越高。因此，进行账龄分析，密切注意应收账款的回收情况，是提高应收账款收现效率的重要环节。

应收账款账龄分析就是考察研究应收账款的账龄结构。所谓应收账款的账龄结构是指各账龄应收账款的余额占应收账款总计余额的比重。

例 7-6 已知某企业信用期平均为 3 个月，某月底财务人员经分析后的应收账款账龄分析表如下表 7-9 所示。

表 7-9 应收账款账龄分析表

应收账款账龄分析	客户数量	金额(万元)	比重(%)
信用期内(3 个月内)	120	50	50
超过信用期 1 个月内	40	15	15
超过信用期 2 个月内	13	8	8
超过信用期 3 个月内	11	6	6
超过信用期 4 个月内	16	7	7
超过信用期 5 个月内	10	4	4
超过信用期 6 个月内	4	1	1
超过信用期 6 个月以上	12	9	9
应收账款余额总计	—	100	100

表 7-9 表明，该企业应收账款余额中，有 50 万元尚在信用期内，占全部应收账款的 50%。过期数额 50 万元，占全部应收账款的 50%；其中逾期在 1、2、

3、4、5、6 个月内的，分别为 15%、8%、6%、7%、4%、1%。另有 9%的应收账款已经逾期半年以上。企业还应进一步分析逾期账款具体是哪些客户，这些客户是否经常发生拖欠情况，发生拖欠的原因何在。一般而言，账款的逾期时间越短，收回的可能性越大，亦即发生坏账损失的程度相对越小；反之，收账的难度及发生坏账损失的可能性也就越大。因此，对不同拖欠时间的账款及不同信用品质的客户，企业应采取不同的收账方法，制定出不同收账政策与收账方案；对可能发生的坏账损失，需提前有所准备，充分估计这一因素对企业损益的影响。对尚未过期的应收账款，也不能放松管理与监督，以防发生新的拖欠。

通过应收账款账龄分析，不仅能提示财务管理人员应把过期款项视为工作重点，而且有助于促进企业进一步研究与制定新的信用政策。

三、应收款项控制的规范要求

信用管理可以扩大到企业的应收款项。应收款项包括应收账款、应收票据、其他应收款和预付账款，是企业的主要流动资产之一，其管理状况直接影响着企业的资产质量和资产营运能力。当前，企业存在应收款项数量较大、变现能力较差、周转速度较慢等问题，隐含着大量的坏账损失，影响了企业整体资产质量，导致企业虚盈实亏。为了加强企业内部控制，提高财务管理水平，根据《财政部关于印发〈企业国有资本与财务管理暂行办法〉的通知》（财企[2001]325 号）的有关规定，财政部颁发了《关于建立健全企业应收款项管理制度的通知》（财企[2002]513 号）要求企业应当切实加强应收款项的财务管理。

1. 建立应收款项台账管理制度

企业应当按照客户设立应收款项台账，详细反映内部各业务部门以及各个客户应收款项的发生、增减变动、余额及其每笔账龄等财务信息。同时加强合同管理，对债务人执行合同情况进行跟踪分析，防止坏账风险的发生。

企业财务管理部门应当定期编制应收款项明细表，向企业管理人员和有关业务部门反映应收款项的余额和账龄等信息，及时分析应收款项管理情况，提请有关责任部门采取相应的措施，减少企业资产损失。

2. 建立应收款项催收责任制度

企业应当依法理财，对到期的应收款项，应当及时提醒客户依约付款；对逾期的应收款项，应当采取多种方式进行催收；对重大的逾期应收款项，可以通过诉讼方式解决。

企业应当落实内部催收款项的责任，将应收款项的回收与内部各业务部门的绩效考核及其奖惩挂钩。对于造成逾期应收款项的业务部门和相关人员，企业应当在内部以恰当方式予以警示，接受员工的监督。对于造成坏账损失的业务部门和责任人员，企业应当按照内部管理制度扣减其奖励工资。

企业在追索逾期应收款项过程中，按照内部财务管理制度规定支付给专门收账的机构或人员的劳务费用、诉讼费用，作为当期费用处理，不得挂账。

企业为了减少坏账损失而与债务人协商，对逾期应收款项按一定比例折扣后收回的，根据企业董事会或者经理（厂长）办公会审议决定和债权债务双方签订的有效协议，可以将折扣部分作为损失处理。

3. 建立应收款项年度清查制度

每年年终时，企业必须组织专人全面清查各项应收款项，并与债务人核对清楚，做到债权明确，账实相符，账账相符。

企业在清查应收款项时，相对应的应付款项应当一并清查。对既有债权又有债务的同一债务人，应付该债务人的款项，应当从应收款项中抵扣，以确认应收款项的真实数额。

企业对于债权人没有追索并超过诉讼时效的逾期应付款项，应当一并清查，并按照国家规定处理。

4. 建立坏账核销管理制度

企业在清查核实的基础上，对确实不能收回的各种应收款项应当作为坏账损失，并及时进行处理。属于生产经营期间的，作为本期损益；属于清算期间的，应当作为清算损益。坏账损失处理后，应当依据税法的有关规定向主管税务机关申报，按照会计制度规定的方法进行核算。

企业坏账损失视不同情况按照以下方法确认：

（1）债务人被依法宣告破产、撤销的，应当取得破产宣告、注销工商登记或吊销执照的证明或者政府部门责令关闭的文件等有关资料，在扣除以债务人清算财产清偿的部分后，对仍不能收回的应收款项，作为坏账损失；

（2）债务人死亡或者依法被宣告失踪、死亡，其财产或者遗产不足清偿且没有继承人的应收款项，应当在取得相关法律文件后，作为坏账损失；

（3）涉诉的应收款项，已生效的人民法院判决书、裁定书判定、裁定其败诉的，或者虽然胜诉但因无法执行被裁定终止执行的，作为坏账损失；

（4）逾期3年的应收款项，具有企业依法催收磋商记录，并且能够确认3年内没有任何业务往来的，在扣除应付该债务人的各种款项和有关责任人员的赔偿后的余额，作为坏账损失；

（5）逾期3年的应收款项，债务人在境外及我国香港、澳门、台湾地区的，经依法催收仍未收回，且在3年内没有任何业务往来的，在取得境外中介机构出具的终止收款意见书，或者取得我国驻外使（领）馆商务机构出具的债务人逃亡、破产证明后，作为坏账损失。

企业集团内部单位互相拖欠的款项，债权人核销债权应当与债务人核销债务同等金额、同一时间进行，并签订书面协议，互相提供内部处理债权或者债务的财务资料。

5. 严格坏账损失内部处理程序

企业清查出来的坏账损失，应当按照以下程序处理：

(1) 企业内部有关责任部门经过取证，提出报告，阐明坏账损失的原因和事实；

(2) 企业内部审计(监察)部门经过追查责任，提出结案意见；

(3) 涉及诉讼的损失，企业应当委托律师出具法律意见书；

(4) 企业财务管理部门经过审核后，对确认的坏账损失提出财务处理意见，按照企业内部管理制度提交董事会或者经理(厂长)办公会审定。

企业处理的坏账损失属于逾期3年应收款项的，应当实行账销案存，继续保留追索权，也可以划转企业国有资本持有单位管理，或者划转内部设立的专门机构追索。

企业处理的全部坏账损失，应当在财务会计报告中予以披露，注册会计师在审计企业财务会计报告时应当予以重点关注。

6. 规范核销国有资本的行为

企业由于实行公司制改建、实施合并或者分立、依法整顿或者变更管理关系等行为，清查核实的坏账损失涉及核销所有者权益的，国有及国有控股企业应当在进行资产评估前，由企业国有资本持有单位按照《企业国有资本与财务管理暂行办法》第九条的规定履行相关手续；公司制企业按照《中华人民共和国公司法》以及公司章程等有关规定执行。

企业国有资本持有单位履行相关手续时，应当在按照企业内部程序处理之后提交书面申请，并附送以下资料：

(1) 企业清查应收款项理由的说明，如经批准实行公司制改建等；

(2) 企业内部审计(监察)部门的结案意见；

(3) 企业董事会或者经理办公会研究作出的决议；

(4) 注册会计师出具的审计报告。

7. 加强企业应收款项管理的责任

企业内部管理制度不健全，导致应收款项管理混乱的，或者在生产经营中，恶意经营导致坏账损失的、通过关联交易转移企业财产的、随意核销应收款项给企业造成巨大损失的，或者在资产重组中，逃避应收款项追讨责任导致国有资产流失的、擅自核销国有资本的，各级主管财政机关以及企业国有资本持有人有权予以纠正；对于直接责任人员和其他有关责任人员，应当依照国家有关规定和企业内部管理制度追究责任。

在应收款项环节上的管理疏忽其教训有时是发人深思和难以想象的。例如，美国T公司是一家私人有限责任公司，从1995年开始，该公司有计划地拖欠中国外贸企业大量货款。据不完全统计，截至1997年底，拖欠货款总额高达300多万美元，被拖欠的国内企业达8家。

江苏某公司的业务员1993年10月在香港的展销会上认识了T公司总裁；1994年几乎没有业务往来，1995年下半年该公司要求江苏公司就箱包产品报价，并要求以放账60天付款交单的方式结算。1995年10月至1996年4月共出运了7个货柜，共计20多万美元。在此期间，1995年底该公司还专程派人到江苏公司洽谈贸易，交谈之中江苏公司了解到该公司主要在国内采购鞋子和箱包，年营业额为300万～500万美元。通过此次接触，江苏公司认为该公司有一定实力和诚意，增强了与之做贸易的信心。

在7个货柜中，两个货柜计1万美元该公司及时全额预付，另两个货柜计6万美元也及时预付了20%，货到港口后支付了其余80%的货款提货。但对另两个货柜计10万美元直到1996年3月货物到港时才付20%的预付款，并迟迟未提货，到4月中旬、5月底分别延迟半个月及两个月才付款提货。另一货柜3万美元虽及时清关提货，但20%至今未付。

江苏公司虽对其延迟付款表示不满，但并未对其资信情况产生怀疑，故在1996年5月以100%的付款交单方式出运8个货柜，共计25万美元。这次该公司只提了两个货柜计5万美元，其余货柜均迟迟不提。该公司在1996年7月的传真中提出将4个货柜改为承兑交单付款，并保证于8月18日付清货款，江苏公司勉强同意。但该公司一拖再拖，直到1997年2月才付清4个货柜的款，另两个货柜仍不付款提货。为解决这两个货柜的问题，江苏公司被迫再次做出让步，同意只要该公司付清这两个货柜货款，江苏公司将以承兑交单120天方式发运另一货柜。十分遗憾的是该公司提走了这一货柜，但仍不付上述两货柜的款。

1996年7月到1996年底，江苏公司又以100%付款交单方式出运15个货柜，共计55万美元。该公司故伎重演，其中两个货柜按时付款提货，6个货柜延迟4个月提货，4个货柜要求改为承兑交单，其余不提货。

1997年3月，该公司总裁来华和江苏公司讨论付款问题，承诺以备用信用证作为今后贸易的担保，于是江苏公司又以付款交单方式出运4个货柜，共计20万美元，但该公司的信用证一直未开来。在此期间，该公司曾开过5张空头支票欺诈江苏公司，并和货运公司串通一气，在货物到达港口后，船公司无单放货，使江苏公司钱货两空。到目前为止，该公司拖欠江苏公司货款40多万美元。

据调查，美国T公司目前已从原址迁出，去向不明，追讨难度非常之大，损失以成定局。由此可见，做好收款业务中的风险防范工作是有重大现实意义的。

(1) 对新客户资信一定要通过权威机构进行详细调查，不能凭主观印象判断。在没有掌握其准确资信的情况下不要与其进行信用交易；

(2) 不能因客户前几笔按时付款就放松警惕，盲目采用付款交单、承兑交单等信用方式，放宽客户信用应有前提条件和科学依据，对资信实力不足的企业应寻求债权保障；

(3) 在以前欠款尚未付清之前，不应继续给客户信用。或停止发货，或要求预付全部货款，或要求其开信用证；

(4) 客户做出付款承诺后，应要求其先履行一部分以表诚意，并严格督促其履行协议。

第四节　坏账管理与监督检查

应收账款的坏账处理必须符合国家有关法律法规规定。每年按会计准则规定计提坏账准备金，其比例应与上报财政备案的会计制度一致；坏账核销的处理必须经地方财政部门或国资部门批准，并及时消化处理；已核销的坏账应在备查簿上登记，做到账销案存。

对已经在企业内部核销的应收账款应当制订催讨方案，采用有效的方式，最大限度降低企业损失。

我国在实施了《企业会计准则》以后，企业可以开始计提坏账准备，但当时的会计制度允许企业在直接转销法和备抵法中作出选择，即企业可以不计提坏账准备，而在发生坏账时按规定直接转入管理费用；也可以按 3‰～5‰的比例先计提坏账准备，等到发生坏账时在已经计提的坏账准备账户中列支。实施了《企业会计制度》以后，对于坏账准备只能采用备抵法核算，而不能采用直接转销法核算，坏账准备计提的比例由企业承包，根据实际情况分析以后按《企业会计制度》的有关要求自行确定，强调了会计人员的会计职业判断能力在计提坏账准备中的重要作用。

按《企业会计制度》的规定，企业应当在期末分析各项应收款项的可收回性，并预计可能产生的坏账损失。对预计可能发生的坏账损失计提坏账准备。企业应当制定计提坏账准备的政策，明确计提坏账准备的范围、提取方法、账龄的划分和提取比例，按照法律、行政法规报有关各方备案，并备置于企业所在地。坏账准备计提方法一经确定，不得随意变更，如需变更，应当在会计报表附注中予以说明。计提的坏账准备应借记“管理费用”账户，贷记“坏账准备”账户。

在确定坏账准备的计提比例时，企业应当根据以往的经验、债务单位的实际财务状况和现金流量等相关信息予以合理估计。

债务单位已撤销、破产、资不抵债、现金流量严重不足、发生严重的自然灾害等导致停产而在短期时间内无法偿付债务等，以及 3 年以上的应收款项，在有确凿证据表明该项应收款项不能够收回或收回的可能性不大的情况下可以全额计提坏账准备。

下列各种情况不能全额计提坏账准备：

(1) 当年发生的应收款项；

(2) 计划对应收款进行重组；

(3) 与关联方发生的应收款项；

(4) 其他已逾期，但无确凿证据表明不能收回的应收款项。

企业的预付款，如有确凿证据表明其不符合预付账款性质，或者因供货单位破产、撤销等原因已无望再收到所购货物的，应当将原计入预付账款的金额转入其他应收款，并按规定计提坏账准备。

企业持有的未到期应收票据，如有确凿证据证明不能够收回或收回的可能性不大时，应将其账面余额转入应收账款，并计提相应的坏账准备。

对于预计可能发生的其他应收款的坏账损失，也应计提相应的坏账准备。

企业计算的当期应计提的资产减值准备金额如果高于已提资产减值准备的账面余额，应按其差额补提减值准备；如果低于已提资产减值准备的账面余额，应按其差额冲回多提的资产减值准备，但冲减值的资产减值准备，仅限于已计提的资产减值准备的账面余额。实际发生的资产损失，冲减已提的减值。如已确认并转销的资产损失，如果以后又收回，应当相应调整已计提的资产减值准备。

已发生的销售业务均应及时作成记录，仓库根据销货通知单发运商品后必须如数填制发货单，分送结账部门和会计部门，结账部门要检查已发运商品是否已开具销售发票，会计部门则要检查发货单与销货发票的数量、金额是否一致，是否有遗漏，计算是否正确，并要及时地办理销售账务。在账务处理方面，会计部门要设立一定的会计科目和会计账簿，正确归集不同性质类型的销售业务(如赊销、现销、分期付款销售等)，及时地正确地登账。有关日记账、明细分类账和总分类账应当分别由专人登记，定期核对，及时纠正登账或记录差错。

企业财务部门应在依法设置的会计账簿中统一登记、核算销售和收款业务。应设置现金日记账、银行日记账，序时逐笔登记货款的收入情况；应设置营业收入明细账，逐笔或按日汇总登记各类(种)商品的销售情况；应按客户类别和名称设置应收/预收账款明细账，逐笔登记应收/预收账款的发生和回收情况；还应设置现金、银行存款、营业收入、应收/预收账款等的总分类账，根据会计凭证逐笔或汇总登记总账，并对相应的明细账予以控制。企业应按照会计制度的规定，计提坏账准备，并在企业的会计报表附注中按规定予以披露。

思 考 题

1. 什么是赊销？企业为什么要赊销？

2. 为什么说市场经济是信用经济，而赊销是一种信用销售？

3. 理论联系实际谈谈加强明确赊销管理的现实意义。

4. 简述赊销管理的目标。

5. 什么叫信用政策？信用政策包括哪些内容？

6. 什么是信用标准？如何衡量客户的信用标准？

7. 如何才能制定出合理有效的信用政策？

8. 客户的资信分析包括哪些内容？

9. 如何对应收账款进行决策？

10. 如何加强应收账款的日常管理并有效监控？

11. 为什么说加强赊销管理对于提升一个企业的形象和市场竞争力，减少信用风险和损失具有特别重要的意义？

第八章 企业担保管理

> **学习提要：** 担保将增强债务履约的信心并有助于保障债权人债权的实现，所以是维护信用经济的法制制度。明确担保的作用与担保管理的目标，理解担保业务的岗位分工与职务分离的重要性与担保控制的环节，学会对担保进行日常控制与监督，对于加强企业的日常信用管理有着十分重要的现实意义。

第一节 企业担保概述

一、担保的概念与作用

担保一般是指为了保障合同债权的实现，由当事人双方依照法律的规定，经过协商一致而设定的法律措施。担保一般在签订合同的同时成立，是一种从属于主合同的法律关系，它必须以有效的主合同存在为前提，如果主合同无效，担保也无效。设定担保后，具有法律效力，只要一方不履行合同，另一方就有权请求履行合同担保义务或主动行使相应的权利，对违约具有警戒作用，因而会产生预防违约受损的积极效果。通过担保，可以增强债务人履约的责任心，可以保障债权人债权的实现，也有利于维护市场经济的正常秩序。

债权人需要以担保方式保障其债权实现的，可以设定保证、抵押、质押、留置和定金等方式担保。目前担保管理失控现状主要有担保业务由一个人说了算；担保业务没有审批，没有控制过程；担保手续不齐全，合同不规范，法律责任不清楚；没有建立与健全担保风险控制机制；重复担保，多头担保，产生纠纷；担保财产被封存或被起诉；担保在会计报表附注上不披露或披露不正确等。

二、担保管理的目标

担保控制与管理的主要目标应当是：实行担保业务的职责分工；加强担保业务审批控制；建立和健全担保业务凭证流转与管理等制度；定期分析担保情况与存在的风险，合理规避风险；保证担保信息的真实性和完整性。

三、担保业务的岗位分工与职务分离

企业应当对担保业务建立严格的岗位责任制，明确相关部门和岗位的职责、权限，确保办理担保业务的不相容岗位相互分离、制约和监督。担保业务不相容岗位至少包括以下几个方面：

（1）担保业务的评估与审批；

（2）担保业务的审批、执行与监督；

（3）相关财产的保管与担保业务记录。

企业应当配备合格的人员办理担保业务。办理担保业务的人员应当具备良好的职业道德和业务素质，熟悉国家有关法律法规及专业知识。任何单位不得由同一部门或个人办理担保业务的全过程。

四、担保业务授权批准制度

企业应当对担保业务建立严格的授权批准制度，明确审批人对担保业务的授权批准方式、权限、程序、责任和相关控制措施，规定经办人办理担保业务的职责范围和工作要求。

审批人应当根据担保业务授权批准制度的规定，在授权范围内进行审批，不得超越权限审批。

经办人应当在职责范围内，按照审批人的批准意见办理担保业务。对于审批人超越权限审批的担保业务，经办人员有权拒绝办理。严禁未经授权的机构或人员办理担保业务。

企业应当制定担保政策，明确担保的对象、范围和禁止担保的事项，还应当制定科学规范的担保业务操作程序。审批人和经办人应严格按照规定程序办理担保业务。企业应当严格控制担保行为，建立担保决策程序和责任制度，明确担保原则、担保标准和条件、担保责任等相关内容，加强对担保合同订立的管理，及时了解和掌握被担保人的经营和财务状况，防范潜在风险，避免或减少可能发生的损失。

第二节　担保业务控制流程

一、融资与担保业务控制

企业为正常生产经营、项目投资所需向金融机构筹集的资金往往会涉及担保事项。

企业的财务部门应会同相关部门根据年度经营状况拟订年度借款规模预算报企业董事会讨论通过，报母公司预算委员会备案；不设董事会的，经企业领导班子审批同意，并报上一级预算委员会审核通过。企业的财务部门应根据上一级预算委员会审核后的预算借款年度总额，分期（年度、季度、月度）编制筹资计划。

凡需办理融资业务的企业应提供以下相关资料，上报（上一级）预算委员会审查：

（1）预算借款的规模（应说明融资资金的用途、金额、利率范围、期限、还款来源、担保方情况等）；

（2）董事会同意借款的决议或领导班子审批同意的批复。

企业的财务部门是该企业融资业务的管理部门。应完整保管所有借款资料，包括贷款合同、贷款担保合同、放款凭证、内部申请报告、董事会决议等，并对每项借款做好记录。

每笔筹资业务的发生，由企业财务部门提出融资申请，经财务分管领导审核后报总经理审批后实施。

每项融资业务申请应当说明融资资金的用途、金额、利率范围、期限、还款来源、担保方情况等。

预算外的借款须按规定的相关程序办理审批手续。

筹资担保是贷款方减少风险的一种措施，也造成了企业为求降低风险而常与对方寻求对等担保，即我担保你、你也要担保我。接受担保初期，要对担保方进行整体信用评价，包括对会计报表等资料的审查等等。担保期内，要对对方企业跟踪评估，及时了解其信用变化情况。对于发现给对方企业担保的风险加大时，可要求对方企业另寻一方对我公司实行反担保，即我担保你、你再找一个人担保我所担保的这笔债务。

关联方企业之间的银行担保，实质上是一方从银行借贷的资金为另一方在另一银行担保借款，在这种情况下，双方银行都没有得到任何实质性的担保。

对等担保和反担保有很大的不同。对等担保涉及两方，担保的是不同的债务；而反担保涉及三方，担保的是同一笔债务。

此外，降低企业担保风险的措施还有要求担保双方同时以对方的股权等作抵押，该股权可以是企业对外投资的股权等。

二、担保评估与审批控制

企业应当建立严格的担保业务评估制度，采用适当的评估方法，对担保业务进行评估，确保担保业务符合担保政策。

凡对外单位的担保业务，应当组织相关人员对申请担保单位主体的资格，申请担保项目的合法性，申请担保单位的资产质量、财务状况、经营情况、行业前景和信用状况或申请担保单位反担保和第三方担保的不动产、动产和权利归属等进行全面评估，形成评估报告。

单位对自身的担保业务，其申请与评估应当实施分离，以相互制约。

被担保项目发生变更时，单位应重新组织进行评估。

三、合同风险评估与控制

签订合同往往要涉及担保。企业应当对重要的担保业务实行集体决策审批，并建立相应的责任制度。审批人应当根据评估报告，按规定权限和程序进行审批、订立担保合同。签订合同应符合《中华人民共和国合同法》和《中华人民共和国担保法》的规定。重要担保业务合同的订立，应当征询法律顾问或专家的意见。必要时，还应当组织相关人员对担保合同的合法性和完整性进行审核。

合同风险是指在合同的签订和履行过程中，由于没有完全遵照合同法发生法律纠纷而导致企业被诉、败诉的可能性。常见的合同风险有：

(1) 因合同条款不完备或只订口头合同，而导致合同无效或责任不清；

(2) 对债务人企业的关、停、并、转等情况不密切关注，导致在对方清算过程中不能及时介入参加受偿；

(3) 不懂得利用法律手段保障自己债权的实现。例如在依合同占有对方财产而对方不给付款项时，不依法采取留置措施；在对方对第三人享有债权时不依法行使代位权；在对方擅自向第三人转移资产以逃避债务时不依法行使撤销权等；

(4) 行使请求权方面。根据我国法律规定，权利人请求保护民事权利的一般诉讼时效期间为 2 年，而一些债务人企业由于不及时行使自己的请求权，使自己的权利失去法律保护。

为了规避合同风险，企业在签订合同时要细心、认真，严格遵守有关的法律法规。力求合同条款完备准确，不生歧义。重大合同可以请律师帮助签订，甚至请公证机关进行公证。此外，在签订借贷、买卖、货物运输、加工承揽等合同时，债权人为了保障其债权的实现，可以严格依照《中华人民共和国担保法》的有关规定，通过保证、抵押、质押、留置、定金等方式设定担保。

四、担保执行、财产保管与记录控制

企业应当建立担保业务的监测报告制度，重点加强对被担保单位、被担保项目资金流向的日常监测，定期了解被担保单位的经营管理情况，形成报告。对异常情况应及时要求被担保单位采取有效措施化解风险。

企业可以根据实际情况采取以下监测方式对被担保单位、被担保项目进行监测：

(1) 参加被担保单位与被担保项目有关的会议、会谈和会晤；

(2) 对被担保工程项目的施工进度和财务进行审核；

(3) 担保单位认为必要时，可派员进驻被担保单位工作，被担保单位应提供方便和支持。

任何企业都应当建立担保财产保管制度，集中妥善保管有关担保财产和权利证明，定期对财产的存续状况和价值进行复核，发现问题及时处理。还应当建立担保业务记录制度，对担保的对象、金额、期限和用于抵押和质押的物品、权利及其他有关事项进行全面的记录。

担保是一种民事法律行为，担保活动应当遵循平等、自愿、公平、诚实信用的原则。当事人在担保活动中的法律地位平等，都是独立、平等的担保权利义务主体，任何一方都没有高于对方的特权。当事人之间是否要设立担保关系，同谁设立担保关系，设立何种担保关系，除法律有特别规定外，都由当事人自愿决定；在具体的担保关系中，当事人可以约定彼此的权利义务排除法律任意性规范的适用。当事人在担保活动意思表示是否自愿真实，是衡量担保行为是否具有法律效力的重要根据，所以，受胁迫、受欺诈所为的担保行为无效。

在担保活动中，当事人参加担保活动的机会均等，都有同等的机会设立担保，当事人享有担保权利、承担担保义务要对等，不能显失公平，当事人承担担保责任要合理，一般适用过错归责原则。当事人在设立担保时要意思表示真实，表里如一，言行一致，担保活动不规避法律，不损害他人权益及社会公共利益，行使担保权利以善意方式，尊重他人和公共利益，履行担保义务恪守约定，讲究信誉。

担保以保障债权实现为第一宗旨，如果主合同无效，则担保合同所约定的担保权利义务成为无的之矢，自然也应归于无效，对担保当事人不产生法律效力。我国《担保法》规定："担保合同是主合同的从合同，主合同无效，担保合同无效。

担保合同另有约定的，按照约定。担保合同被确认无效后，债务人、担保人、债权人有过错的，应当根据过错各自承担相应的民事责任。”

随着担保制度的发展，担保的相对独立性渐为增强，突破了担保从属性的传统限制，如国际经济贸易中经常使用的不可撤销担保合同(凭要求即付保函)、票据上的担保都成为一种独立的价值权，可不因主合同的无效而无效，同时当事人在设立担保时，完全可以对主合同与从合同的关系做出特约。我国企业在签订担保合同的时候，首先看企业自身是否具备担保资格，有否法律所禁止的情节，其次要对主合同进行全面细致的分析，看主合同是否符合合同成立以及生效的要件，再选择适当的担保方式，对担保的范围要做出明确的界定，如果涉及外汇担保，还必须符合我国外汇担保的有关规定。

1998 年 8 月，广西壮族自治区桂林市长江实业贸易有限公司与江西省湖昌市平安摩托制造公司商谈购进 100 辆摩托车，总价款为 200 万人民币。贸易公司请桂林市天宝皮革制造厂为这批供销合同提供担保，约定采取保证的形式。该皮革制造厂未单独与摩托车制造公司商谈，只是在贸易公司与制造公司签订的供货合同上写上：保证人天宝皮革制造厂。如果贸易公司到期不能支付货款，则由保证人承担责任。后贸易公司无力支付货款，制造公司于是要求皮革制造厂支付 200 万元。皮革制造厂称：当时我厂并未与你公司签订保证合同，且我厂并未表明要承担债务当中的多少。法院经审理查明：皮革制造厂称自己并未与债权人制造公司签订保证合同不成立，因为保证合同除了可以是债权人与保证人单独订立的保证合同外，保证人在主合同上明确表示承担保证责任的，也应当视为债权人与保证人之间达成保证的合同，它们之间成立保证合同关系。皮革制造厂应对主合同债务的 200 万元全部承担保证责任。皮革制造厂所承担的应该是连带责任保证，即制造公司可以在贸易公司到期不支付 200 万元货款后，直接向皮革制造厂提出请求，而不问贸易公司是否有支付能力。这类案例在实践中是经常发生的，当事人对保证合同的内容没有做出任何详细规定而引发纠纷，根据担保法保护债权人利益实现的原则精神，不能因为担保合同欠缺这些法律规定的内容而宣告合同无效，对于当事人没有对保证合同一般应具备的内容做出规定的，应当根据法律的规定做出推定。

五、日常担保控制流程

日常担保控制的流程可以因企业而异。某控股公司制定的担保控制流程如下，可供参考。

(1) 母公司可为其投资企业按投资比例提供担保，控股公司出资组建并管理的子公司(企业)及其子公司(企业)可相互提供担保。对与控股公司无资产关系的企业原则上不得提供担保。上市公司等多元投资企业若要为与控股公司无资产关系的企业提供担保，则必须是双向担保，一般应有反担保的措施，且担保的额度应一致；超过等额担保额度的部分，必须有反担保措施（签订有效资产抵押或质押协议等）。

（2）担保企业可要求被担保企业承诺反担保措施。反担保方式必须是不动产抵押或权利质押担保，抵押物或质押物必须符合《担保法》规定的范围，抵押人或质押人必须对抵押物、质押物具有处分权。抵押物应委托有资质的中介机构进行评估。

（3）企业提供担保时，财务部门应详细审核担保的理由，被担保企业的资信情况、还贷能力，担保金额、期限、合同等，提出初审意见，由财务部分管领导审核后报总经理审批，董事会批准后实施；不设董事会的，由企业领导班子批准后实施。被担保企业资产负债率超过70%的，不得为其提供担保；若是业内企业，且是展期担保的可以提供续保。

（4）企业为与控股公司无资产关系的企业提供担保，须经企业董事会讨论决定，通过产权代表向出资、主管的公司报告备案；不设董事会的，须经企业领导班子审批同意，并向出资、主管的公司报告备案。需向出资、主管的公司报告备案的企业，应提供以下相关资料，报控股公司财务部，按相关程序办理对外担保备案手续：

① 对外担保申请书；

② 对担保企业资信调查书；

③ 担保企业提供不动产抵押或权利质押的反担保协议；

④ 担保企业的当期资产负债表、利润表及有关的年报；

⑤ 董事会同意对外担保的批复或企业领导班子同意对外担保的决议。

（5）上市股份公司及多元投资公司的担保事项，由该公司董事会或股东大会授权审查批准。上市股份公司及多元投资公司中由控股公司委派的董事长和董事对于担保事项的表决权，按照控股公司关于加强子公司董事会报告制度的管理办法，向控股公司报告、备案。

（6）控股公司对借贷经济活动中具有下列条件的子公司，可以提供信用担保：

① 国家重点工程项目的贷款；

② 市政府规定必须由控股公司担保的贷款；

③ 控股公司认为可以提供担保的贷款。

控股公司为有关子公司提供担保时，应由子公司提供反担保。反担保方式可采取不动产抵押担保或权利质押担保的方式。

(7) 子公司如需要控股公司提供担保,应提供以下有关资料,报控股公司财务部会同规划发展部、资产经营部审核,按有关程序办理担保报批手续:

① 担保申请书;

② 项目合同及项目可行性分析报告;

③ 向银行等金融机构的借款合同或意向书;

④ 不动产抵押或权利质押反担保协议;

⑤ 当期资产负债表、利润表等其他需要提供的相关资料。

子公司上报的有关材料,由控股公司财务部提交办公室转交法律顾问审核。

控股公司为子公司提供担保视同举债,需经控股公司董事会批准,方可实施。

(8) 企业用关键生产经营设备和建筑物及土地使用权等办理抵押担保事项的,均应委托有资质的中介机构进行评估,同时须报经控股公司审批同意后,方可办理抵押担保手续。上述审批事项,由控股公司财务部审核并按有关程序办理批准手续;其中,关键生产经营设备由控股公司规划发展部负责审核,建筑物、土地使用权由控股公司资产经营部负责审核。生产经营设备和建筑物抵押由总裁批准,涉及土地使用权的抵押经总裁审核后由董事会或由董事会授权董事长批准。若抵押土地使用权为空转土地的,企业应向控股公司提供相应金额资产的反担保。

办理有关抵押担保事项的企业应提供以下资料:

① 申请抵押资产的报告,包括抵押事由、抵押标的物、抵押期限、抵押资产账面净值和评估价值、抵押资产安全保障的措施等,申请报告应有法定代表人的签字;

② 抵押资产评估报告。

(9) 财务部门应完整保管所有借款资料及贷款资料,并对每项借款及担保做好记录。包括贷款合同、贷款担保合同、反担保的协议书、内部申请报告及董事会同意借款、担保的决议等。

(10) 企业应落实职能部门对被担保企业进行资信调查及跟踪,及时了解被担保人的债务偿还情况。

企业监事会及企业内部监察部门应监督检查企业是否执行本办法,定期掌握企业提供的对外担保信息资料、担保或有债务明细表等,形成完整的工作信息。在对外担保制度和管理上发现问题,应分析研究、提出建议,促进董事会、企业领导班子依法决策和管理。

六、严格控制上市公司对外担保风险

上市公司全体董事应当审慎对待和严格控制对外担保产生的债务风险,并对违规或失当的对外担保产生的损失依法承担连带责任。控制股东及其他联方不得强制上市公司为他人提供担保。

上市公司对外担保应当遵守以下若干规定：

(1) 上市公司不得为控股股东及本公司持股50%以下的其他关联方、任何非法人单位或个人提供担保。

(2) 上市公司对外担保总额不得超过最近一个会计年度合并会计报表净资产的50%。

(3) 上市公司《章程》应当对对外担保的审批程序、被担保对象的资信标准做出规定。

对外担保应当取得董事会全体成员2/3以上签署同意，或者经股东大会批准；不得直接或间接为资产负债率超过70%的被担保对象提供债务担保。

(4) 上市公司对外担保必须要求对方提供反担保，且反担保的提供方应当具有实际承担能力。

(5) 上市公司必须严格按照《上市规则》、《公司章程》的有关规定，认真履行对外担保情况的信息披露义务，必须按规定向注册会计师如实提供公司全部对外担保事项。

(6) 上市公司独立董事应在年度报告中，对上市公司累计和当期对外担保情况、执行上述规定情况进行专项说明，并发表独立意见。

上市公司董事会应当针对历史形成的资金占用、对外担保问题，制定切实可行的解决措施，保证对外担保形成的或有债务，在每个会计年度至少下降30%。

第三节　担保控制的监督检查

一、担保监督检查的主要内容

企业应当建立和健全对担保控制的监督检查制度，明确监督检查机构和人员的职责权限，定期或不定期地进行检查。监督检查机构和人员应采用符合性测试或其他方法检查担保业务内部控制制度是否健全，各项规定是否得到有效执行。担保业务控制监督检查的内容主要包括以下几个方面：

(1) 担保业务相关岗位及人员的设置情况。重点检查是否存在担保业务不相容职务混岗的现象。

(2) 担保业务授权批准制度的执行情况。重点检查担保对象是否符合规定，担保业务评估是否科学合理，担保业务的审批手续是否符合规定，是否存在越权审批的行为。

(3) 担保业务监测报告制度的落实情况。重点检查是否对被担保单位、被担保项目资金流向进行日常监测,是否定期了解被担保单位的经营管理情况并形成报告。

(4) 担保财产保管和担保业务记录制度落实情况。重点检查有关财产和权利证明是否得到妥善的保管,担保业务的记录和档案文件是否完整。

对监督检查过程中发现的担保内部控制中的薄弱环节,单位应当及时采取措施,加以纠正和完善。

二、保证的控制与监督检查

1. 保证人的控制

保证是指第三人为债务人的债务履行作担保,由保证人和债权人约定,当债务人不履行债务时,保证人按照约定履行债务或者承担责任的行为。

根据《担保法》的规定,具有代为清偿债务能力的法人、其他组织或者公民,可以作保证人。国家机关、学校、幼儿园、医院等以公益为目的的事业单位、社会团体,企业法人的分支机构、职能部门,不得作保证人。但是,在经国务院批准为使用外国政府或者国际经济组织贷款进行转贷的情况下,国家机关可以作保证人;企业法人的分支机构有法人书面授权的,可以在授权范围内提供保证。

2. 保证内容和保证方式的控制

保证的内容,应当由保证人与债权人在以书面形式订立的保证合同中加以确定,具体包括被保证的主债权(即主合同债权,下同)种类、数额,债务人履行债务的期限,保证的方式,保证担保的范围,保证的期间,以及双方认为需要约定的其他事项。保证合同不完全具备以上规定内容的,可以补正。

按照保证的方式,可分为一般保证和连带责任保证两种。

(1) 一般保证是指当事人在保证合同中约定,债务人不能履行债务时,由保证人承担保证的责任。一般保证的保证人在主合同纠纷未经审判或者仲裁,并就债务人财产依法强制执行仍不能履行债务前,对债权人可以拒绝承担保证责任。

(2) 连带责任保证是指当事人在保证合同中约定保证人与债务人对债务承担连带的责任。连带责任保证的债务人在主合同规定的债务履行期届满没有履行债务的,债权人可以要求债务人履行债务,也可以要求保证人在其保证范围内承担保证责任。当事人对保证方式没有约定或者约定不明确的,按照连带责任保证承担保证责任。

3. 保证责任的控制

保证人应当在约定的保证担保范围内承担保证责任。保证担保的范围包括主债权及利息、违约金、损害赔偿金和实现债权的费用。保证合同另有约定的，按照约定。当事人对保证担保的范围没有约定或者约定不明确的，保证人应当对全部债务承担责任。同一债务有两个以上保证人的，保证人应当按照保证合同约定的保证份额，承担保证责任。没有约定保证份额的，保证人承担连带责任，债权人可以要求任何一个保证人承担全部保证责任，保证人都负有担保全部债权实现的义务。已经承担保证责任的保证人，有权向债务人追偿，或者要求承担连带责任的其他保证人清偿其应当承担的份额。同一债权既有保证又有物的担保的，保证人对物的担保以外的债权承担保证责任。债权人放弃物的担保的，保证人在债权人放弃权利的范围内免除保证责任。

保证人在与债权人约定的保证期间或者法律规定的保证期间内承担保证责任。保证期间，债权人依法将主债权转让给第三人的，保证人在原保证担保的范围内继续承担保证责任。保证合同另有约定的，按照约定。保证期间，债权人许可债务人转让债务的，应当取得保证人书面同意，保证人对未经其同意转让的债务，不再承担保证责任。债权人与债务人协议变更主合同的，应当取得保证人书面同意，未经保证人书面同意的，保证人不再承担保证责任。保证合同另有约定的，按照约定。保证人与债权人未约定保证期间的，保证期间为主债务履行期届满之日起 6 个月。在合同约定的保证期间或者法律规定的保证期间，债权人未对债务人提起诉讼或者申请仲裁的，或者债权人未要求保证人承担保证责任的，保证人免除保证责任。

由于主合同当事人双方串通，骗取保证人提供保证的，或者主合同债权人采取欺诈、胁迫等手段，使保证人在违背真实意思的情况下提供保证的，保证人不承担民事责任。

保证人承担保证责任后，有权向债务人追偿。

三、抵押的控制与监督检查

1. 抵押物的控制

抵押是指债务人或者第三人不转移对其确定的财产的占有，将该财产作为债权的担保。当债务人不履行债务时，债权人有权依照法律规定，以该财产折价或者以拍卖、变卖该财产的价款优先受偿。该债务人或者第三人为抵押人，债权人为抵押权人，提供担保的财产为抵押物。

抵押人只能以法律规定可以抵押的财产提供担保；法律规定不可以抵押的财产，抵押人不得用于提供担保。根据《担保法》的规定，下列财产可以作为抵押：

(1) 抵押人所有的房屋和其他地上定着物；

(2) 抵押人所有的机器、交通运输工具和其他财产；

(3) 抵押人依法有权处分的国有的土地使用权、房屋和其他地上定着物；

(4) 抵押人依法有权处分的国有的机器、交通运输工具和其他财产；

(5) 抵押人依法承包并经发包方同意抵押的荒山、荒沟、荒丘、荒滩等荒地的土地使用权；

(6) 依法可以抵押的其他财产。

根据《担保法》的规定，下列财产不得抵押：(1) 土地所有权；(2) 耕地、宅基地、自留地、自留山等集体所有的土地使用权(但法律另有规定的除外)；(3) 学校、幼儿园、医院等以公益为目的的事业单位、社会团体的教育设施、医疗卫生设施和其他社会公益设施；(4) 所有权、使用权不明或者有争议的财产；(5) 依法被查封、扣押、监管的财产；(6) 依法不得抵押的其他财产。此外，乡(镇)、村企业的土地使用权不得单独抵押。以乡(镇)、村企业的厂房等建筑物抵押的，其占用范围内的土地使用权同时抵押。同样，以依法取得的国有土地上的房屋抵押的，该房屋占用范围内的国有土地使用权同时抵押。以出让方式取得的国有土地使用权抵押的，应当将抵押时该国有土地上的房屋同时抵押。

抵押人所担保的债权不得超出其抵押物的价值。财产抵押后，该财产的价值大于所担保债权的余额部分，可以再次抵押，但不得超出其余额部分。

2. 抵押合同和抵押物登记的控制

抵押人和抵押权人应当以书面形式订立抵押合同。抵押合同包括以下内容：被担保的主债权种类、数额，债务人履行债务的期限，抵押物的名称、数量、质量、状况、所在地、所有权权属或者使用权权属，抵押担保的范围，以及当事人认为需要约定的其他事项。抵押合同不完全具备以上规定内容的，可以补正。

当事人以法律规定的需要办理抵押物登记的财产作抵押的，应当向有关部门办理抵押物登记，抵押合同自登记之日起生效。以其他财产抵押的，可以自愿办理抵押物登记，抵押合同自签订之日起生效。

3. 抵押范围和效力的控制

抵押担保的范围包括主债权及利息、违约金、损害赔偿金和实现抵押权的费用。抵押合同另有约定的，按照约定。抵押期间，抵押人转让已办理登记的抵押物的，应当通知抵押权人并告知受让人转让物已经抵押的情况；抵押人未通知抵押权人或者未告知受让人的，转让行为无效。转让抵押物的价款明显低于其价值的，抵押权人可以要求抵押人提供相应的担保；抵押人不提供的，不得转让抵押物。

抵押权不得与债权分离而单独转让或者作为其他债权的担保。抵押权与其担保的债权同时存在，债权消灭的，抵押权也消灭。

4. 抵押权实现的控制

债务履行期届满，债务人未履行债务即抵押权人未受清偿的，抵押权人可以与抵押人协议以抵押物折价或者以拍卖、变卖该抵押物所得的价款受偿；协议不成的，抵押权人可以向人民法院提起诉讼。抵押物折价或者拍卖、变卖后，其价款超过债权数额的部分归抵押人所有，不足部分由债务人清偿。

同一财产向两个以上债权人抵押的，拍卖、变卖抵押物所得的价款按照以下规定清偿：

(1) 抵押合同已登记生效的，按照抵押物登记的先后顺序清偿；顺序相同的，按照债权比例清偿。

(2) 抵押合同自签订之日起生效的，该抵押物已登记的，按照(1) 中规定清偿；未登记的，按照合同生效时间的先后顺序清偿，顺序相同的，按照债权比例清偿。抵押物已登记的先于未登记的受偿。

为债务人抵押担保的第三人，在抵押权人实现抵押权后，有权向债务人追偿。

抵押权因抵押物灭失而消失。因灭失所得的赔偿金，应当作为抵押财产。

四、质押的控制与监督检查

1. 质押合同内容的控制

质押包括动产质押和权利质押。

动产质押是指债务人或者第三人将其动产移交债权人占有，将该动产作为债权的担保。当债务人不履行债务时，债权人有权依照法律规定，以该动产折价或者以拍卖、变卖该动产的价款优先受偿。该债务人或者第三人为出质人，债权人为质权人，移交的动产为质物。

权利质押是指以汇票、支票、本票、债券、存款单、仓单、提单，依法可以转让的股份、股票，依法可以转让的商标专用权，专利权、著作权中的财产权，依法可以质押的其他权利等作为质权标的的担保。

出质人和质权人应当以书面形式订立质押合同。质押合同包括以下内容：被担保的主债权种类、数额，债务人履行债务的期限，质物的名称、数量、质量、状况，质押担保的范围，质物移交的时间，以及当事人认为需要约定的其他事项。质押合同不完全具备以上规定内容的，可以补正。质押合同自质物移交于质权人占有时生效。以汇票、支票、本票、债券、存款单、仓单、提单出质的，质押合同自权利凭证交付之日起生效。以依法可以转让的股票、商标专用权、专利权、著作权中的财产权出质的，应当向有关部门办理出质登记，质押合同自登记之日起生效。以有限责任公司的股份出质的，适用公司法股份转让的有关规定。质押合同自股份出质记载于股东名册之日起生效。

2. 质押范围和效力的控制

质押担保的范围包括主债权及利息、违约金、损害赔偿金、质物保管费用和实现质权的费用。质押合同另有约定的,按照约定。

债务履行期届满债务人履行债务的,或者出质人提前清偿所担保的债权的,质权人应当返还质物。债务履行期届满质权人未受清偿的,可以与出质人协议以质物折价,也可以依法拍卖、变卖质物。质物折价或者拍卖、变卖后,其价款超过债权数额的部分归出质人所有,不足部分由债务人清偿。为债务人质押担保的第三人,在质权人实现质权后,有权向债务人追偿,质权因质物灭失而消灭。因灭失所得的赔偿金,应当作为出质财产。

质权与其担保的债权同时存在,债权消灭的,质权也消灭。

除了上述介绍的保证、抵押、质押外,担保还有留置和定金等方式。

留置是指根据《担保法》和其他法律的规定,债权人按照合同约定占有债务人的动产,债务人不按照合同约定的期限履行债务的,债权人有权依照法律规定留置该财产,以该财产折价或者以拍卖、变卖该财产的价款优先受偿。留置担保的范围包括主债权及利息、违约金、损害赔偿金、留置物保管费用和实现留置权的费用。

债权人与债务人应当在合同中约定,债权人留置财产后,债务人应当在不少于两个月的期限内履行债务。债权人与债务人在合同中未约定的,债权人留置债务人财产后,应当确定两个月以上的期限,通知债务人在该期限内履行债务。债务人逾期仍不履行的,债权人可以与债务人协议以留置物折价,也可以依法拍卖、变卖留置物。留置物折价或者拍卖、变卖后,其价款超过债权数额的部分归债务人所有,不足部分由债务人清偿。

定金是指合同当事人约定一方向对方给付一定数额的货币作为债权的担保。债务人履行债务后,定金抵作价款或者收回。给付定金的一方不履行约定的债务的,无权要求返还定金;收受定金的一方不履行约定的债务的,应当双倍返还定金。定金应当以书面形式约定。当事人在定金合同中应当约定交付定金的期限。定金合同从实际交付定金之日起生效。定金的数额由当事人约定,但不得超过主合同标的额的20%。

第四节　担保案例分析

担保一般会因签订合同业务而产生。湖北省K外贸进出口公司于1996年出口价值 120 万美元的电冰箱，买方是美国的 APP 贸易公司。由于 APP 公司的华人老板曾在中国某外贸总公司任职，与 K 外贸公司的领导层十分稔熟，所以该批货物就以 T/T120 天的付款方式成交。只是在签订合同前夕，K 外贸公司的老总认为应签署一份既不伤和气，又对公司内部有所交代的文件，于是向 APP 公司提出对该批货物办理抵押的要求。APP 公司的老板也很爽快，马上同意将其在洛杉矶一所价值 70 万美元的别墅和在纽约一块价值 80 万美元的土地的一部分抵押给 K 外贸公司，并将这两处的房产价值证明传真了过来。于是，双方在签订合同的同时，也签署了一份抵押担保协议。

可是在电冰箱销售过程中还是出现了重大转折。APP 公司老板声称，电冰箱在转口阿根廷销售时，被阿根廷的客商全部骗走，虽然正在积极追讨，但看来希望十分渺茫，已无力偿还 K 外贸公司的货款。这时 K 外贸公司才急忙翻出那份抵押协议，并派出由律师、财务、业务人员组成的专案小组赴美办理抵押手续。在美国房管部门办理登记时，专案小组发现，洛杉矶的别墅已在 5 年前债务人购买时抵押给了当地银行，抵押金额为 40 万美元。纽约的土地则是在两个月前，也就是债务人刚刚收到货物后，抵押给纽约某银行。面对专案小组的质问，APP 公司老板解释说，之所以办理抵押，是因为公司急需偿付银行一笔欠款，否则公司将面临破产。

专案小组只好办理了对别墅另外 30 万美元的抵押权，并准备通知当地债权银行联合拍卖债务人房产，但很快这个想法就被专案小组聘请的美国律师否定了。美国律师讲，如果拍卖房产，那么参加拍卖的人极有可能只有银行和 K 外贸公司。这时 K 公司面临两种选择：如果不参与与银行竞标，银行只出价 40 万元购得此房，并将拥有全部房产，K 外贸公司没有任何利益收回；如果 K 外贸公司参与竞标，且出资超过 40 万美元，银行会放弃竞标，让 K 公司得到该房产，但 K 公司将付给该银行 40 万美元。这样，K 公司不但没有收回货款，而且还将再付出一大笔钱，得到的只是不知现价高低、远在天边但对公司毫无收益的一所房子。

企业应从以上案子中吸取的教训是，不要认为与外商签署的文件具有法律效力就万事大吉了。在办理抵押手续时，只有在国外当地政府的财产管理部门进行抵押登记才能获得真正的保障，而且也只有办理登记时才能明确了解该财产是否已经被抵押过。以本案为例，如果 K 外贸公司能在签约时进行抵押登记，或者事前委托资信调查机构进行调查，就会发现洛杉矶房产已经被抵押过，从而可以马上予以防范。因此，认真做好抵押登记，是企业在运用抵押手段作为债权保障措施时的必需工作。

融资业务也会涉及担保等问题。企业为正常生产经营、项目投资所需向金融机构筹集的资金，包括短期借款、长期借款，银行票据贴现等，但因融资心切而忽视担保或担保管理失控的案例已经屡见不鲜。1993 年，锦都公司在上海注册成立，注册资金 1 190 万元。翁××在登记注册的过程中，采用欺骗的手法骗得了验资报告，其实际到位的资金只是很小一部分。1995 年至 1999 年，翁××以伪造财务报表、假担保等方式骗取上海 17 家银行及非银行金融机构贷款，总案值高达 5 亿多元。

1996 年 3 月，翁××手拎拷克箱，衣冠楚楚地来到上海某一家银行房地产信贷部，张口贷款 2 000 万元，利率高于市场一倍。面对对方将信将疑的神情，翁××微微一笑，随手抛出一叠伪造的财务报表和虚构的公司业绩作为其信用担保，信贷部有关人员信以为真，在没有实施任何内查外调的情况下就立即轻率地允诺。不料，贷款到期后，翁××就没有了踪影。电话、拷机一个个打过去，没有任何回音。其实，那 2 000 万元已被翁××挥霍一空。

在商海中，翁××自以为骗银行"得心应手"，骗经营者更是"游刃有余"。他曾在外滩承租过一幢楼，后转手租给别人开饭店。当时他被债主逼得走投无路时便来到那家饭店，大模大样地对经理说："饭店要装修，我已叫好工程队，拿 30 万元装修费来！"该经理也信以为真，在没有履行任何审核程序的情况下竟然恭恭敬敬地送上 30 万元，这笔钱转眼就进了翁××的腰包。

翁××"搞大"了。他每天西装革履，保镖护驾，出入有轿车，住着小洋房，然而，在他的内心深处却是深深的恐惧与担忧。他自己也知道，多年来拆东墙补西墙的行骗行径，已经使公司的"黑洞"越撑越大，倾覆的日子不远了。

值得一提的是，全案的突破竟起源于一封举报信。某集团下属一发展中心于 1995 年 12 月底以合作经营项目的名义出借资金 2 000 万元给锦都公司，然而，借期已过数年，锦都公司迟迟不还，经多方催讨，锦都公司竟多次开具空头支票，为此，某集团请求警方立案侦查。翁××于 1999 年 7 月被上海市检察机关批准逮捕。

事实上，翁××的骗术并不高明，为什么能屡屡得逞？

(1) 有的银行与非银行金融机构工作人员公然违反有关规定，与翁××内外勾结，非法给其贷款，致使资金流失。而有的银行与非银行金融机构内部控制不严，对其提供的财务会计资料和担保手续不按程序加以严格的审核，也是导致翁××阴谋得逞的重要原因之一。

(2) 一些单位负责人或主管人员被翁××的"外包装"所迷惑，对其提供的财务会计报告和所谓的业绩没有经过认真的审核就信以为真，再加上企业内部会计控制制度形同虚设或控制不严，给骗子以可乘之机。

(3) 一些机构因小失大，见利忘义，放松了监管与控制。如那家集团公司下的发展中心,贷款2 000万元,借期3个月,利息竟高达102万元。发展中心见有利可图,不假思索就答应了,然后就上当了。

商场上有机遇也有陷阱,翁××的骗局为经营者和管理者敲响了警钟,任何内部会计控制切不可放松,监控永远是需要的。轻信容易导致上当,警钟长鸣啊!

思 考 题

1. 简述担保的概念与内容。
2. 为什么说担保将增强债务履约的信心并有助于保障债权人债权的实现,是维护信用经济的法律制度?
3. 简述担保的作用与担保管理的目标。
4. 简述担保业务的岗位分工与职务分离的主要内容以及重要性。
5. 担保控制应当抓住哪些主要环节?
6. 如何进行担保风险的分析?
7. 什么是保证?保证人有哪些资格?如何关注保证责任?
8. 抵押与质押有什么区别?如何进行抵押物和质押的控制?
9. 简述留置和定金的概念与作用。
10. 简述对担保进行日常控制的流程。
11. 简述对担保进行监督与检查的主要内容。

第九章 企业内部控制

学习提要：信用经济越发展，内部控制越重要。失控是造成失信与失败的重要原因之一。一个致力于持续稳定发展的企业必然是重视内部控制与管理的。了解内部控制的发展历程，掌握内部控制的内容与方法，学会对采购与付款、销售与收款、对外筹资等管理环节的监控，将有助于控制信用风险，不断提高一个企业的信用能力。

第一节 企业内部控制概述

随着市场经济的不断发展，对信用的控制将显得越来越重要。内部控制应当是根源于人类社会生活中内在需求而产生的一种自觉行为。没有控制的需求不会产生控制的行为。无论是宏观的经济管理，还是微观的企业管理，其实质都是一种有目的的控制行为。调查实证发现，企业在采购、生产、销售、财务等管理环节出现问题，几乎都与内部控制系统失控有关；而一个致力于持续稳定发展的企业必然重视内部控制与管理。

纵观百年历史，人们对内部控制的认识有一个不断发展的渐进过程。认识这个不断发展的过程，有助于提高对内部控制重要性的认识。

一、内部牵制论

20世纪初到40年代以前，人们出于对控制财产行为的需要，已经出现了对内部牵制的认识。最早的内部牵制由职责分工、会计记账、人员轮换三个要素构成。而内部牵制的执行大致又可分为以下四个方面：

（1）实物牵制。例如把重要保险柜的钥匙交给两个以上的工作人员持有。非同时使用这两把以上的钥匙，保险柜就打不开。

（2）机械牵制。例如保险柜的大门若非按正确程序操作就打不开。

(3) 体制牵制。采用双重控制措施来预防错误和舞弊的发生。

(4) 簿记牵制。采用复式记账，要求借贷平衡，进行平行记账，定期将明细账与总账进行核对等。

当时的人们对于内部牵制的认识是基于以下两个基本设想：一是两个或以上的人或部门无意识地犯同样错误的机会是很小的；二是两个或以上的人或部门有意识地合伙舞弊的可能性大大低于单独一个人或部门舞弊的可能性。

关于内部牵制的认识，人们重在事务分管，明确分工，加强责任，把一笔经济业务分割成几个部分由几个人分别去做，各负其责，互相监督，以防舞弊。这种内部牵制的思想对后来的内部会计控制影响很大。实践证明这些设想是合理的，内部牵制机制确实有效地减少了错误和舞弊行为，因此在现代的会计内部控制理论中，内部牵制仍占有相当重要的地位，成为有关组织机构控制、职务分离控制的基础。

二、内部控制论

20 世纪 40 年代以后至 70 年代，对内部控制理论与方法的研究开始受到重视。内部控制包括组织的组成结构及该组织为保护其财产安全，检查其会计资料的准确性和可靠性，提高经营效率，保证既定的管理政策得以实施而采取的所有方法和措施。1958 年，美国注册会计师协会的审计程序委员会发布的《审计程序公告第 29 号》对内部控制定义重新进行表述，将内部控制划分为会计控制和管理控制。

(1) 内部会计控制包括组织规划的所有方法和程序，这些方法和程序与财产安全和财物记录可靠性有直接的联系。这些控制包括授权与批准制度、从事财务记录和审核与从事经营或财产保管职务分离的控制、财产的实物控制和内部审计。

(2) 内部管理控制包括组织规划的所有方法和程序，这些方法和程序主要与经营效率和贯彻管理方针有关，通常只与财务记录有间接关系。这些控制一般包括统计分析、时动研究即工作节奏研究、业绩报告、员工培训计划和质量控制。

三、内部控制结构论

20 世纪 80 年代以后至 90 年代，会计界与审计界对内部控制的研究逐步从一般涵义向具体内容深化。“内部控制结构”代替“内部控制”，内部控制结构具体包括以下三个要素：

(1) 控制环境，反映董事会、管理者、业主和其他人员对控制的态度和行为。

具体包括：管理哲学和经营作风、组织结构、董事会及审计委员会的职能、人事政策和程序、确定职权和责任的方法、管理者监控和检查工作时所用的控制方法，包括经营计划、预算、预测、利润计划、责任会计和内部审计等。

(2) 会计制度，规定各项经济业务的确认、归集、分类、分析、登记和编报方法。一个有效的会计制度包括以下内容：鉴定和登记一切合法的经济业务；对各项经济业务适当进行分类，作为编制报表的依据；计量经济业务的价值以使其货币价值能在财务报表中记录；确定经济业务发生的时间，以确保它记录在适当的会计期间；在财务报表中恰当地表述经济业务及有关的揭示内容。

(3) 控制程序，指管理当局所制定的政策和程序，用以保证达到一定的目的。它包括：经济业务和活动的批准权；明确各员工的职责分工；充分的凭证、账单设置和记录；资产和记录的接触控制；业务的独立审核等。

上述内部控制结构的内容表述中除了强调会计制度与控制程序之外，还正式将控制环境纳入内部控制范畴。因为随着管理实践的发展，人们不再将控制环境作为内部控制的外部因素来看待。控制环境应该是内部控制的一个组成部分，它是由企业全体职工，主要是企业的管理者所造就的，是充分有效的内部控制体系得以建立和运行的基础及保证，因而是在企业的控制范围内的。同时还特别突出了会计制度控制，规定各项经济业务的确认、归集、分类、分析、登记和编报方法。

四、内部控制框架论

进入 20 世纪 90 年代后，对于内部控制的研究进入了一个新阶段。1992 年，美国"反对虚假财务报告委员会"下属的由美国会计学会(AAA)、注册会计师协会(AICPA)、国际内部审计协会(IIA)、财务经理协会(FEI)和管理会计学会(IMA)等组织参与的发起组织委员会(简称 COSO)专门致力于内部控制研究。1992 年发布报告"内部控制一体化结构"，即"COSO 报告"。1996 年美国注册会计师协会发布《审计准则公告第 78 号》，全面接受 COSO 报告的内容。内部控制框架论分别由控制环境、风险评估、控制活动、信息与沟通、监控构成。

(1) 控制环境，构成一个单位的氛围，影响内部人员控制其他成分的基础。包括员工的诚实性和道德观；员工的胜任能力；董事会或审计委员会；管理哲学和经营方式；组织结构；授予权利和责任的方式；人力资源政策和实施的情况等。

(2) 风险评估，指管理层识别并采取相应行动，来管理对经营、财务报告、符合性目标有影响的内部或外部风险，包括风险识别和风险分析。风险识别包括对外部因素(如技术发展，竞争，经济变化)和内部因素(如员工素质，公司活动性质，信息系统处理的特点)进行检查。风险分析涉及估计风险的重大程度、评价风险发生的可能性、考虑如何管理风险等。

现代企业风险主要来自于：经营环境的变化，聘用新的人员，采取新的或改良的信息系统，新技术的应用，新行业、产品或经营活动的开发，企业改组，海外经营，新会计方法的应用等等。

(3) 控制活动，指对所确认的风险采取必要的措施，以保证单位目标得以实现的政策和程序。在内控实践中，控制活动的形式一般可分为以下四类。

① 业绩评价，是指将实际业绩与其他标准，如前期业绩、预算和外部基准尺度进行比较，将不同系列的数据相联系，如经营数据和财务数据，对功能或运行业绩进行评价。这些评价活动对实现企业经营的效果和效率非常有用，但一般与财务报告的可靠性和公允性相关度不高。

② 信息处理，指保证业务在信息系统中正确、完全和经授权处理的活动。信息处理控制可分为两类：一般控制和应用控制。

一般控制与信息系统设计和管理有关，例如保证软件完整的程序、信息处理时间表、系统文件和数据维护等。

应用控制与个别数据在信息系统中处理的方式有关，例如保证业务正确性和已授权的程序。

③ 实物控制，也称为资产和记录接近控制，这些控制活动包括实物安全控制、对计算机以及数据资料的接触予以授权、定期盘点以及将控制数据予以对比。实物控制中防止资产被窃的程序与财务报告的可靠性有关，例如在编制财务报告时，管理层仅仅依赖于永续存货记录，则存货的接近控制与审计有关。

④ 职责分离，指将各种功能性职责分离，以防止单独作业的雇员从事或隐藏不正常行为。一般来说，下面的职责应被分开：业务授权（管理功能）、业务执行（保管职能）、业务记录（会计职能）、对业绩的独立检查（监督职能）。理想状态的职责分离是，没有一个职员负责超过一个的职能。

(4) 信息与沟通，指为了使职员能执行其职责，企业必须识别、捕捉、交流外部和内部信息。外部信息包括市场份额、法规要求和客户投诉等信息。内部信息包括会计制度、管理当局建立的记录和报告经济业务和事项、维护资产、负债和业主权益的方法和记录等。

有效的会计制度应当包括：① 可以确认所有有效业务的方法和记录；② 序时详细记录业务以便于归类，提供财务会计报告；③ 采用恰当的货币价值来计量业务；④ 确定业务发生时期以保证业务记录于合理的会计期间，在财务会计报告中恰当披露业务。

沟通包括使员工了解其职责，保持对财务会计报告的控制。它包括使员工了解在会计制度中他们的工作如何与他人相联系，如何对上级报告例外情况。沟通的方式有政策手册、财务报告手册、备查簿，以及口头交流或管理示例等。

(5) 监控，指评价内部控制质量的进程，即对内部控制改革、运行及改进活动评价。包括内部审计和与单位外部人员、团体进行交流。

以上监控内容通常有内部审计部门或人事部门执行，他们定期或突然地对内部控制的设计和执行情况进行检查和评价，与有关人员交流内控强弱方面的信息，并提出改进意见，以保证内部控制按设计执行并随环境的变化而改进。他们的评价信息来自于各种来源：对现行内部控制的研究，内审报告，对控制活动的例外报告，监管者报告，操作人员的反馈，顾客的投诉等。

上述五种成分实际上内容广泛，相互关联。控制环境是其他控制成分的基础，如果漏洞百出，企业的内部控制就不可能有效；在规划控制活动时，必须对企业可能面临的风险有细致的了解；控制哲学、政策和程序必须在组织内部有效地沟通；最后，内部控制的设计和执行必须受到有效地监控。审计人员在审计财务报告时，应该对内部控制的所有有关成分都给予充分的考虑。

我国《商业银行内部控制指引》(中国人民银行公告第 19 号)吸收了内部控制框架论的观点，明确指出："内部控制应当包括以下要素：(一) 内部控制环境；(二) 风险识别与评估；(三) 内部控制措施；(四) 信息交流与反馈；(五) 监督评价与纠正。"

20 世纪末，随着企业外部竞争的加剧和企业内部管理的强化，在公司治理的推动下，内部控制系统评价也由传统的审计人员检查单据、实施符合性测试程序为导向，转为在审计人员指引下由管理部门和员工共同研讨，提出了最佳改进措施的"内部控制自我评估"(CSA)。CSA 体现了内部控制系统评价的崭新观念，是内部控制系统评价方法的新突破。内部控制自我评估(CSA)是指公司管理层和员工在专题讨论中，共同对公司内部为实现目标、控制风险而进行内部控制系统的有效性和恰当性实施自我评估的方法。国际内部审计师协会(IIA)在 1996 年的研究报告中总结了 CSA 的三个基本特征：关注业务的过程和控制的成效；由管理部门和职员共同进行；用结构化的方法开展自我评估。

随着企业大规模化、资本大众化、全球经济一体化、市场经济深入化和经营管理的现代化，内部控制已经越来越引起人们的高度重视。从国际来看，反虚假财务会计报告已形成共识；从国内来看，"不做假账"的呼声也越来越高。目前，我国正在极力推行内部控制的理论与方法，但不少企业的内控水平还停留在内部牵制或内部控制阶段，有的企业甚至于连内部牵制工作都没有做好，在内控方面还有许多漏洞。当然，也有一些企业已经开始研究最新的内控理论与方法并付诸实施。当前，强化投资者、经营者、管理者的内控意识，积极开展对内部控制的宣传、教育、培训，并贯彻落实内部控制制度就显得尤为重要。

第二节 内部控制的内容与方法

一、按控制内容进行分类

1. 货币资金控制

办理货币资金业务的不相容岗位应当分离，相关机构和人员应当相互制约，确保货币资金的安全。审批人应当根据货币资金授权批准制定的规定，在授权范围内进行审批，不得超越审批权限。经办人应当在职责范围内，按照审批人的批准意见办理货币资金业务。对于审批人超越授权范围审批的货币资金业务，经办人员有权拒绝办理，并及时向审批人的上级授权部门报告。

企业应当按照支付申请、支付审批、支付复核、办理支付等规定的程序办理货币资金支付业务。

2. 实物资产控制

企业应当建立实物资产管理的岗位责任制度对实物资产的验收入库、领用、发出、盘点、保管及处置等关键环节进行控制，防止各种实物资产被盗、毁损和流失。

3. 对外投资控制

企业应当建立规范的对外投资决策机制和程序。通过实行重大投资决策集体审议联签等责任制度，加强投资项目立项、评估、决策、实施、投资处置等环节的会计控制，严格控制投资风险。

4. 工程项目控制

企业应当建立规范的工程项目决策程序，明确相关机构和人员的职责权限，建立工程项目投资决策的责任制度，加强工程项目的预算、招投标、质量管理等环节的会计控制，防范决策失误及工程发包、承包、施工、验收等过程中的舞弊行为。

5. 采购与付款控制

企业应当合理设置采购与付款业务的机构和岗位，建立和完善采购与付款的会计控制程序，加强请购、审批、合同订立、采购、验收、付款等环节的会计控制，堵塞采购环节的漏洞，减少采购风险。

6. 筹资控制

企业应当加强对筹资活动的会计控制，合理确定筹资规模和筹资结构、选择筹资方式，降低资金成本，防范和控制财务风险，确保筹措资金的合理、有效使用。

7. 销售与收款控制

企业应当在制定商品或劳务等的定价原则、信用标准和条件、收款方式等销售政策时，充分发挥会计机构和人员的作用，加强合同订立、商品发出和账款回收的会计控制，避免或减少坏账损失。

8. 成本费用控制

做好成本费用管理的各项基础工作，制定成本费用标准，分解成本费用指标。控制成本费用差异，考核成本费用指标的完成情况，落实奖罚措施，降低成本费用，提高经济效益。

9. 担保控制

严格控制担保行为，建立担保决策程序和责任制度，明确担保原则、担保标准和条件、担保责任等相关内容，加强对担保合同订立的管理，及时了解和掌握被担保人的经营和财务状况，防范潜在风险，避免或减少可能发生的损失。

内部控制的内容应当涵盖企业管理的全过程，它是企业内部控制的主体与核心，它规定了单位应对哪些经济活动和环节进行控制。上述分类是按照财政部制定并颁发的《内部会计控制规范——基本规范（试行）》的规定所作的分类。

二、按控制时间进行分类

内部会计控制按控制的时间可以分为事前会计控制、事中会计控制、事后会计控制。

（1）事前会计控制是指财务收支活动尚未发生之前所进行的控制，如财务收支活动发生之前的内部牵制制度、授权审批制度、费用报销的规定等。

（2）事中会计控制是指财务收支活动发生过程中所进行的控制，如按财务预算要求监督预算的执行过程，对各项收入的去向和支出的用途进行监督，对产品生产过程中发生的成本进行控制等。

（3）事后会计控制是指对财务收支活动的结果所进行的考核及其相应的奖罚，如按财务预算的要求对各责任中心的财务收支结果进行评价，并以此实施奖罚标准，在产品成本形成之后进行综合分析与考核，以确定各责任中心和企业的成本责任。

三、按控制主体进行分类

内部会计控制按控制主体目前主要可以分为出资者会计控制、经营者会计控制和财务部门的会计控制。

(1) 出资者会计控制是为了实现其资本保全和资本增值目标而对经营者的财务收支活动进行的控制，如对全面预算、对投资活动的控制等。

(2) 经营者会计控制是为了实现财务预算目标而对企业及对各责任中心的财务收支活动所进行的控制，这种控制是通过经营者制定财务决策目标，并促使这些目标被贯彻执行而实现的。如企业的筹资、投资、资产运用、成本支出决策及其执行等。财务收支控制是对企业和各责任中心的财务收入活动和财务支出活动所进行的控制。控制财务收入活动，旨在达到高收入的目标；控制财务支出活动，旨在降低成本，减少支出，实现利润最大化。

(3) 财务会计部门的会计控制是财务部门为了有效地组织现金流动，通过编制现金预算，执行现金预算，对企业日常财务活动所进行的控制。如对各项货币资金用途的审查等。现金控制是对企业和各责任中心的现金流入和现金流出活动所进行的控制。由于企业财务会计采取权责发生制，导致利润不等于现金净流入，所以，对现金有必要单独控制。并且，日常财务活动主要是组织现金流动的过程，现金控制就显得十分重要。通过对现金的会计控制，应力求实现现金流入、流出的基本平衡，既要防止现金短缺而可能出现的支付危机，也要防止因现金沉淀而可能出现的机会成本增加。

在实施全面全过程会计控制的企业中还应当包括职工参与控制。

四、按控制依据进行分类

内部会计控制按控制依据可以分为预算控制和制度控制。

(1) 预算控制是指以财务预算为依据，对预算执行主体的财务收支活动进行监督、调整的一种控制形式。预算表明了其执行主体的责任和奋斗目标，规定了预算执行主体的行为。

内部会计控制应以建立健全的财务预算为依据，面向整个企业的财务预算是控制企业经济活动的依据。财务预算应分解落实到各责任中心，使之成为控制各责任中心经济活动的依据。若财务预算所确定的目标严重偏离实际，会计控制就无法达到预定的目的。

(2) 制度控制是指通过制定企业内部会计控制制度和有关规章制度，并以此为依据约束企业和各责任中心财务收支活动的一种控制形式。制度控制通常规定只能做什么，不能做什么。与预算控制相比较，制度控制具有防护性的特征，而预算控制主要具有激励性的特征。

内部控制制度包括组织机构的设计和企业内部采取的所有相互协调的方法和措施。这些方法和措施用于保护企业的财产，检查企业会计信息的准确性和可靠性，提高经营效率，促使有关人员遵循既定的管理方针。围绕财务预算的执行，也应建立相应的保证措施或制度，如人事制度、奖罚制度等。

五、按控制手段进行分类

内部会计控制按控制手段可以分为定额控制和定率控制。

(1) 定额控制(也称绝对控制)是指对企业和责任中心的财务指标采用绝对数进行控制，如资金、成本、费用、利润等。一般而言，对激励性指标(如利润等)确定最低控制标准，对约束性指标(如成本费用等)确定最高控制标准。

(2) 定率控制(也称相对控制)是指对企业和责任中心的财务指标采用相对比率进行控制，如资本净利润率、总资产利润率、成本费用利润率等。一般而言，定率控制具有投入与产出对比、开源与节流并重的特征。

相比较而言，定额控制没有弹性，定率控制具有弹性。

六、按控制方法进行分类

1. 组织规划控制

组织规划是对企业组织机构设置、职务分工的合理性和有效性所进行的控制。

企业的组织机构有两个层面：一是法人的治理结构问题，涉及有限公司的董事会、经理、监事会的设置、职权及关系；二是管理部门的设置关系。对财务管理来说，就是如何确定财务管理的广度与深度，由此产生集权管理和分级管理的组织模式。影响管理权限集中与分散的因素有企业规模、资源利用效率、业务的区域分布等。

合理的组织分工是保证经济业务按照企业既定方针执行、提高经营效率、保护资产和增强会计数据可靠性的重要条件，其主要内容是不相容职务的分离。根据内部控制的要求，企业在确定和完善组织机构的过程中，应当遵循不相容职务相分离的原则。所谓不相容职务，是指那些如果由一个人担任，既可能弄虚作假，又能够掩盖其作弊行为的职务，不相容职务分离就是要求把那些不相容职务分别由几个人担任，用以互相监督。

控制必然涉及控制主体和被控制对象。就控制主体而言，应围绕会计控制建立有效的组织保证。如为了确定财务预算，应建立相应的决策和预算编制机构；为了组织和实施日常会计控制应建立相应的监督、协调、仲裁机构；为了便于内部结算应建立相应的内部结算组织；为了考评预算的执行结果应建立相应的考评机构。在实践过程中，可根据需要，将这些机构的职能合并到企业的常设机构中，或者将这些机构的职能进行归并。就被控制对象而言，应本着有利于将财务预算分解落实到企业内部各部门、各层次和各岗位的原则，建立各种执行预算的责任中心，使各责任中心对分解的预算指标既能控制，又能承担完成责任。

2. 授权批准方式

授权批准是指企业在处理经济业务时，必须经过授权批准以进行控制。在一个公司制企业中，授权一般由股东授予董事会，然后由董事会将大部分权力授予企业的总经理和有关管理人员，企业每一层次的管理人员既是上级管理人员的授权客体，又是对下级管理人员授权的主体。授权批准按其形式可分为“一般授权”和“特殊授权”，但无论何种形式，必须保证对授权批准的控制。

3. 全面预算控制

控制的最好基础是预算（或计划）。无论预算（或计划）的形式是一项任务说明、长期目标，还是作为经营预算，都为控制提供了基准。预算是以金额、数量及其他价值形式综合反映企业未来（通常 1 年）业务的详细计划。从某种意义讲，预算控制是年度经济业务开始之前根据预期的结果对全年经济业务的授权批准控制。预算既可控制各项业务的支出，又能控制整个业务的处理。

全面预算的控制作用主要有：(1) 确定企业的整体目标，制定为达到这一目标所应有的各类业务计划和为配合业务计划而应有的财务收支计划；(2) 在业务执行和收支执行的过程中，随时注意不脱离原订计划，在必要时酌情调整计划，以确保计划的可执行性；(3) 及时和定期作出反映实际和预算的业绩报告，以公正考核工作成果，并及时纠正偏差，确保预定目标的实现；(4) 通过预算划分权责，使企业高层管理当局保持集中控制，又同时不减弱各级管理人员的责任。

4. 文件记录控制

文件记录控制是企业内部控制的重要方面。健全而又正确的文件记录既是其他控制（如组织规划控制、授权批准控制）有效性的保证，又是企业保持高效率经营和高质量信息的手段。按文件记录的性质一般可分为管理文件和会计记录。

(1) 管理文件。

管理文件是以书面方式明确企业各级部门、各级管理人员职权和责任以及企业所有的方针程序，以便于企业有关人员全面了解内部控制制度的文件。管理文件体现了企业内部控制中的管理控制方面。目前，我国企业常用的管理文件有：

① 组织图。组织图可以显示每一职位在企业中的地位及其上下隶属和纵横关系。从组织图中可以知道某一工作人员应对谁负责，在他的指挥监管下又有哪些人员组成，以及部门与部门之间、个人与个人之间的关系如何。这是以图表方式说明职责划分的一种方式，所以一旦制定，就有助于每个员工熟悉自身位置和整个工作环境。

② 工作岗位说明。企业对于每个工作岗位一般都有相应的书面说明，用以反映担任相应职位的人员应负的责任和被赋予的权力。岗位职责规定的详细明确，就使员工无法推卸责任，自己应该做的工作，由自己完成；自己不该做的工作，避免越权决定和指挥。这也充分体现了授权批准控制。一些企业还在工作岗位说明中加入本岗位上下左右关系和任职的资格，力求让职工系统地把握自己的职责范围，同时也让企业能控制理性的人才结构。

③ 程序手册(流程图)。企业的业务流程应当让相关员工知晓。但是若将其工作程序用文字表达，则十分繁琐，且不一定能说明其中各岗位间的勾稽关系。流程图的引进正好解决了这一点。

(2) 会计记录。

会计记录反映经济业务发生、处理和结果。健全良好的会计记录有助于正确反映企业的财务状况和经营成果，有助于保护财产的安全和完整。会计记录控制的要求是保证会计信息反映及时完整和正确。

5. 实物保护控制

内部控制的各种方式都具有保护资产安全的作用，这里所述实物保护是指对实物资产的直接保护，其主要内容有限制接近、定期盘点、记录保护、财产保险、财产记录监控等措施。

6. 职工素质控制

内部控制的成效关键在于职工素质的合格程度，职工素质控制的目的在于保证职工忠诚、正直、勤奋、有效的工作能力，从而保证其他内部控制有效实施。职工素质控制的要点有：

(1) 招聘程序。

严格的招聘程序是保证职工应有素质的重要环节。人事部门须对应聘人员进行细致的调查，通过审阅应聘人员的教育和工作经历、与以前的受聘单位联系、面试等方法评估应聘人员的技术培训和所掌握的技能情况，调查其以往有无不诚实行为和渎职情况的发生。

(2) 作业标准。

建立完善的作业标准，使每个职工都知道应遵循的行为要求，用作考核评价职工行为的依据。建立作业标准有利于企业处理业务规范化、标准化，有助于揭露不正常的经济活动。

(3) 培训计划。

制定职工培训计划，按职工的工作岗位说明和程序手册进行定期培训，帮助他们提高业务素质，保证各级人员更好地完成规定的任务。

(4) 考核奖惩。

企业应定期对职工业绩进行考核。对工作勤奋、业绩突出的职工予以表彰和晋升;对能力不足的职工应及时调整其工作岗位;对玩忽职守,甚至造成企业损失的职工应予以批评、降级甚至解聘。

(5) 信用保险。

企业可以建立职业信用保险机制,例如与重要岗位的员工(如销售、采购、出纳等)签订信用承诺书;也可采取推荐人制度,任命重要岗位的员工需要两名以上高级职位的管理人员举荐;甚至还可以办理商业信用保险。实施了信用保险制度后,不仅能在遭受财产损失时取得赔偿,而且还具有一定的制止犯罪的威慑作用。

(6) 岗位轮换。

每项工作岗位可以定期或不定期地进行轮换,通过轮换交接可以揭露前任工作中可能存在的差错和弊端,同时抑制不法分子的不良动机。此外,顶岗的职工还可能提出改进工作的新设想,改善工作程序并提高工作效率。

7. 风险防范控制

在市场经济环境中,企业难免会遇到各种风险,为防范风险,企业应建立风险评估机制。常见的风险评估内容有筹资风险评估、投资风险评估、信用风险评估、合同风险评估等。

风险防范控制是企业一项基础性和经常性的工作,必要时企业可设置风险评估部门或岗位,专门负责有关风险的识别、规避和控制。

8. 内部报告控制

由于存在信息不对称,企业对外编制的资产负债表和损益表不能完全、真实反映企业的实际情况,或多或少修饰过的对外报告同样不能满足企业管理当局经营发展的需要。于是,企业通过经常编制一系列的内部报告,使管理当局掌握企业动态,加强对经济活动的控制,改善经营,提高效益。

9. 电算化系统控制

随着 IT 技术特别是以 Internet 为代表的网络技术的飞速发展,企业运用电算化建立内部快速反应机制的步伐也大大加快。电算化系统借助其信息储存量大、核算速度快、信息输出及时等优势,使得企业管理者能及时了解经济信息动态指标,进行科学的预测和决策以及有效的反馈控制。

10. 内部审计控制

内部审计是内部控制的一个组成部分,它是指在一个组织内部对各种经济活动、管理制度是否合规、合理及有效所进行的独立评价,以确定既定的政策和程序是否贯彻,建立的标准是否遵循,资源的利用是否合理有效,以及单位的目标是否达到。从这个意义上说,内部审计是对其他内部控制的再控制。

内部审计部门应独立于企业其他经营管理部门，其独立程度将直接影响到内部审计工作开展成效。目前，内部审计部门存在三种隶属关系：第一种直接受本公司董事会下设审计委员会或监事会的领导，内部审计人员不受企业经营管理部门的约束而独立性最高；第二种受企业总经理的领导，独立性有所减弱而操作更为有效；第三种受本企业财务总监的领导，独立性为三者之中最弱。在通常情况下，内部审计部门直属领导的层次越高，内部审计的独立性就越强，权威性也会越大。

第三节　采购与付款内部控制流程

一、采购与付款控制目标

采购与付款循环一般由制订采购计划、签订采购合同或发出订货单、货物验收入库、货款结算和记账核算等环节组成。目前，采购与付款业务管理失控的常见情形主要有盲目采购，缺乏严格的计划与审批；采购人员收受客户贿赂；货物的采购、储存、使用人又担任账务的记录工作，绕过验单；付款审批人和付款执行人同时办理寻求供应商和索价业务；采购与付款业务凭证流转不通畅，甚至于随意性，无人管理；结算账户记录不全，对应关系不明，债权债务混淆，账情不清；大量结欠应付款项长期挂账等。

在采购与付款的环节中不实的问题已经时有发生，如将应计入外购材料成本中的有关进货费用计入当期损益。存在购货折扣的情况下，对购货折扣的处理不正确或前后各期不一致，影响商品购进成本的真实性和可比性。有的还利用“应付账款”骗取回扣，表现在已支付货款并符合现金折扣条件，然后将折扣私分或留存“小金库”，或者不及时将现金折扣入账而挪作他用。有的对存货购进过程中发生的溢缺、毁损的会计处理不正确、不合理，如把应由责任人赔偿的短缺毁损损失作为企业的“营业外支出”或“营业费用”、“管理费用”处理；把属于供货方多发等原因造成的商品溢余私分或账外出售后作为“小金库”处理等。有些企业为了简化核算，购进包装物或低值易耗品时直接以“管理费用”列支，形成大量的账外财产，造成企业资产流失和浪费，如此等等，应予关注，并应加强监控。

盲目采购与管理失控是导致采购资金流失的重要原因之一。例如，深圳某公司向港商订购彩电，港商要求预付半数定金，该公司求货心切，合同签订以后，立即支付800万元的定金。结果因港商远离香港，潜逃无踪而上当受骗，血本无归。又如，上海某无线电厂生产彩电，因缺少显像管，在不了解供货方有关问题的情况下，向深圳某公司一次订货20 000个显像管，并预付定金1 750万元。结果该公司无货供应，后几经交涉，并通过法院、工商行政管理部门的处理，才将1 750万元预付款收回。

上述弊病的发生常表现在企业因求货心切，在不了解供货方信用状况与是否有货供应的情况下就盲目预付款（定金），这样做，难免上当受骗，教训令人深思。在类似的案例中，也不排斥企业内部人员利用职权，营私舞弊，内外勾结，假借预付定金的名义，将资金抽走，占为己有，或化公为私，予以侵吞。由此看来，在纷繁复杂的市场经济中，加强采购环节中预付款的内部会计控制也是非常重要的。

实施采购与付款内部控制目标是：实行采购与付款业务的职责分工；实行采购与付款业务预算和审批控制；正确对采购与付款业务进行会计核算；建立和健全采购与付款业务凭证流转与管理等制度；定期清欠结算款项，保持账户记录的正确性；保证采购与付款信息的真实性和完整性以及在会计报表上的正确披露。

二、采购与付款的岗位分工与职务分离

在采购与付款循环的各项业务中，企业应当建立相应的岗位责任制，明确相关部门和岗位的职责、权限，确保办理采购与付款业务的不相容岗位相互分离、制约和监督。采购与付款业务不相容岗位至少包括以下几个方面：

（1）请购与审批分离；

（2）询价与确定供应商分离；

（3）采购合同的订立与审计分离；

（4）采购与验收分离；

（5）采购、验收与相关会计记录分离；

（6）付款审批与付款执行分离。

任何企业不得由同一部门或个人办理采购与付款业务的全过程。应当配备合格的人员办理采购与付款业务。办理采购与付款业务的人员应当具备良好的业务素质和职业道德。应当根据具体情况对办理采购与付款业务的人员进行岗位轮换。

三、采购与付款授权批准制度

企业应当对采购与付款业务建立严格的授权批准制度，明确审批人对采购与付款业务的授权批准方式、权限、程序、责任和相关控制措施，规定经办人办理采购与付款业务的职责范围和工作要求。

审批人应当根据采购与付款业务授权批准制度的规定，在授权范围内进行审批，不得超越审批权限。

经办人应当在职责范围内，按照审批人的批准意见办理采购与付款业务。对于审批人超越授权范围审批的采购与付款业务，经办人员有权拒绝办理，并及时向审批人的上级授权部门报告。

对于重要和技术性较强的采购业务，应当组织专家进行论证，实行集体决策和审批，防止出现决策失误而造成严重损失。严禁未经授权的机构或人员办理采购与付款业务。

企业应当通过合理设置采购与付款业务的机构和岗位，建立和完善采购与付款的会计控制程序，加强请购、审批、合同订立、采购、验收、付款等环节的会计控制，堵塞采购环节的漏洞，减少采购风险。

企业应当按照请购、审批、采购、验收、付款等规定的程序办理采购与付款业务，并在采购与付款各环节设置相关的记录、填制相应的凭证，建立完整的采购登记制度，加强请购手续、采购订单（或采购合同）、验收证明、入库凭证、采购发票等文件和凭证的相互核对工作。

企业的物资采购应遵循集中的权利分散化与隐蔽的权利公开化原则，根据采购物资的不同等级，分权管理，做到决策程序的民主化和公开化。在采购过程中要做到以销定购、比价择优。同时询价、比价、审核、采购、检验等职责必须分设，以互相制衡，使整个采购管理流程规范化，便于企业加强管理，向管理要效益。

四、采购与付款内部控制流程

1. 采购计划控制流程

（1）年度采购计划应由使用部门提出，经由使用部门经理、相关职能部门经理、分管领导组成的预算组审核，由企业管理当局审批。若因生产结构调整或临时采购等特殊原因，需修改年度计划或制定临时计划的，应提出充分的理由，并经企业管理当局审批。

（2）采购申请必须由使用部门提出，按最低存量及经济订货批量控制的原材料等的采购，可由仓储部门提出采购申请。

（3）采购申请均应得到适当的授权审批。

（4）采购应由采购部门根据经过批准的请购单进行采购。

企业各部门应根据生产进度计划和用料计划编制请购单，申请进货，请购单是用料部门通知采购部门进货的一种业务凭证，该凭证经用料部门负责人签字后送交采购部门。采购部门应审核请购单上的下列事项：要求购入材料用途明确(包括哪个部门使用,何时要用);根据生产进度计划编制的用料数量计算正确;库存数量已低于最低储备量等。

采购部门批准请购单后,据此编制采购计划。采购计划控制还包括:

① 采购计划应提前作出,以避免临时采购;

② 采购计划中金额的估计不能指定单一供应商或某些特定供应商而排斥其他竞争者(垄断性、特殊性商品除外);

③ 申请采购方监控核实订购货物的及时性和材料成本大小。

(5) 采购申请应按不同种类的采购分别采用不同的方法进行控制。

① 原材料的采购申请,一般由生产部门根据生产计划的需要提出请购单,生产部门负责人签字核准后送材料仓库。材料仓库接到请购单后,与库存核对确定该项采购是否必要,如必要,由材料仓库负责人签字同意,交采购部门。

实行按最低存量及经济订货批量控制的原材料采购,由材料保管人员提出采购申请,由材料仓库负责人签字同意,交采购部门。

② 固定资产的采购申请应按年度预算方案,由使用部门提出,经企业管理当局同意,交采购部门。

③ 临时性物品采购,由使用部门提出采购申请,并应详列采购需求的原因及要求,由使用部门负责人签字核准,交采购部门。金额较大时应由企业管理当局审批。

④ 采购部门在接到请购单后,应检查请购数量是否在控制限额的范围内以及请购单是否经适当的人员签字同意。如果认为请购合理,应按所掌握的市场价格,对采购所需资金作出估算并签字后交财务部门核准。

财务部门应检查请购单是否符合企业经营目标和原制定的资金预算范围,签字后交采购部门办理订货手续。

采购部门应及时处理请购单,对过去因各种原因未能填制订购单而被积压下来的请购单,应定期进行复查并进行处理。

2. 订货报价控制流程

订货报价是采购业务中的核心业务,其中对供应商品的选择又是保证材料成本和质量目标实现的重中之重。采购应按询价、选择供应商、订立合同等几个环节进行控制。

(1) 询价。采购部门接到经财务部门审批后的请购单,根据请购单对请购物品数量、质量的要求,向不同的供应商(通常要求两家以上)进行询价。询价的内容至少应包括价格、质量指标、折扣和付款条件及交货时间。

(2) 选择供应商。根据不同供应商所提供的资料,选择有利于企业生产和成本最低的供应商。

(3) 订立合同。向确定的供应商发出订购单并签订购货合同。订购单应事先顺序编号，列示内容应适当。订购单应分送请购部门、收货部门及财务部门，购货合同应分送财务部门。

固定资产、专项物资、大宗原材料的采购一般涉及金额较大，发出订单之前可能还需要实地查看或取样。

订货报价的主要控制措施有以下几项：

(1) 供应商的基本资料应定期审查及调整。

(2) 对所有潜在供应商的供应质量和财务可行性进行检查。评估内容包括：他们的设备、公司的竞争能力、质量控制、运输记录、劳动力情况、成本结构、财务状况、售后服务等。

(3) 购置大批货物应获取一些合理的有竞争性的书面报价单。

(4) 取得成本如运费、运输工具、折扣、折让、支付条款的税率等。

(5) 就以上各因素确定目标价格，并不断与一批供应商协商以达到最优价格。

(6) 决定某一供应商时应提供相应证明文件，包括报价汇总表以及不选取具有竞争性报价供应商的证据和不选取低成本供应商的证据，并做好归档。

(7) 决定某一供应商应由多部门监控，报价的上浮幅度有授权批准。

(8) 可能的话，对采购人员定期岗位轮换。

(9) 当协商的价格、质量、付款期或订单范围发生变化时，对订单的变化应及时被授权和执行。

(10) 严格控制预付定金，防止上当受骗。

在订购单向供应商发出前，必须由专人检查该订购单是否得到授权人签字，是否有经批准的请购单作依据。复查订购单的编制过程和内容主要包括复查从请购单上摘录的资料、有关供应商的主要资料、价格、数量和金额的计算等。其中价格须根据过去经验确定的标准或平均价格相比照，以保证订购单的正确性。采购部门还应建立采购档案，定期对未完成的订购单进行分析。

3. 入库验收控制流程

(1) 收货部门在货运单上签字之前，应通过计数、过磅或测量等方法来证明货运单上所列示的数量，同时还应在可能的范围内对货物的质量进行检验(如检验有无因运输损失而导致的缺陷等)。

(2) 对货物的质量检验需要有较高的专业知识或必须经过仪器才能进行检验时，应由质检部门进行检验，并在检验报告单上签字，该报告单应构成收料单内容。

(3) 每项收到的货物都必须在检验之后填制事先顺序编号的收料单。收料单至少应包括供应商名称、收货日期、货物名称、数量和质量以及运货人名称、原订购单编号等。收料单应分送采购部门、财务部门。

(4) 经验收合格的货物应交适当场所存储或直接交使用者。

采购部门在接到收料单后，若发现货物数量和质量不符合订购单要求，应及时与供应商联系，并分别情况按以下程序进行控制。

(1) 数量不足一般要求供应商予以补足。质量上的问题，应决定是退货还是要求供应商给予适当的折让。

(2) 采购部门决定退货，应编制退货通知单，授权运输部门退回，在获得运输部门的退货凭单后编制借项凭单。借项凭单内容至少应包括供应商名称、退货数量、价格、日期以及金额计算等。运输部门的退货凭单同时应送财务部门。

(3) 如果采购部门向供应商提出折让要求，当合适的折让金额经双方确定后，出纳员应审核原始凭证的合法性、真实性与合理性。

(4) 发生退货与折让均应取得供应商开出的红字发票。

(5) 退货通知单、借项凭单、红字发票均应送财务部门。

4. 付款环节控制流程

(1) 企业应当按照《现金管理暂行条例》、《支付结算办法》和《内部会计控制规范——货币资金(试行)》等规定办理采购付款业务。

(2) 财会部门在办理付款业务时，应当对采购发票、结算凭证、验收证明等相关凭证的真实性、完整性、合法性及合规性进行严格审核。例如，财务部门在接到收料单后，应与购货合同、发票核对，按照合同规定的付款条件付款并登记有关账簿记录。付款应以经核对、核准的单证为依据进行控制。劳务采购应将采购合同、使用部门经办人与部门负责人签字后的发票和请购单核对后按合同规定的付款条件付款。

(3) 企业应当建立预付账款和定金的授权批准制度，加强预付账款和定金的管理。对要求预付款的大额采购，应按合同规定的付款条件预付款，在接到收料单后要与预付账款明细账核对，按合同规定的付款条件结清余款。

(4) 应当加强应付账款和应付票据的管理，由专人按照约定的付款日期、折扣条件等管理应付款项。已到期的应付款项须经有关授权人员审批后方可办理结算与支付。

(5) 应当建立退货管理制度，对退货条件、退货手续、货物出库、退货货款回收等作出明确规定，及时收回退货货款。对涉及退货及折让的采购，财务部门应在接到采购部门开来的借项凭单后，与购货合同、收料单、发票、退货通知单及红字发票核对，按修改后的付款金额、付款条件付款。

(6) 应当定期与供应商核对应付账款、应付票据、预付账款等往来款项。如有不符，应查明原因，及时处理。企业应建立分析制度，对采购计划的执行情况、授权和批准的实施情况以及其他采购与付款内部控制执行情况进行分析，及时发现舞弊，纠正偏差。

5. 采购与付款内部会计控制的监督检查

企业应当建立对采购与付款内部控制的监督检查制度，明确监督检查机构或人员的职责权限，定期或不定期地进行检查。

监督检查机构或人员应通过实施符合性测试和实质性测试检查采购与付款业务内部控制制度是否健全，各项规定是否得到有效执行。

采购与付款内部控制监督检查的内容主要包括以下 4 个方面：

(1) 采购与付款业务相关岗位及人员的设置情况。重点检查是否存在采购与付款业务不相容职务混岗的现象。

(2) 采购与付款业务授权批准制度的执行情况。重点检查大宗采购与付款业务的授权批准手续是否健全，是否存在越权审批的行为。

(3) 应付账款和预付账款的管理。重点审查应付账款和预付账款支付的正确性、时效性和合法性。

(4) 有关单据、凭证和文件的使用和保管情况。重点检查凭证的登记、领用、传递、保管、注销手续是否健全，使用和保管制度是否存在漏洞。

对监督检查过程中发现的采购与付款内部控制中的薄弱环节，企业应当采取措施，及时加以纠正和完善。

第四节　销售与收款内部控制流程

一、销售与收款的控制目标

销售与收款循环主要包括向客户收受订购单，核准购货方的信用，装运商品，开具销货发票，核算营业收入与应收账款等环节的业务。目前，销售与收款业务管理失控的常见情形主要有虚开发票，虚计销售收入；提前或延迟实现销售收入；销售成本结转不实，与收入不配比；销售定价不合理，结算方式选用不当；销售费用支出失控，浪费严重；销售税金少计、错计、漏计；销售凭证保管不严，销售发票随意涂改；销售产品退货、毁损不办理手续；不调整账户记录；销售信息反馈延迟或不畅，应收账款账情不清；应收账款入账金额不实，不函证对账；应收账款坏账准备计提不合理；坏账的确认与处理不符合规定；资产负债表日后发现销售核算有误等。

在销售与收款的环节中，应收账款的入账金额不实，尤其是利用关联交易虚增虚减销售收入的现象还时有发生。应收账款记录的内容不真实、不合理、不合法，已经成为有些企业调节收入、营私舞弊的“调节器”，成为掩盖各种不正常经营行为的“防空洞”。如通过“应收账款”账户虚列收入，将应在“长期投资”、“应收票据”、“其他应收款”等账户反映的内容反映在“应收账款”账户中。更为严重的是，有的企业胆敢利用同户名甚至是不同户名私自将应收账款与其他往来账户轧抵掉，从而形成账外账。还有的采用应收票据背书或者利用应收账款长期挂账私设“小金库”。

在激烈的市场经济中，企业的财务危机往往是由于日常财务状况的不断恶化逐步生成的，是由于管理上的种种疏漏没有及时有效地加以控制而导致的，有些问题，开始时并不很严重，但没有及时解决，逐渐积累，最终酿成大祸。正所谓“千里之堤，溃于蚁穴”。因此，管理者一定要十分注意那些可能导致财务恶化的早期信号，将那些可能会危及企业获取现金的能力甚至生存的问题及早解决，严加控制。

在销售与收款的管理环节中，哪些问题的出现是财务恶化的早期信号呢？现举例说明如下。

1. 销售的非预期下跌

一般情况下，销售的下降会引起企业各部门关注，但是，大多数人往往将销量的下降仅看作是销售问题，会用调整价格、产品品种或加强推销来解释，而不考虑财务问题。事实上，销售量下降会带来严重的财务问题，尤其是非预期的下降(如恶性竞争、客户串通作弊等)，只不过可能并不会立即反映出来。为此，当一个销售正在下跌的企业，仍在扩大向其客户提供赊销时，管理人员就应该预料到其现金流量将面临的困境。

为什么当销售下降时，财务困境不会马上出现呢？因为，较少的现金流入大约在销售下跌以后的一个月左右才出现，这取决于企业的付款条件。比如说，一个企业在30天的付款条件下，月销售额为800万元，如果其客户信守其付款条件，则该企业每月有800万元的现金流入量。现在，假如该企业8月份的销售额降为500万元，那么，8月份的现金流入量会不会变成500万元呢？显然不会。因为8月份流入的现金是该企业7月份的销售额，仍然会是800万元。8月份下降的销售额会使9月份的现金流入量减少。所以，销售下降是一个早期信号。

9月份最终的现金流入量虽然减少了，但企业仍要按每月800万元的正常销售支付采购费和其他开支，因而必定存在潜在问题。如果拿不出剩余现金来填补缺口，就会使潜在问题变成现实问题。

2. 非计划的存货积压

管理人员注意企业各月的存货与销售的比率变动可以发现非计划存货积压在早期阶段上存在问题。管理人员应根据企业具体情况，掌握关于存货与销售比率的一般标准，任何一个月的存货与销售的比率如果高于这个标准，都可能是企业财务问题的早期信号，不少情况还与非预期的销售下跌有关，必须通过增加销售或削减采购等办法来及早解决这一问题。

3. 平均收账期延长

较长的平均收账期会吸收掉许多的现金。当企业的现金余额由于客户迟缓付款而逐渐消失时，较长的平均收账期就会成为企业严重的财务问题。当然，还有一些原因也会减少企业正常的营业现金余额，但管理人员应重视企业的收账期，从中可以找出主要问题，以免使问题变得更为严重。

4. 交易记录恶化

交易记录恶化不能单纯理解为客户偿付货款中的延期或违约现象。如今的企业几乎都有拖延付款的习惯，因而单凭这一点不能判断是否属交易记录恶化。因而，当客户拖延付款时，管理部门应关注以下特征：

(1) 客户借以拖延或拒付货款的理由是否不合理，甚至是在强词夺理拖延偿付，这是财务状况不佳的危险信号之一。

(2) 客户一向是按期付款的，而最近突然延期或拒付，并未有正当理由说明。

(3) 客户承认财务状况困难并请求延期付款。在这种情形下，首先应检查与监督过去及当今的各项信息特征，考虑是否有其他伴随征兆。如果是暂时性困难，如季节性企业的淡季资金短缺，或超负荷经营等，尚可继续与该客户业务往来。如果发现客户破产已无可挽回就应立即断绝交易关系，以减少客户破产带来的损失。

(4) 违约后未作出偿付承诺。在客户违约后负责人不对偿付作出书面承诺是一个危险的信号。同样，该负责人作出正式承诺后并未履行，也是财务状况恶化的信号。

(5) 客户与其债权人之间产生法律纠纷，债权人以法律手段要求偿付债款，并且数额巨大。

上述情况往往是互相关联的，彼此之间沟通的，所以，在发现问题的时候，要善于举一反三，加强销售与收款整个过程的控制，以防患于未然。一旦出现异常情况应当及时报告，及时解决。

销售与收款控制目标应当是：实行销售与收款业务的职责分工；实行销售与收款业务预算和审批控制；正确对销售与收款业务进行会计核算；建立和健全

销售与收款业务凭证流转与管理等制度；定期清理与分析应收款项与坏账情况，保持账户记录的正确性；保证销售与收款信息的真实性和完整性以及在会计报表上的正确披露。

二、销售与收款的岗位分工与职务分离

为了保证销售循环业务的有效性和可靠性，应按各相关业务环节进行明确分工，如接收客户定货单、填制销货通知单、批准信用、发运商品、结算开单、办理销货折让、退回、收取货款、会计记录及核对账目等，必须有不同的人员分别负责办理，加强内部牵制，防止错误及舞弊行为发生。为此，企业应当建立销售与收款业务的岗位责任制，明确相关部门和岗位的职责、权限，确保办理销售与收款业务的不相容岗位相互分离、制约和监督。企业应当将办理销售、发货、收款三项业务的部门(或岗位)分别设立。

销售部门(或岗位)主要负责处理订单、签订合同、执行销售政策和信用政策、催收货款。

发货部门(或岗位)主要负责审核销售发货单据是否齐全并办理发货的具体事宜。

财会部门(或岗位)主要负责销售款项的结算和记录、监督管理货款回收。

企业不得由同一部门或个人办理销售与收款业务的全过程，即在销售和收款业务操作中应建立明确的职责分工，对开票、发货、收款、记账职务应当分离。适当的职责分离时应注意以下几点：

(1) 接受销售订单、收款应与发货职能相互分离；

(2) 批准赊销、开出发票和收取货款的职能应相互分离，发货通知单的编制人不能同时执行存货的提取、产品的包装和托运工作；

(3) 销售和收款应与记账职能相互分离；

(4) 填制发票人不能同时复核发票；

(5) 办理退货实物验收的人员必须同退货账务记录分离；

(6) 应收账款记录员不能担任该账目核实工作；

(7) 应有独立人员定期审核销售和收款业务的合规性、合理性和会计记录的正确性、及时性。

有条件的单位应当建立专门的信用管理部门或岗位，负责制定单位信用政策，监督各部门信用政策执行情况。信用管理岗位与销售业务岗位应分设。

企业应当配备合格的人员办理销售与收款业务。办理销售与收款业务的人员应当具备良好的业务素质和职业道德。企业应当根据具体情况对办理销售与收款业务的人员进行岗位轮换。

三、销售与收款授权批准制度

企业应当对销售与收款业务建立严格的授权批准制度，明确审批人员对销售与收款业务的授权批准方式、权限、程序、责任和相关控制措施，规定经办人的职责范围和工作要求。

审批人应当根据销售与收款授权批准制度的规定，在授权范围内进行审批，不得超越审批权限。

经办人应当在职责范围内，按照审批人的批准意见办理销售与收款业务。对于审批人超越授权范围审批的销售与收款业务，经办人员有权拒绝办理，并及时向审批人的上级授权部门报告。

对于超过单位既定销售政策和信用政策规定范围的特殊销售业务，单位应当进行集体决策，防止决策失误而造成严重损失。严禁未经授权的机构和人员经办销售与收款业务。

企业应当在制定商品或劳务的定价原则、信用标准和条件、收款方式等销售政策时，充分发挥会计机构和人员的作用，加强合同订立、商品发出和账款回收的会计控制，避免或减少坏账损失。有条件的单位应当建立专门的信用管理部门或岗位，负责制定单位信用政策，监督各部门信用政策执行情况。信用管理岗位与销售业务岗位应分设。单位应当对销售与收款业务建立严格的授权批准制度，明确审批人员对销售与收款业务的授权批准方式、权限、程序、责任和相关控制措施，规定经办人的职责范围和工作要求。审批人应当根据销售与收款授权批准制度的规定，在授权范围内进行审批，不得超越审批权限。经办人应当在职责范围内，按照审批人的批准意见办理销售与收款业务。对于审批人超越授权范围审批的销售与收款业务，经办人员有权拒绝办理，并及时向审批人的上级授权部门报告。

加强应收账款的控制和管理应遵循逻辑程序客观化的原则，减少在信用管理过程中的主观因素；应遵循职责分离、相互制衡、风险最小化的控制原则，建立考核制度，实行应收账款责任制。把应收账款回笼与销售收入挂钩，逾期应收账款催收与相应责任承担相结合，搞好购销合同、客户资信调查和跟踪管理、客户分级授信、定期对账等主要节点的控制和管理。

四、销售与收款内部控制流程

1. 销售预算

企业对销售业务应当建立严格的预算管理制度，制定销售目标，确立销售管理责任制。

企业应根据市场情况、目标利润、企业生产经营能力制定销售与收款预算，并应将销售与收款预算细化到各产品系列和各有关销售部门与销售人员。

销售与收款预算应当由企业最高管理当局直接或授权销售部门来制定和修订，并经企业最高管理当局批准。

销售和收款业务应按照适当的授权进行。企业管理层应根据自身特点针对不同销售业务内容设置不同的授权范围。销售价格及其折扣、付款条件、运费的确定，销售退回和销货折让，应收账款的坏账准备及坏账核销应经适当审批。

2. 销售定价

企业应当建立销售定价控制制度，制定价目表、折扣政策、付款政策等并予以执行，因为企业定价是很重要的一个管理环节。定价政策的失误将导致企业利润减少，失去市场竞争力和降低市场份额。在法制逐步完善的今天，轻率定价可能使企业违反有关价格法等，招致惩罚。因而，定价控制十分必要。

(1) 企业定价策略要考虑营销能力，销售成本，市场状况等众多因素。标准定价一旦确立，应保证对同一层次的顾客公平地实施相同价格，并且对其定期作评价。

(2) 在新产品投入市场之前，目标价格就应建立，并且将该价格与市场替代产品(如果有替代品的话)作比较，参考本产品的特点及市场潜力，必要时进行调价。当然调价信息应及时传递给有关分销商、承销商和顾客。

(3) 对销售折扣、折让等优惠政策的给予应由有关主管人员审核批准。对于折扣、折让给予的实际数量、金额应有所记录，并且同时反映给予的原因，以上文件要归档，便于以后核查。

(4) 实施折扣、折让前应作预测，并确定该政策给企业带来的目标利润；事后要将实际销售与收益的情况与目标利润相比较，并且报告有关部门。

3. 销售谈判

单位在销售合同订立前，应当指定专门人员就销售价格、信用政策、发货及收款方式等具体事项与客户进行谈判。谈判人员至少应有两人以上，并与订立合同的人员相分离。销售谈判的全过程应有完整的书面记录。

4. 合同订立

单位应当授权有关人员与客户签订销售合同。签订合同应符合《中华人民共和国合同法》的规定。金额重大的销售合同的订立应当征询法律顾问或专家的意见。

5. 合同审批

单位应当建立健全销售合同审批制度。审批人员应对销售价格、信用政策、发货及收款方式等严格把关。

6. 组织销售

单位销售部门应按照经批准的销售合同编制销售计划，向发货部门下达销售通知单，同时编制销售发票通知单，并经审批后下达给财会部门，由财会部门根据销售发票通知单向客户开出销售发票。编制销售发票通知单的人员与开具销售发票的人员应相互分离。

（1）销售人员接到客户订单后，初审其条款是否符合本企业规定，对符合本企业规定的订单，如系现销的，直接开出销售通知单；如系赊销的，由销售部门对其信用状况进行审查。

（2）对于赊销业务，销售部门应审查该客户的信用期限、累计欠款余额（包含本次拟销售金额在内）是否超过本企业规定。如未超过，可由销售部门自行确定是否接受订单；如超过信用期限、信用额度，需由企业负责人或其授权人审批。如销售部门或企业负责人（含其授权人）批准销售的，则开出销售通知单，并通知该客户；如不批准，则将不批准的情况告知该客户。销售通知单为一式二联，其中第一联由销售部门留存，第二联作为财务会计部门入账的原始凭证。

（3）销售部门根据其留存的销售通知单第一联，填制销售台账。

销售部门设置的销售台账，应及时反映各种商品、劳务等销售的开单、发货、收款情况。销售台账应当附有客户订单、销售合同、客户签收回执等相关购货单据。

（4）销售部门根据销售通知单填开发货单一式多联，其中第一联由销售部门留存，第二联交给顾客，经财务部门办理收款手续盖章后作为提货凭证。

7. 组织发货

发货部门应当对销售发货单据进行审核，严格按照销售通知单所列的发货品种和规格、发货数量、发货时间、发货方式组织发货，并建立货物出库、发运等环节的岗位责任制，确保货物的安全发运。

8. 销货退回

单位应当建立销售退回管理制度。单位的销售退回必须经销售主管审批后方可执行。

销售退回的货物应由质检部门检验和仓储部门清点后方可入库。质检部门应对客户退回的货物进行检验并出具检验证明；仓储部门应在清点货物、注明退回货物的品种和数量后填制退货接收报告。

财会部门应对检验证明、退货接收报告以及退货方出具的退货凭证等进行审核后办理相应的退款事宜。

企业应当在销售与发货各环节设置相关的记录、填制相应的凭证，建立完整的销售登记制度，并加强销售合同、销售计划、销售通知单、发货凭证、运货凭证、销售发票等文件和凭证的相互核对工作。销售部门应设置销售台账，及时反映各种商品、劳务等销售的开单、发货、收款情况。销售台账应当附有客户订单、销售合同、客户签收回执等相关购货单据。

9. 收款环节控制流程

(1) 企业应当按照《现金管理暂行条例》、《支付结算办法》和《内部会计控制规范——货币资金(试行)》等规定，及时办理销售收款业务。应将销售收入及时入账，不得账外设账，不得擅自坐支现金。销售人员应当避免接触销售现款。

(2) 财务会计部门在审核无误后，根据销售部门提供的销售通知单开出销售发票。会计主办人员应在发票审核无误后，加盖发票专用章。根据发票记账联和销售通知单编制记账凭证，通知出纳员办理收款手续。经过审核的赊销或预收账款业务，在发货单和发票上加盖转讫章。

(3) 出纳员根据记账凭证，分别办理现金收款、银行收款，在发货单和发票上加盖现金收讫章、银行收讫章。

(4) 保管员根据加盖财务收讫章或转讫章的发货单进行发货。销售部门应根据发货单逐笔登记存货明细账(卡)，按月(日)编制存货收发存月(日)报表。

(5) 对于赊销顾客偿付货款的支票，由财务会计部门审核无误后送存开户银行，并根据银行进账单填制记账凭证，据以登记应收账款明细账和银行存款日记账。

(6) 总账会计根据记账凭证逐笔或汇总登记总分类账，总账应按月与明细分类账核对。

(7) 财务会计部门定期根据各顾客的应收账款明细账和营业收入明细账编制往来户对账单，寄送顾客供核对之用。

(8) 企业应当按客户设置应收账款台账，及时登记每一客户应收账款余额增减变动情况和信用额度使用情况。对长期往来客户应当建立起完善的客户资料，并对客户资料实行动态管理，及时更新。财务会计部门定期根据应收账款明细账编制应收账款账龄分析表，该分析表一方面提供给企业负责人或其授权的管理人员审阅，另一方面要提供给销售部门，提示其及时催收应收账款。销售部门应当负责应收账款的催收，财会部门应当督促销售部门加紧催收。对催收无效的逾期应收账款可通过法律程序予以解决。

不少企业对待逾期的应收账款的策略是：先自己追收一段时间，通常是一年甚至更长时间，等到自己实在束手无策时才交给专业收账公司追收，或诉诸法律或申请国际仲裁。其实这样做法往往收效不好。因为经过一段时间(通常会是一年以上)债务人的情况会发生很大变化，如公司停业、破产、债务人失踪等。在这种情况下，收账公司甚至是法律机构也难以起死回生。

俗话说:“聪明的牙医是在病人牙还疼的时候收钱”,而收账人会普遍认为“时间是欠债人的保护伞”。也就是说,等的时间越长,从债务人那里收回钱的可能性就越小。根据合同,你在应收账款到期日没有收到账款,你的账款就被拖欠了。在拖欠款发生的早期,回款的可能性相当大。但随时间的推移,收款就变得越来越难了。

意大利一公司拖欠重庆外贸公司 30 多万美元货款,欠款始于 1994 年。之后,重庆公司给意大利公司发了几百次催款传真,打过无数个电话,并两次派贸易小组上门追讨,可欠债公司的老板不是避而不见,就是一次次推翻已承诺的还款计划,在百般无奈的情况下,1997 年外贸公司正式委托专业公司追讨。收账公司追讨后发现意大利公司已在 1996 年底被强迫破产抵债,但该公司在 1994 年和 1995 年还是当地实力雄厚的公司。

事实证明,欠款时间越长,债务人出现问题的可能性越大,收回欠款的可能性也就越小。根据专业收账公司的经验,欠款日期超过 90 天表明债务公司决定拖欠该笔款项,这也是为什么很多西方企业内部把逾期 3 个月的账款做坏账处理的原因。因此,欠款时间的长短应引起企业的高度重视。欠款一经发生,应立即采取相应措施,在自己的收账努力没有效果时应尽快把案件委托专业的收账公司处理,最好不要超过应收账款到期后的 60 天,以免导致更多的损失。有资料表明,海外收账公司为中国债权人收回欠款的比例大约只有被拖欠款的 25%,当然这是从过期一个月到几年拖欠账款的所有案件追回率的平均数。

(9) 单位应当有专人保管应收票据。凡应收票据的取得和贴现必须经由保管票据以外的主管人员的书面批准。对于即将到期的应收票据,应及时向付款人提示付款;已贴现票据应在备查簿中登记,以便日后追踪管理。应制定逾期票据的冲销管理程序和逾期票据追踪监控制度。

(10) 企业应当定期与往来客户通过函证等方式核对应收账款、应收票据、预收账款等往来款项。如有不符,应查明原因,及时处理。

(11) 对于可能成为坏账的应收账款应当报告有关决策机构,由其进行审查,确定是否确认为坏账。发生的各项坏账,应查明原因,明确责任,并在履行规定的审批程序后作出会计处理。注销的坏账应当进行备查登记,做到账销案存。已注销的坏账又收回时应当及时入账,防止形成账外款。

10. 销售与收款监督检查的主要内容

企业应当建立对销售与收款内部控制的监督检查制度,明确监督检查机构或人员的职责权限,定期或不定期地进行检查。监督检查机构或人员应通过实施符合性测试和实质性测试检查销售与收款业务内部控制制度是否健全,各项规定是否得到有效执行。

销售与收款内部控制监督检查的内容主要包括以下几个方面：

（1）销售与收款业务相关岗位及人员的设置情况。重点检查是否存在销售与收款业务不相容职务混岗的现象。

（2）销售与收款业务授权批准制度的执行情况。重点检查授权批准手续是否健全，是否存在越权审批行为。

（3）销售的管理情况。重点检查信用政策、销售政策的执行是否符合规定。

（4）收款的管理情况。重点检查单位销售收入是否及时入账，应收账款的催收是否有效，坏账核销和应收票据的管理是否符合规定。

（5）销售退回的管理情况。重点检查销售退回手续是否齐全、退回货物是否及时入库。

对监督检查过程中发现的销售与收款内部控制中的薄弱环节，单位应当采取措施，及时加以纠正和完善。

第五节　对外筹资内部控制流程

一、对外筹资控制目标

适时足额筹集企业所需的资金是企业生存与发展的重要基础。筹资业务循环一般包括筹资计划、筹资业务、获取款项、还本付息、筹资记录等环节。筹资业务管理失控的常见情形主要有事先不预算，盲目筹资；资金使用不合理，资金成本高于资金收益率；财务主管陷入“拆东墙，补西墙”的筹资困境；负债经营，资产负债率居高不下，财务风险逐渐加大；息税前资产利润率高于负债利率，财务状况不断恶化；企业内部集资未经批准，不符合法定手续；集团内部借贷资金，隐匿资金，转移资金等；利息计算不正确，利用利息调节利润等。

目前盲目筹资的现象还是比较严重。有的企业无合理的借款计划，片面地认为只要能借到钱就是本领。有的企业所编筹资计划不合理，甚至根本不做可行性的预算。在实际工作中借款使用不当，不按规定用途使用借款，长期占用或挪用借款的情况较为普遍。在还本付息环节上，利息计算不正确，利息的财务处理不规范，长期借款归还不及时，甚至存有想坑害银行等债权人的心理现象存在等，应当予以关注。

不了解情况，不进行可行性研究，不加强内控就去急于筹资往往是非常危险的。2000 年 10 月，我国西部某省一家房地产公司迎来了一位来自香港 A 公司的业务代表，香港 A 公司自称是总部设在美国的世界信托集团（又称欧美集团）

业太地区代理，可为中国企业提供优惠贷款，但项目融资金额最少需在1 000万美元以上。停工已一年多，正为资金问题发愁的某房地产公司大喜过望，一向淳朴好客的西北人对来自香港的“财神爷”更是热情有加，视为贵宾。

接下来的谈判让房地产公司对A公司、世界信托集团及其贷款的条件有了更多了解。据介绍，世界信托集团的创办人和总裁是一名希腊籍的犹太人、银行家、国际人权委员会委员、国际著名金融投机家索罗斯的同事，该集团在瑞士设有分部。香港公司作为融资中介，收取一定比例的佣金，负责中外方之间的一切联络和办理有关手续，中方不得越过香港方面和外方联系。

房地产公司此次欲贷款1 500万美元，香港A公司表示须预先收取200万元人民币风险保证金才能进行下一步的工作。200万元人民币对房地产公司并不是一笔小钱，但想到诱人的1 500万美元的贷款，公司领导还是下决心支付。正在此时，《中国青年报》一篇讲述引资诈骗的题为《来咱中国的外商并不都是财神爷》的报道，引起了房地产公司的重视。他们重新研究这个引资方案，提出：如果香港公司收到保证金后不能融资怎么办？香港、美国和瑞士公司的真实背景到底如何，会不会也是骗局呢？

带着这些疑问，他们找到了国内某资信调查公司，要求调查香港、美国公司的资信情况。一周以后，一份详细的有关香港公司的资信报告呈现在房地产公司老总的面前。该香港公司名为投资集团公司，注册资金只有1万元港币，实投资金只有2个港币。从1993年成立至今，只做过一些小额贸易，根本没有从事过金融中介方面的业务。该公司的注册地址是一家香港会计服务公司的办公地址，被调查公司是该服务公司的客户，服务公司为其提供账务和联络通讯服务(这种服务公司专门为皮包公司服务)。除总经理本人外，公司没有雇员。从报告来看，显然这是一家典型的“皮包”公司。

美国报告没有香港报告来得轻松，由于没有美国公司的地址电话，调查起来颇费周折。又过了几天，报告终于出来了，报告显示，在美国特拉华州有以该公司名称注册的公司存在，但没有登记地址、负责人和电话，只有注册代理的地址、电话。在其他公共部门也查不到该公司的任何资料。据了解，由于特拉华州注册公司非常便宜，手续又简单，很多公司都在此注册，但无任何经营活动，实际是一些空壳公司。得到这些报告后，基本可以断定引资一事属于骗局。房地产公司非常气愤地找到香港公司的代表进行理论，香港公司巧舌如簧，称资金实际是从瑞士提供的，香港公司是其代理人，并不需要太多的注册资金，并提供了瑞士公司的名称、地址。

房地产公司抱着一线希望又调查瑞士公司的资信情况。调查结果令房地产公司彻底清醒过来。该公司在瑞士根本没有进行商业登记，只是在电话号码本上登记了电话、传真。该电话传真同时被登记在同一地址的九家公司名下，而这九家公司中只有两家进行过合法登记。房地产公司欲再次找香港公司交涉，该公司的代表早已不辞而别。此时已是2001年1月中旬，房地产公司为此事花费了相当多的人力物力，但值得庆幸的是，通过调查机构的资信调查，避免了房地产公司200万元人民币的损失。

据悉，在大量的招商引资活动中，国内企业上当受骗的情况屡有发生。由于信息不灵和与国际市场接触较少，一些地区或大企业成为国际骗子的主要目标，值得有关部门和企业提高警惕。面对真假难辨的财神爷和花样翻新的骗术，最有效的防范手段之一是按照国际惯例调查对方的全面资信情况，做到知己知彼，防患未然。

对外筹资控制目标应当是：实行筹资业务的职责分工；实行筹资业务预算和审批控制；正确对筹资业务进行会计核算；建立和健全筹资业务凭证流转与管理等制度；定期清理筹资款项，保持账户记录的正确性；保证筹资信息的真实性和完整性以及在会计报表上的正确披露。

二、对外筹资管理的岗位分工与职务分离

筹资理财活动对企业是至关重要的。随着现代金融事业的发展，企业的筹资渠道日益增多，企业可以通过发行债券、股票；向银行及非金融机构取得借款；赊购；租赁等方式筹集企业发展所需的资金。由于筹资业务的风险又是很大的，所以对筹资活动实行职务分离控制就显得尤为重要。

筹资业务中应职务分离主要包括以下几项：

(1) 筹资计划编制人与审批人适当分离，重大筹资必须由独立于审批人之外的人员审核并提出意见，必要时可聘请外部财务顾问，以利于审批人从独立的立场来评判计划的优劣。

(2) 经办人员不能接触会计记录，通常由独立的机构代理发行债券和股票。

(3) 会计记录人员同负责收付款的人员相分离，有条件的应聘请独立的机构负责支付业务。

(4) 证券保管人员同会计记录人员分离。

企业应当加强对筹资活动的会计控制，合理确定筹资规模和筹资结构、选择筹资方式，降低资金成本，防范和控制财务风险，确保筹措资金的合理、有效使用。

三、对外筹资管理授权批准制度

企业应当建立严格的对外筹资业务授权批准制度，明确审批人的授权批准方式、权限、程序、责任和相关控制措施，规定经办人的职责范围和工作要求。

审批人应当根据对外筹资授权批准制度的规定，在授权范围内进行审批，不得超越审批权限。

经办人应当在职责范围内，按照审批人的意见办理对外筹资业务。对于审批人超越授权范围审批的对外投资业务，经办人有权拒绝办理，并及时向上级部门报告。严禁未经授权的部门或人员办理对外筹资业务。

四、对外筹资的内部控制流程

1. 事前预算控制

任何筹资活动都应当实行预算管理，进行事前控制。

企业应该根据生产经营发展计划，确定资金需要量及资金筹资方式，并编制年度筹资预算。企业应通过比较各种资金筹措方式的优劣和筹措成本的大小，决定本年度所需资金如何筹集。企业在编制筹资预算、作出筹资决算时，应考虑资产负债率和流动比率。

年度中间若资金需求量突破预算，应考虑增加资金的筹措量，调整年度预算。年度终了，企业应检查全年的筹资工作，是否既满足了生产经营发展的需要，又使所筹资金有效地发挥作用，创造收益，并尽可能地降低了企业总体资金成本。

2. 授权批准控制

筹资预算一般需经企业最高管理当局直接批准。发生预算外筹资，先调整预算，然后由企业管理当局批准。

企业应授权财务部门具体负责筹资事宜，财务部门在其权限范围内办理筹资业务，未经企业最高管理当局授权，任何人不得擅自对外筹措资金。

有关筹资合同、协议或决议等法律文件必须经企业最高管理当局批准。企业可授权有关人员(外部专家)对上述文件进行审核，提出意见，作为批准决策时参考。

3. 借款审批控制

银行借款的申请一般由财务部门根据预算提出，并经企业最高管理当局或其授权人批准。属于抵押借款或附加条件借款需经企业最高管理当局直接批准后，方可实施。

企业应授权财务部门办理借款合同事宜，借款合同一般经企业最高管理当局批准，方可对外订立，必要时企业应就借款合同咨询法律顾问。

企业应按借款合同约定使用借入资金。企业财务部门根据企业资金状况提出提前归还借款、按期还款和借款展期的申请，需经企业最高管理当局批准后予以还款或与银行洽谈展期事宜。

发生借款展期情况时，财务部门应向企业最高管理当局报告不能按期归还借款的原因，必要时提请企业最高管理当局关注资金状况。

若发生资金状况恶化，银行不予展期，企业应及时调整资产结构，变现部分资产，归还借款。

企业财务部门应根据借款合同按期支付借款利息。发生合同允许的利本调整，必须经企业最高管理当局批准后方可付息。

4. 增资扩股控制

企业根据发展需要可由董事会提出权益性筹资方案(包括现有股东增资、利润转增资本、扩股增资等)，经股东会批准后，属利润转增资本的，由财务部门依股东会决议转账；属于新投入资本的，如投入现金，按银行进账单确认增资完毕；如投入实物、无形资产，则应在办妥权属转移手续后确认增资完毕。

5. 利润分配控制

企业最高管理当局根据股东会批准的利润分配方案，授权财务部门安排资金，支付股利。

会计人员编制支付股利清单应与股东名册核对一致，并经专人复核。出纳人员必须依据经复核后清单，开具支票，支付股利。

6. 合法性控制

企业的筹资活动必须符合国家的法律、法规，接受政府有关部门的监督、管理。

应当看到，在筹资活动中，严守内部会计控制制度，严格按控制流程操作是十分重要的，而违规操作的后果往往是不堪设想的。2000 年的海南，发生了一起伪造 5.5 亿美元大额存单金融凭证特大诈骗案。诈骗犯刘某骗取几百万资金，经过长期的精心策划，伪造了 22 张总面值 5.5 亿的大额存单。当融资心切的房地产商人李某将诈骗犯刘某伪造的大额美元存单先后向韩国大韩基金、瑞士联合银行(UBS)、卢森堡银行、加拿大多伦多皇家银行等多家金融机构提出融资请求时，这些金融机构按照内部会计控制制度的操作程序，无一例外地要求海南某银行向境外发出关于存单的普通电传确认函和密押电传确认函(即 SWIFT)，并提供境外金融机构接受的电传确认样本。据业内人士称，发送 SWIFT 银行内部有严格的程序，必须要经办人、复核人、主管领导 3 人同时在场才能发出。诈骗犯刘某是无论如何也不可能在经办人、复核人、主管领导 3 人同时在场时向境外发出关于存单的普通电传确认函和密押电传确认函的，于是这起伪造了 22 张总面值 5.5 亿的大额存单金融凭证特大诈骗案因此而败露。由此可见内部会计控制的规范操作及其函证确认的重要性。

应当看到，随着科技的发展，在经济犯罪领域，造假者的能力越来越高，有些造假贩假的网络非常严密，有些假凭证、假单据、假公章非专业人士很难识别。2000 年发生在海南的伪造 5.5 亿美元大额存单金融凭证特大诈骗案中，幸亏境外银行缜密把关和国内银行发送 SWIFT 银行内部有严格的程序,才使诈骗犯的阴谋败露。要不然,后果不堪设想。所以,企业在融资心切的时候,也应当加强内部会计控制,按内控程序操作,即使在验证有关单据时,最好能将相关单据拿到有关方面予以查验,以增强安全感。有时候,通过向银行等部门函证确认,多一道审核的关口,确实可以降低以至化解风险。

7. 对外筹资监督检查的主要内容

企业应当建立健全对外筹资内部控制的监督检查制度,明确监督检查部门和人员的职责权限,定期或不定期地进行检查。对外筹资内部控制监督检查的内容主要包括:

(1) 对外筹资业务相关岗位设置及人员配备情况。重点检查岗位设置是否科学、合理,是否存在不相容职务混岗的现象,以及人员配备是否合理。

(2) 对外筹资业务授权审批制度的执行情况。重点检查分级授权是否合理,对外筹资的授权批准手续是否健全、是否存在越权审批等违反规定的行为。

(3) 对外筹资业务的决策情况。重点检查对外筹资决策过程是否符合规定的程序。

(4) 对外筹资的运作情况。重点检查对所筹资金的处置是否经过授权批准,资金是否完整、及时、合理。

(5) 对外筹资的会计处理情况。重点检查会计记录是否真实、完整。

对监督检查过程中发现的对外筹资内部控制中的薄弱环节,负责监督检查的部门应当告知有关部门,有关部门应当及时查明原因,采取措施加以纠正和完善。监督检查部门应当向上级部门报告对外投资内部控制监督检查情况和有关部门的整改情况。

五、贷款风险的分类控制

为了加强银行信贷管理,提高信贷资产质量,我国制定了《贷款风险分类指导原则》,规定采用贷款风险分类方法,按风险程度将贷款划分为以下五类。

(1) 正常类。借款人能够履行合同,有充分把握按时足额偿还本息。

(2) 关注类。尽管借款人目前有能力偿还贷款本息,但是存在一些可能对偿还产生不利影响的因素。

(3) 次级类。借款人的还款能力出现了明显的问题,依靠其正常经营收入已无法保证足额偿还本息。

(4) 可疑类。借款人无法足额偿还本息,即使执行抵押或担保,也肯定要造成一部分损失。

(5) 损失类。在采取所有可能的措施和一切必要的法律程序后,本息仍然无法收回,或只能收回极少部分。

上述贷款风险分类的标准有一条最核心的内容,那就是贷款归还的可能性,即信用风险程度。在法制健全的情况下,借款人的还款能力几乎是唯一重要的因素。在我国目前情况下,有些借款人明明有能力还款,却偏偏赖账不还,而银行又无法通过法律程序迅速地保全资产。因此,还款意愿也影响着还款的可能性,但是究其实质,还款能力还是一个占主导地位的因素。

上述借款的五种分类反映出银行对企业的信用条件与要求,其特征如表 9-1所示。

表 9-1　五类借款的主要特征

类　别	主　要　特　征
正　常	借款人有能力履行承诺,并且对贷款的本金和利息进行全额偿还,没有有问题的贷款。
关　注	1. 净现金流量少。 2. 借款人销售收入、经营利润在下降,或出现现金流动性不足的征兆。 3. 借款人的一些关键财务指标低于行业平均水平或有较大下降。 4. 借款人经营管理有较严重问题,借款人未按规定用途使用贷款。 5. 借款人的还款意愿差,不与银行积极合作。 6. 贷款的抵押品、质押品价值下降。 7. 银行对抵押品失去控制。 8. 银行对贷款缺乏有效的监督等。
次　级	1. 借款人支付出现困难,并且难以按市场条件获得新的资金。 2. 借款人不能偿还对其他债权人的债务。 3. 借款人内部管理问题未解决,妨碍债务及时、足额清偿。 4. 借款人采取隐瞒事实等不正当手段套取贷款。
可　疑	1. 借款人处于停产、半停产状态。 2. 固定资产贷款项目处于停缓状态。 3. 借款人已资不抵债。 4. 银行已诉诸法律来收回贷款。 5. 贷款经过了重组,仍然逾期、或仍然不能正常归还本息,还款状况没有明显改善等。
损　失	1. 借款人无力偿还贷款,抵押品价值低于贷款额。 2. 抵押品价值不确定。 3. 借款人已彻底停止经营活动。 4. 固定资产贷款项目停止时间很长,复工无望等。

应当看到，信用等级是一个企业履约状况和偿债能力的综合反映，低等级的企业较难获得金融机构和投资者的支持，在融资和经营运作方面都处于不利的地位。然而，对一个企业的信用风险分析应当是一个动态的过程，有必要建立一个动态的预警系统，用以及时反映企业信用风险的现况。因为某一时点的信用状况并不能等同于未来，况且一些企业在出现违约行为之前，其信用已经出现问题，如果你仔细地去审查一下这家企业的财务会计报告，也许你会发现这家企业已经暴露出严重的现金流量短缺，它的偿还债务能力、营运能力和盈利能力也许已经很成问题。这种种不利的迹象就是在发出一种财务报警信号，问题在于你有没有慧眼去提前认知和识别这些信号。这种察觉能力在信用评估中可以说是相当重要的。谁都不愿意自己的资金被套牢，甚至惨遭损失。美国的T·M·麦克唐纳和J·L·麦肯林在《公司银行业务往来》中曾总结过早期报警信号的有关内容可供参考（参见表9-2）。

表9-2　有问题贷款早期报警信号（财务预报警信号）

资产负债表	利　润　表
1. 银行不能按时得到报表；	1. 销售下降；
2. 应收款在途期延长；	2. 销售迅速扩大；
3. 客户的现金状况恶化；	3. 毛销售额和净销售额之间的差距较大；
4. 应收账款户的金额或比例激增；	4. 成本提高，收益减少；
5. 存货激增；	5. 销售上升，利润下降；
6. 存货的周转速度放慢；	6. 呆账增加；
7. 流动资产占总资产的比例下降；	7. 相对销售而言，间接费用增加过快；
8. 流动资本状况恶化；	8. 经营亏损；
9. 交易账户严重混乱；	9. 相对于销售额（利润）而言，总资产增加过快；
10. 固定资产集中迅速变化；	10. 应收款的平均时间延长；
11. 准备金大量增加；	11. 赊销政策发生变化；
12. 除固定资产以外的非流动资产集中；	12. 延长期限；
13. 无形资产高度集中；	13. 用应收票据替代应收款；
14. 短期债务的增加失当；	14. 销售集中；
15. 长期债务大量增加；	15. 放弃应收款；
16. 资本与债务的比例低；	16. 逾期账户过于集中；
17. 资产负债表结构的重大变化；	17. 在附属公司有应收款。
18. 对股东和职员有债务；	
19. 审计不合格；	
20. 账户变动。	

在市场经济中，任何市场化的行为都与信用或信用评估相关。高等级的信用可以帮助企业较方便地取得金融机构的支持，得到投资者的信任，能够较容易

地扩大融资规模,降低融资成本等。例如,人们已经看到,债券资信级别在很大程度上与其发行利率挂钩;在一个成熟的市场里,一个企业的信用等级应当与其筹资成本相关联,而利率市场化的基础就是企业应当接受信用评估。最近,中国人民银行决定扩大金融机构贷款利率浮动区间、下调超额准备金存款利率,为稳步推进利率市场化,建立健全由市场供求决定的利率形成机制,从而促进国民经济持续快速协调健康发展,从 2004 年 1 月 1 日起中国将扩大金融机构贷款利率浮动区间。在中国人民银行制定的贷款基准利率基础上,商业银行、城市信用社贷款利率的浮动区间上限扩大到贷款基准利率的 1.7 倍,农村信用社贷款利率的浮动区间上限扩大到贷款基准利率的 2 倍,金融机构贷款利率的浮动区间下限保持为贷款基准利率的 0.9 倍不变。以一年期贷款为例,现行基准利率为 5.31%,扩大贷款利率浮动区间后,商业银行、城市信用社可在 4.78%～9.03% 的区间内按市场原则自主确定贷款利率。不再根据企业所有制性质、规模大小分别确定贷款利率浮动区间。由此看来,如何根据企业的信用等级来确定贷款利率浮动区间,信用评估在今天的中国将有很大的发展空间与市场。

通过信用评估,有利于提高资本市场的透明度,为投资者提供公正、客观的信息,以优化投资选择,实现投资安全性,取得可靠收益,从而起到保护投资者利益的作用。其中资信评级作为商业银行确定贷款风险程度的依据和信贷资产风险管理的基础,在一定程度上可为降低金融风险服务。广泛开展信用评估,还将有利于降低整个社会的信息搜集成本,有利于健全我国的诚信体系和完善诚信机制,并加快与国际惯例接轨的步伐。随着我国市场经济体制的健全,为防范信用风险,维护正常的经济秩序,信用评估的重要性日趋显著。市场经济在中国的快速发展已经在呼唤着信用评估在中国的快速发展!

思　考　题

1. 为什么说信用经济越发展,内部控制越重要?
2. 简述内部控制的概念与分类。
3. 内部控制制度的要点是什么?其作用表现在哪些方面?
4. 简述内部控制结构与内部控制框架的要点。
5. 简述会计控制在企业内部控制中的地位与作用。
6. 简述内部控制内容与方法。
7. 简述不相容职务分离的要点。请举例说明。
8. 如何进行授权批准?请举例说明。

9. 简述采购与付款控制的流程。

10. 简述销售与收款控制的要点。

11. 简述对外筹资管理环节的监控的主要内容。

12. 为什么说失控是造成失信与失败的重要原因之一？请举例说明。

13. 为什么说一个致力于持续稳定发展的企业必然是重视内部控制与管理的？加强内部控制与企业发展与信用评估有什么联系？

第十章　信用风险管理

学习提要： 通过本章学习，应理解信用风险的含义、性质、主要信用风险类型，信用风险的潜在成本，如何把握信用风险与收益的关系，掌握一般信用风险要素分析的方法，以及如何来控制和规避信用风险。

第一节　信用风险概述

一、信用风险概念

人们在生活中，可能经常会无法实现预期的支付，所以，信用风险广泛地存在。信用风险可以定义为受信方拒绝或无力按时、全额支付所欠债务时，给信用提供方带来的潜在损失。它一般分为商业信用和银行信用。商业信用是指供应商向顾客销售货物和提供服务时，允许顾客延期支付货款。银行信用是指银行为了在未来获取利息并收回本金，而向借款人提供贷款。但是在还款过程中，人们可能会违反、撤销、重新协商或更改既定的契约，从而给信用提供方造成损失。

也就是说，信用风险是交易对手违约风险的一种形式，交易对手违约风险是指合同或协议的一方无法履行其在交易中的责任时给另一方带来的风险。它可以是违约方拒绝提供所承诺的货物或服务，也可以是无力按时和全额偿还所欠的债务。

所以，授信方总是会更多地考虑信用风险的问题。信用提供者可能是提供贷款的银行，或是以信用方式销售商品或提供服务的公司。

(1) 向银行借款的公司有可能不偿还贷款。这种情况下，银行就面临着坏账损失的风险，或者承担延期支付的潜在成本；

(2) 同样，以信用方式销售商品或提供服务的公司也必须承担类似的风险，即顾客可能无法全额支付货款或是在协议的时限之后才支付货款。

信用风险的范畴还可以进一步扩展到信用的接受者。例如：购买者或借款方也可能承受供货方或银行带来的风险。这种风险主要表现在，供货方或银行可能因资金原因而无法提供商品、服务和使授信人的交易持续进行的融资活动(参见图10-1)。

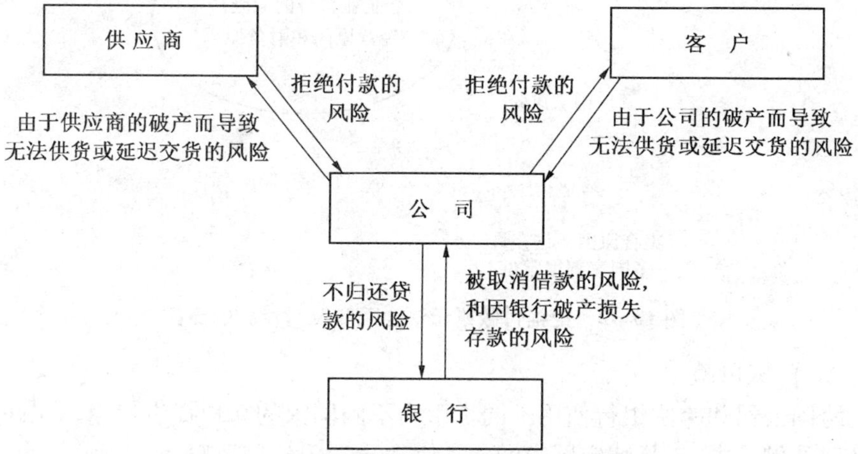

图10-1　造成信用风险的原因及其双向性的本质

二、风险的双向性本质

信用风险是双向性风险，它一般会影响签订协议的双方。

(1) 对于供货方而言，它将面临顾客可能拒绝付款的风险，而客户也将面临供货方不予交货的风险。

(2) 同样，贷款银行要承受借款方可能无力偿债的风险，而借款方也会面临银行收回贷款的风险。

三、主要信用风险

1. 商业信用风险

(1) 集合信用风险。

虽然信用风险和信用评估主要同个体客户的财务和经营分析相关，但是也应该从一个更广泛或更复杂的角度对它们进行评估。

随着商业活动的增多，同一类型债务人的数量也会增加，信用风险也将随之逐渐加大。所以，在从事商业交易时，企业应该考虑其所持有的同类型受信客户的有价证券的情况，以及给予同类型受信客户的信用数量，特别是，有必要计量并估计在同一国家、同一地区和同一行业对其进行归类：

① 国家风险源于大量的受信客户都位于同一国家或同一类型的国家；

② 行业风险源于大量的受信客户都属同一行业(参见图 10-2)。

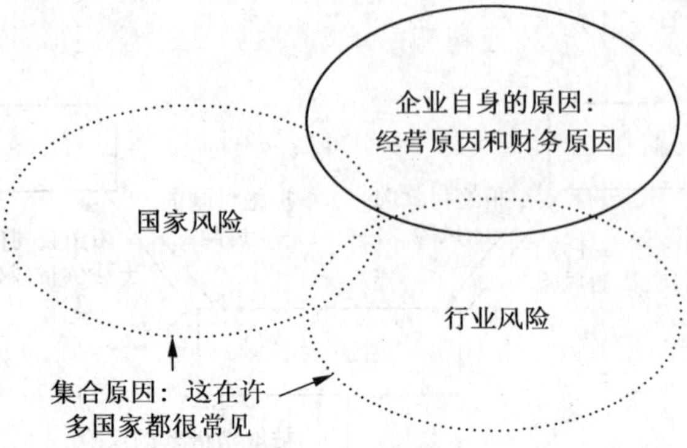

图 10-2　拒绝付款或无法全额和及时付款的原因

A. 国家风险

跨国公司和跨国银行使用不同货币为不同国家的客户提供信用。在许多跨国经营的例子中，正是特定国家的相关因素导致了信用风险。

当一国政府遭受来自国内和国外的政治威胁时，就产生了政治风险。局部地区或是整个国家内的叛乱和内战都会影响商业活动的正常进行。这一点中欧和东欧地区分裂时表现得非常明显。此外，入侵的危险也会导致信用风险，就像 1990 年科威特和 2003 年伊拉克一样，战争的危险使商业客户纷纷拒绝支付欠款。

同短期的商业信用相比，政治风险在长期信用的分析中表现得更为明显。这是因为预测两三年中的政治剧变要比几周或几个月容易得多。

B. 经济风险

源于一个国家经济的不稳定、萧条，甚至是经济形式的全面崩溃。因为借款人必须用他们的收入去偿还债务。同样，商业债务人也必须用他们的销售所得去支付欠款。但是，经济的不稳定将导致受信一方的收入不稳定，因而可能无法偿还债务。

所以，当一个国家的经济衰退，或是某个行业不景气的时候，授信人都会面临着这样的问题，即是否向该国客户提供信用或是否应该对提供的信用数额做出限定。例如，在亚洲金融危机中，不论是公司(商业债务)还是银行(银行贷款)都不得不调整它们对该地区受信人的信用政策。

进行跨国借贷业务时，外汇汇率的波动会造成货币风险。

① 当一家美国公司以外国货币向国外客户提供信用时，就存在着债务货币

在债务期内贬值的风险。除非这种汇率的下跌能够得到抑制(如通过远期汇率合约保值),否则债权的价值就会下降。

② 当一家美国的公司或组织以美元向国外提供信用时,由于美元兑外国货币的汇率上升,导致国外借款者利润的下降,以致无力偿还债务,这样就会产生坏账风险。

而对于主要的跨国公司和跨国银行而言,应该将其对外提供贷款或授信的全部货币风险严格限制在可控范围之内。

法律体系也可能产生信用风险,尤其是对小公司而言,他们可能没有足够的金钱和信息资源来完成诉讼以追捕并惩罚不履行债务的债务人。这样一来,客户有可能利用本国的法律体系来延期付款甚至拒绝付款。这方面最为典型的例子发生在1990～1991年间,Polly Peck 国际公司的管理当局在追查公司集团塞浦路斯北区分部的现金去向时,遇到了很大的困难。而最终,他们的追查也由于塞浦路斯的法律程序而停滞。

在一些特定国家中,国家的文化传统也有可能导致信用风险。例如,在某些国家中,只有在债权人强烈提出还款要求后,债务人才支付债务,这种现象是可以接受的。只要延期付款的客户执行先前所承诺的条款,就不被视为违约。

C. 行业风险

当大量的受信人都位于同一个行业时,就有可能出现严重的信用风险。企业提供信用时,必须考虑到这种行业风险是否能得到控制。

特别是当国际或某国经济大衰退或经济崩溃时,行业风险最为严重。一些行业,如建筑、化学工业最早受到冲击,并且随着经济形势的恶化,冲击更加严重。例如,19世纪早期,房地产行业的衰退导致了经济大萧条。房产的贬值以及对房产需求的下降影响了房地产公司的收入及其资产净值,使得大批的房地产公司倒闭。而向房地产公司提供贷款的银行,由于质押的房产的大幅贬值,也遭受了严重的损失。20世纪90年代日本和香港房地产价格大幅下跌正是如此。

有时,一个行业可能在相对较短的时间内完成长期的结构调整。技术的快速变化有可能会导致一个行业的严重衰退甚至是崩溃。此外,在开放型经济中,物美价廉的进口品在市场上的出现也有可能瓦解国内相关行业。这些都属于行业风险。

同时,许多企业都位于特定行业的供应链(价值链)中,因而不得不向该行业几乎所有客户提供信用。例如,钢铁生产厂有必要向以钢铁为原料的汽车制造商提供信用;同样,食品制造商必须向零售行业,特别是大型超市提供信用(参见图10-3)。

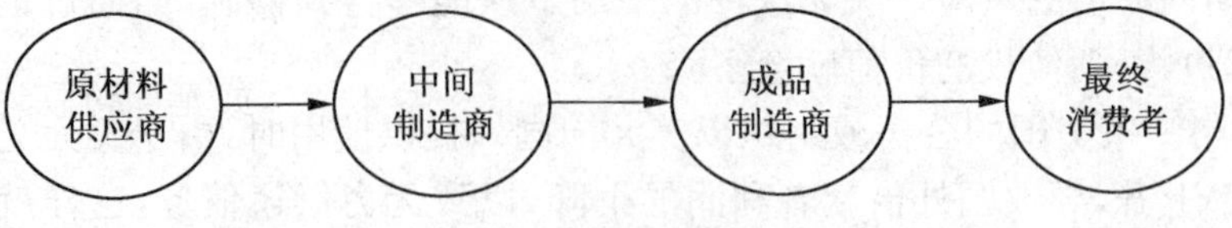

图 10－3　价值链

供应链对信用管理十分重要，主要是因为以下两个原因：

① 位于供应链上游阶段的生产商抵御下游产品市场衰退的能力十分脆弱。例如，汽车销售数量的减少，对于齿轮箱生产厂商和轮胎厂商的打击同汽车生产厂商一样大。同样，当日本尼桑(Nissan)公司宣布将使用更加廉价的材料生产模拟数字转换器时，立即影响了原先生产所使用的材料——铂金的市场价格。

② 如果一个生产者面对的所有客户都位于同一特定的行业，它就无法回避该行业的风险。轮胎生产商无法避免汽车制造行业的信用风险；同样，飞机制造商为争夺国内飞机或是军用飞机的订单，也必须面对航空公司或是政府的信用风险，除非它为了弥补这种信用风险而安排了信用保险。

虽然，对于一个公司来说，避免特定行业的风险比较困难，但是，它仍然应该尽可能地控制下列风险：

① 整体风险；

② 国家风险，特别是高汇率风险的国家；

③ 对任何一个特殊客户的风险。

(2) 个体客户与信用风险。

如果企业将大部分的业务都集中在某一个客户上，其经营能力将十分脆弱。向这种客户提供信用将会面临更为严重的战略经营风险，因为，一旦客户转行或陷入经营危机，都会减少订单的数量。

所以，对任何一个特定客户提供的信用数额都必须加以控制。信用风险管理人员应该意识到公司所能提供的信用数额以及向单个客户提供过多的信用可能造成的潜在后果。

例如，假设一家企业的年销售额为 2 400 万美元，其中 50%来自同一个客户，并且一年的销售量都分布得十分均匀。如果该客户通常按惯例在开出订单 30 天后支付货款，但是后来却在开出订单 60 天后才付款，企业的现金流就会出现 30 天的短缺，这就要求公司必须提前准备 100 万美元的现金。

当然，供应商一定会努力说服客户像原先一样 30 天后付款。可是，这个客户对供应商十分重要，为了维持同客户的良好关系，供应商又可能不会那么做。如果供应商自身首先放宽了客户的信用政策，使客户决定将信用期从 30 天延长到 60 天，那么，一旦供应商无法在某月筹集资金弥补这 100 万美元的现金缺口，它就将陷入困境，而其根源就是供应商管理不善导致的信用风险过度扩张。

(3) 信用风险的潜在成本。

授信人必须承担的信用风险潜在成本就是客户不付款或延期付款造成的潜在损失。

例如，如果客户是延期付款，那么授信人所面临的损失就等于利息成本。它等于逾期不归还贷款时，向银行透支的成本；或者等于损失的既得利息收入。例如，一家公司向银行透支，年利率为14%，延迟支付金额为1万美元，那么，延期支付的每一天，该公司都应向银行支付3.84美元的利息。同理，如果公司债务人延期支付的金额为1 000万美元，那么，公司承担的利息成本就是每天3 800美元。

人们至少可以从三方面对坏账成本进行计量。例如，某企业以信用方式向一客户销售价值为1万美元的商品。这批商品的成本包括4 000美元现金成本和3 000美元的管理费用支出。如果客户没有付款，那么坏账损失的计量依据可能为：

① 1万美元的货款无法收回；

② 7 000美元，即商品的销售成本；

③ 或4 000美元，即销售的商品的现金成本。

在信用期内，计量信用风险的潜在成本最为准确的方法就是计算预期的现金收入。当债务一旦成为坏账时，就无法得到预期的收入了。所以，在上例中，坏账导致的信用风险的潜在成本很可能就是1万美元。

如果企业没有足够的现金，或者不具备向其他债权人借债融资的能力，那么，它自身承担过多债务、或是有过多的坏账、或延期支付的债款所造成的风险，也可以导致现金流动的风险。因而，信用风险除了引起收入的损失、利润的减少，还可能造成公司破产。

企业向其客户提供信用的总额受下列因素的影响：

① 每笔以信用方式进行交易的数额；

② 信用交易的额度；

③ 信用期的长短。

只要有债务的存在就会有信用风险的敞口，只有当客户支付了债款后，这种敞口才会消失。人们可以分析信用期的长短，加总所有应收账款来计量这些信用。通过限制债务人总的负债额，同时缩短信用期，可有效地防范信用风险。

(4) 信用风险和其他的金融风险。

交易中的信用风险还有可能导致其他的金融风险，如货币风险、利率风险的产生。

例 10-1 Beta 公司以 18 万美元的价格向海外的某一客户销售商品，并约定 2 个月后支付货款。为了防范货币风险，Beta 公司以 2 美元＝1 英镑的汇率卖出一个远期合约。但是如果客户无法在 2 个月内支付货款，那么，Beta 公司到时就无法进行货币兑换的交易，信用风险即应收账款就会转变成为坏账。

当合约到期时，如果客户没有支付货款，Beta 公司不得不以当时的价格买入美元，来执行价值为 18 万美元，汇率为 2 美元＝1 英镑的远期合约。如果在 2 个月的信用期内，美元升值，汇率变为 1.8 美元＝1 英镑，Beta 公司进行的外汇交易也会出现亏损，不仅没有达到信用保值的目的，还进一步增加了信用风险的损失。

例 10-2 Gamma 公司同 Omega 银行签订了一个 3 年期利率互换合约。合约预定本金为 2 000 万美元。根据互换合约，互换利息每 6 个月结算一次。Gamma 公司以每年 10%的固定利率向 Omega 银行支付利息。作为回报条件，Omega 银行以 6 个月伦敦同业拆借市场利率向 Gamma 公司支付利息。

在第一个 6 个月结束时，6 个月伦敦同业拆借市场利率为每年 9%。因此，Gamma 公司不得不向 Omega 银行净支付 10 万美元[20 000 000×6/12 ×(10%－9%)]。但 Gamma 公司没有支付这笔款项。

对于 Gamma 公司而言，根据互换利率合约规定，利率是固定的。当浮动利率比 10%的固定利率低时，Gamma 公司就必须向 Omega 银行支付利息差额。根据计算，Gamma 必须向 Omega 银行支付 10 万美元。此时，由于 Gamma 未向 Omega 银行支付这一笔款项，因而，Omega 银行面临着由 Gamma 公司带来的信用。Gamma 公司的欠款不付，意味着由于 Omega 银行向 Gamma 公司提供信用，反而使 Omega 银行自身遭受了这一信用的损失。

(5) 风险与供应商。

主要供应商财务情况的不稳定有时也能引起企业自身的信用风险。如果企业的主要供应商陷入经营危机，企业不得不寻求其他的供货渠道，并为此可能支付更高的价格或者接受新供应商更为苛刻的信用条件。又如，缺乏现金的供应商往往会要求客户提早付款。在有些情况下，客户甚至仅仅是为了保证供应商业务的继续开展，而不得不支付货款。

人们一般认为由供应商的财务危机导致的风险也应视为信用风险，因为它在一定程度上影响着企业信用政策的制定，要么放弃现有信用政策，或是实行更严厉的政策。所以，一个公司的信用风险管理应该考虑到原材料、服务、固定资产的来源渠道，把它们作为信用管理计划的一部分，并且重点检查主要供应商的财务能力。

现在许多企业都采用了适时购买体系。这种体系最早是由日本的汽车制造行业发起并倡导的。事实上，这种适时购买体系意味着企业储备的存货只需要保证当前的需要。为了保证购买体系的正常运作，公司必须要求主要供应商按照标准及时运送所需的货物或提供所需的服务。但是，这就有可能使采用了适时购买体系的企业更容易受到主要供应商的财务风险的影响。另外，该体系还需要一个有效的电子数据交换系统（EDI），使订单、凭证能以电子表格的形式加以传输。

2. 银行信用风险

(1) 银行面临的风险。

对于提供贷款的银行而言，风险是显而易见的。客户可能没有能力支付借款利息，甚至无法偿还本金。上述因素导致了20世纪90年代中后期日本银行严重的坏账问题。据报道，日本银行除了主要向房地产行业提供贷款以外，同时还贷款给东南亚的顾客。而1997～1998年期间，亚洲出现了严重的经济衰退，借款人没有能力还债。此时，提供贷款的银行要么是提前采取相应的措施，要么只能注销借款。

一般情况下，归还银行贷款资金的主要来源有以下三方面：

① 借款人的现金流；

② 担保物。一般有两种形式：以固定或浮动形式抵押的借款人资产，或是财产的抵押担保；

③ 来自第三者（例如控股公司）的担保。

银行向客户提供贷款时，为了保证贷款的归还，至少要考虑上述两种资金来源。银行一般希望企业能用日常的现金流归还借款。因而，银行总是希望客户能提供保证，证明其有充足的现金归还贷款。此外，将借款人的财产抵押品作为担保，也是收回贷款的可靠手段之一。当客户没有足够的现金归还债款时，银行可以选择变卖担保财产以收回贷款。如果该笔贷款有担保人的话，当借款人无法偿债时，银行也可要求担保人偿还贷款。

然而，从历史上的经验看，即使贷款有担保物作抵押，银行对信用风险的防范也是不够的。例如当抵押品的价值跌到贷款金额以下时，银行同样要遭受损失。例如，如果一家房地产公司或是建筑公司以房地产作为担保物向银行贷款，当房地产市场萧条时，房产价值也随之下跌，这样，就增加了银行无法收回贷款的风险。除此之外，还有其他的因素也会导致担保财产价值的下降，增加授信人的信用风险（参见图10－4）。

例10－3 Alpha公司向Omega银行借款200万美元，并以该公司拥有的商业财产作为抵押，财产的市场价值为250万美元。但是，销售业绩的下降导致Alpha公司无法还债。

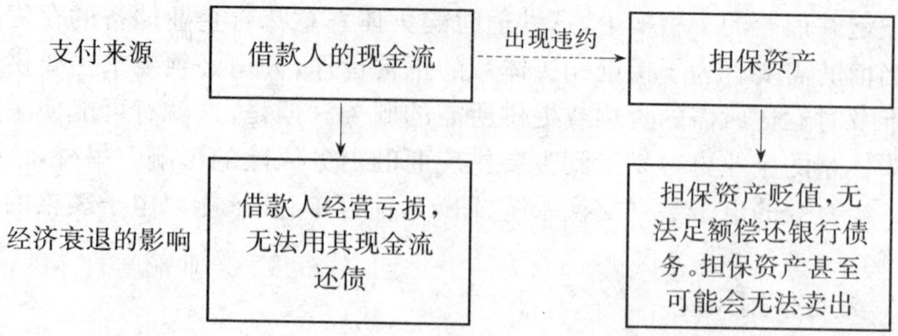

图 10-4　信用风险与有担保的借款

Omega 银行可以先取得担保物，然后用变卖商业财产所得来抵消 Alpha 公司的借款。但是如果此时市场低迷，抵押财产的价值不值 200 万美元，甚至只能以极低的价格出售的话，Omega 银行的这笔贷款便成了坏账。

(2) 坏账的控制。

人们可采取一些办法将坏账控制在较低的范围内，包括：

① 不向高风险客户提供贷款；

② 加强对贷款的归还管理；

③ 当客户陷入困难时，重新谈判债务问题。

银行应该向经营状况良好、破产可能性不大的客户提供贷款。因此，银行应对潜在的客户进行信用分析，根据分析的结果，判断借款人的信用风险，从而决定是不是提供贷款；之后，银行还要监督债务的归还情况，一旦客户陷入危机，例如无法按规定的日期支付利息，就应采取相应的行动解决问题。这就意味着银行要随时关注受信人，并在适当时候收回债款。

银行可以同意支持那些无法按既定条款偿还的债款人。例如：当还款的外部条件改变时，借款合同也可以做出一些改变，诸如放松借款条件等。除此之外，银行还可以免除客户一定时期内的借款利息，或者是延长借款时间。甚至在一些情况下，银行也可能同意客户的再融资计划，即向客户提供足够的新债去偿还旧债的利息。

银行可以放宽对陷入困境的债务人的还款条件，特别是在经济衰退的时候。因为银行可以寄希望于随着经济形势的好转，客户的商务活动增多，从而使他们有能力偿还借款。这样做，不仅能够防止坏账的勾销，又能保存客户未来的发展潜力。而如果银行不支持借债人的话，则有可能导致债务人陷入危机，那么银行需要勾销的借款额比现有的坏账还要多，得到的利润将会更少，或损失更大。

当然，如果银行继续支持出现过财务危机的客户，将意味着银行的信贷敞口加大。如果借款人最终破产，而银行未能提早收回贷款，则银行的坏账会更多。

例 10－4　Alpha 公司向 Epsilon 银行借款 500 万美元，年利率为 14%，利息按季支付。由于 Alpha 公司经营业绩下滑，没有能力按时支付利息，Epsilon 银行同意将应付而未付的利息加到借款中去。

Epsilon 银行借给 Alpha 公司的这笔贷款有可能成为坏账，但是，Epsilon 银行决定向 Alpha 公司施以援手，给予它 3 个月的免息期（即 Alpha 公司不用在这三个月内支付利息），然后将这笔利息共计 17.5 万美元加入到借款中去，这样 Alpha 公司的借款额从 500 万美元增加到 517.5 万美元。

从 Epsilon 银行的报表上反映，在同 Alpha 公司交易中，获得利息收入 17.5 万美元，但是，银行并没有得到实际上的现金收入，这笔利息收入已加入到借款额中。银行的信贷风险从而增加了 17.5 万美元。

（3）信贷风险与利率。

在一定程度上，银行可以通过提高借款人的贷款利息来预防信贷风险。向顾客收取的利息所得可以弥补坏账损失。

例 10－5　中心银行总共提供了 1 亿美元的贷款，它希望在减去冲销的坏账后，每年能够得到 1 000 万美元的利息净收益。

如果银行预期不会出现坏账，那么为了得到每年 1 000 万美元的收益，它只需收取 10%的贷款利率。但是坏账出现的可能性总是存在的，为了弥补这种潜在损失，银行必须提高相应的贷款利率，如表 10－1 所示。

表 10－1　坏账额与利率

单位：百万美元

	坏账额	有效贷款额	要求的净收益	要求的利率收益	利　率
%	（1）		（2）	（1）＋（2）	%
0	0	100	10	10	（10/100＝）10.0
1	1	99	10	11	（11/99＝）11.1
2	2	98	10	12	（12/98＝）12.2
5	5	95	10	15	（15/95＝）15.8
10	10	90	10	20	（20/90＝）22.2

银行为防止信贷风险而提高了利率，因此，客户借款的成本也提高了。

（4）客户面临的风险。

在同银行交易的过程中，客户同样面临着风险。客户可能面对以下一些特殊情况，例如，国际商业信贷银行(Bank of Credit and Commerce International，BCCI)和巴林银行(Barings)的全面崩溃导致的信用风险。此外，银行自身的金融危机也能造成顾客存款的损失。

更常见的风险是，客户时刻面临着贷款银行借贷政策的变动。公司向银行借贷，就不得不承担一些风险。这些风险大概可以归为以下几种情况：

① 银行将根据借款人的信用评级决定向客户收取的利率大小；

② 银行有可能降低客户的借款限额，通过降低客户的透支额度，银行可能会迫使企业清盘；

③ 现有的借款合同中也可能存在的限制借款人继续借贷的条款；

④ 企业的某个主要合同债款人没有按时偿还所欠的债款，或是企业某个重要项目没有及时启动，致使企业的现金周转陷入暂时的困境，而此时，银行可能拒绝支持该企业，不为其提供延期债务服务。

为了减少这些借款风险，借款人应该使银行相信自己有能力按时支付利息、按时偿还本金。然而，商业经营活动具有不确定性，企业经常会发现自己需要举借更多的债务或者是将现有债务展期。所以，在这种情况下，企业可以通过选择借款银行，并努力增进同银行良好的关系来达到控制借款风险的目的。

第二节 信用风险要素的分析方法

信用风险的度量和估值一般很难准确地予以确定，往往要受到许多意外因素的影响，而且受经济全球化和经济形式的多样化影响，信用风险度量的方法也不断地出现，既有传统的方法，也有运用数学模型的新方法，我们这里主要介绍传统的方法。

一、专家方法

在专家方法下，信贷决策由当地的或分支机构的放款负责人做出。这意味着，在批准信贷的决策中具有最为重要的决定性的是此人的专业技能、主观判断和对某些关键因素的权衡。一名放款负责人有可能考虑的潜在因素和专家方法是无限多的，然而，得到充分理解的最为常见的专家方法之一是信贷的要素分析法。专家对信用因素进行分析，做出主观的权衡，然后得出信贷决策，来回避信用风险。

(1) 品格——对企业声誉的一种度量，考察其偿债意愿和偿债历史。特别地，基于经验证据可知，一家企业的年龄或市场中的口碑是其偿债声誉的良好替代指标。

(2) 资本——所有者的股权投入及其对债务的比率(杠杆性)。这些被视为预示破产可能性的良好指标,高财务杠杆性意味着比低财务杠杆性更高的破产概率。

(3) 偿付能力——还款能力,反映借款者收益的易变性。如果按照债务合约还款以现金流不变的方式进行下去,而收益是不稳定的(或有一个高的标准差),那么,就可能会有一些时期,企业偿还债权的能力受到抑制。

(4) 抵押品——如果发生违约,银行家对于借款人抵押的物品拥有要求权。这一要求权的优先性越好,则相关抵押品的市场价值就越高,贷款的风险损失就越低。

(5) 周期的(或经济的)形势——商业周期的状态,是决定信用风险损失的一项重要因素,特别是对于那些受周期决定和影响的产业而言。比如说,耐用品部门就比非耐用品部门更倾向于受到周期的影响。类似地,暴露于国际竞争形势之下的产业也倾向于对周期比较敏感。在美国按照行业分析证信所破产数据(包括均值和方差)时发现,美国产业破产比率在商业周期期间有着某种相当引人注目的差别。

除要素分析法之外,专家可能还会考虑利率水平。经济理论中已广为人知的观点之一是,利率水平与贷款的预期收益之间的关系是高度非线性的。在利率处于"低"水平时,提高利率会使预期收益增加。然而,在利率处于"高"水平时,利率的增加也可能降低贷款收益。高贷款利率与贷款预期收益之间存在这一反向关系是由于存在两种效应:① 逆向选择;② 风险转嫁。如果贷款利率超过某一点,好的借款人就会退出贷款市场,而宁愿选择为其投资项目自我融资(逆向选择)。剩下的借款人,也就是那些处境危险而又只有较少债务和股权的借款人,有动力转向更有风险性的项目(风险转嫁)。在好的情况下,他们能够向银行还款,而如果境况转坏并发生违约,那么他们自己在最后阶段的损失也有限。

尽管许多银行或企业仍然在其信贷决策过程中使用专家方法,但是这些方法面临两个重要问题:

① 一致性:哪些是分析不同类型借款人的重要的共同因素?

② 主观性:运用于被选择的因素的最优权重是什么?

可能的情形是,如果专家做出这样的选择,专家用在要素分析法上的主观权重有可能依借款人不同而变化。但这会使得欲对专家的决策进行监控的个人以及其他大多数专家难以对该专家做出的分级排序和决策进行比较。结果是,在任何一家银行或金融机构内部,对于类型相似的借款者,不同的信贷负责人可以运用完全不同的标准。有观点认为，贷款委员会或多级别签字授权是避免这类一致性问题的关键机制。但是，还不清楚他们在实践中实施的共同标准能够在多大程度上有效。

二、评级方法

最早的贷款评级方法之一是美国货币监理署（OCC）开发的。美国（和国外）的监管者和银行家采用这一方法评估贷款损失准备金的充分性。OCC 的评级方法将现有贷款组合归入五类：四类低质量级别的，一类高质量级别的。在下面清单中，所要求的损失准备金列在每一类型旁边。

损失准备

低质量级别：

特别关注的其他资产（OAEM）	0%
未达到标准的资产	20%
可疑资产	50%
损失资产	100%

高质量级别：

合格/可履约	0%

多年以来，银行家已经扩展了 OCC 的评级方法，开发出内部评级方法。更细致地进一步划分合格/可履约贷款的评级类别。比如，在任何给定的时刻，一些合格的或可履约的贷款总是有可能发生违约，所以应该针对这些贷款持有一些准备金，即使很低（如 0.2%）。目前，据估计，美国的银行持股公司的大约 60%已经开发了贷款的内部评级方法，分为 1～9 或 1～10 个级别。排名在前 50 名的银行也是这样。贷款的 1～10 级评级方法的举例及其与债券评级的对应如表 10－2 所示。

表 10－2　贷款评级方法举例及其与债券评级的对应

债券评级	贷款级别	风险程度	描　述
AAA	1	最少	商业信用极佳，资产质量优等，杰出的债务偿付能力和偿还率，公司是市场的领导者，并且已经进入资本市场。
AA	2	温和	商业信用很好，资产质量和流动性很好，强有力的债务偿还能力和偿还率，各方面的财务状况管理很好。公司在该行业得到高度尊重，有巨大的市场份额。

续 表

债券评级	贷款级别	风险程度	描　述
A	3	平均（中等）	商业信用中等，位于正常的信贷标准内；资产质量和流动性令人满意，良好的债务偿还能力和偿还率；在所有关键方面管理良好。公司在业内的规模和财务状况处于中等水平。
BBB	4	可接受	商业信用可以接受，但是超过平均的风险水平；资产质量可以接受，稍微过度的流动性，温和的债务偿付能力。可能有高度的或充分的杠杆作用。要求放款人给予高于平均水平的监督和关注。公司可能没有实力经受住重大挫折。由于管制的约束，贷款是有高度杠杆作用的交易。
BB	5	可接受但要予以关注	商业信用可以接受，但是有相当高的风险；资产质量可以接受，更小的和/或更欠分散化的资产基础，很少的流动性，有限的债务偿还能力。贷款条件按照确保充分保险的要求加以组织。可能具有高度或充分的杠杆作用。公司规模可能低于平均水平，或者可能是较低等级的竞争者。要求放款者给予重点监督和关注。公司可能没有实力经受住重大挫折。由于债款人的财务状况，贷款是有高度杠杆作用的交易。
B	6	管理性关注	信用状况被列入监督名单；资产质量大体说来可以接受，流动性有一定程度的紧张，充分的杠杆作用。管理上存在一定弱点。要求放款人给予持续的监督和关注。
CCC	7	特别关注（OAEM）	商业信用位于可接受的边缘，具有一定的脆弱性。一般地，不理想的日常业务造成了过分的和没有保证的信用风险，但尚未达到可划入不合规格类型的程度。尽管资产在当前得到保护，但是这种保护可能是脆弱的。还不能预计本金或利息的损失。潜在的弱点可能包括某种正在弱化的财务状况；某种不现实的还款计划；不充分的资金来源；或者缺少充分的抵押品、信用方面的信息活证明。公司普普通通并不突出。

续 表

债券评级	贷款级别	风险程度	描　述
CC/C	8	未达到标准	商业信用无法接受，存在无法正常偿付的危险。尽管还不能预计本金或利息的损失，但是，确定无疑的脆弱性会损害债务的回收。现有的合理的净值、债务人的偿还能力或抵押品并未使资产得到充分的保护。也许已经存在部分利息损失。
CC/C	9	可疑	偿还能力大有问题。现存问题的严重程度已到达可能损失部分本金的程度。脆弱性已十分明显，以至于基于现有信息、形势和估价，全部回收款项的希望已经十分渺茫。
D	10	损失	预期会发生总体上的损失。存在某种不可回收的资产，或这类价值低微的资产已无法正当合理地被归入有活力的资产一类。然而，这类资产也许还有可收回的价值或残值，但是又达不到应该延迟销账的程度，即使将来部分回收款项的事情可能发生。

OCC 的合格级别被分为 6 个不同的类别（1～6 级）。第 7～10 级对应于 OCC 的 4 种低质量贷款的评级。这些贷款评级方法与债券评级方法并不精确地相互对应，特别是在低质量一端更是如此。一个原因是贷款评级方法应该评估个别贷款（包括其合约和抵押品支持），而债券评级方法更倾向于对债务人整体进行评估。在债券评级与贷款评级之间缺少一一对应这一点表明，那些更新的依赖于债券数据（价差、转移矩阵及其他）的模型在估值和为贷款定价方面具有优势。

在这一走向更精细的贷款内部评级的趋势之下，与 OCC 的管制模型相比较，美国联邦储备体系特别工作组报告（1998）和 Mingo（1998）尝试性地支持使用一种以评级为基础的内部模型方法作为 OCC 模型的替代，以计算防范意外损失的资本准备金，以及计算防范预期贷款损失的贷款损失准备金。举例来说，在内部评级的每一级别（1～10）使用贷款的未清偿美元价值，银行就可以按照下式计算其防范意外贷款损失的资本金要求：

资本金要求＝[位于评级级别i中的总贷款×0.2%]

+

·

·

·

+

[位于评级级别10中的总贷款×100%]

对于评级级别1规定0.2%这一系列只是提示意外损失的比率，它应该基于历史上级别1的一种贷款在下一年度变成级别10(即发生损失)的损失概率加以确定。然而这里仍然存在一个重要问题。与以风险为基础的资本比率8%相似，没有考虑贷款组合的多样化。每一评级级别的信用风险只是叠加以求出总的(以货币单位计算的)资本金要求。

Fadil(1997)提出了内部评级的第二种相关的应用，以分配到每一种评级级别的贷款为基础计算加权平均的风险评级(WARR)：

$$WARR = \sum_{i=1}^{n} r_i \cdot e_i \Big/ \sum_{i=1}^{n} e_i^*$$

式中：r_i —— 风险评级级别($i = 1, \cdots, n$)；

e_i —— 该级别的贷款暴露(损失)。

Fadil(1997)主张使用基于每一级别意外损失的比例进行加权的方法。可以使用有关模型计算出每一评级级别的典型贷款的"意外损失比率"，然后运用这些损失比率作为计算一家银行的总的WARR的适合的加权权重。应该长期对WARR进行跟踪记录，并且与同类银行进行比较。

三、信用评分方法

实际上，在从消费信贷到商业贷款的各类信用分析中都可以发现信用评分方法。思路在本质上相同的：事先确认某些决定违约(与偿还款项相反的行为)概率的关键因素，然后将它们加以联合考虑或加权计算得出一个数量化的分数。在某些情况下，这一分数可以按字面意义解释为违约概率；在另一些情况下，这一分数可以被用作一种分类方法：根据一个分数或一个关键点把潜在的借款人要么放到好的一组，要么放到坏的一组。

由于我们关注信用风险度量的更为新近的模型，所以，用这类模型中的一个简单的例子就足以大致说明这些新模型所提出的观点了。

考虑Altman(1968)的Z值模型(Z-score model)，这是一种将公司借款人分类的模型(但也可以被用于获得违约概率的预测值)。基于倒闭的和有清偿能力的厂商的相应的样本(据年规模和产业),并且运用线性函数判别式分析,对于商业银行贷款的最合适的评分模型有如下形式:

$$Z = 1.2\,X_1 + 1.4\,X_2 + 3.3\,X_3 + 0.6\,X_4 + 1.0\,X_5$$

式中:X_1—— 营运资本/总资产比率;

X_2—— 留存盈余/总资产比率;

X_3—— 利息和税收之前的收益/总资产比率;

X_4—— 股权的市场价值/总负债的账面价值比率;

X_5—— 销售额/总资产比率。

信贷负责人在使用该模型时,如果某公司借款人的各项财务比率(各个 X_i)在用 Z 函数中估计的系数加权计算之后得到的 Z 值低于一个临界值(在 Altman 最初的研究中为 1.81),那么,该公司就会归入"坏"的一类,银行就会拒绝对其贷款。

这里有许多问题需要提出。第一,这一模型是线性的,但是破产的路径可能是高度非线性的(各个 X_i 之间的关系也可能是非线性的);第二,在杠杆比率中,除了股权的市场价值一项之外,该模型基本上以财务比率为基础。在多数国家,财务数据只是在不连续的一段时间间隔之后(如每季度)才会披露,并且通常以历史或账面价值的会计原则为基础。还可以质疑的是,这类模型是否可以选取一个其情形正在迅速恶化的厂商(比如在近来的亚洲金融危机之中的厂商)。甚至,随着世界变得更加复杂和具有竞争性,简单的 Z 值模型的预测能力可能会受到损害。巴西是一个好例子。在 20 世纪 70 年代中期使用 Z 值模型时,该模型的表现相当好。它甚至可以在破产之前两到三年预见到违约(Altman, Baiday Diss,1997)。然而,最近以来,随着巴西经济变得更加开放,甚至在低通货膨胀和经济更加稳定的情形之下,这类模型的表现却越来越不好(Sanvicent 和 Bader,1996)。

有争论的是,近来对于非线性方法的应用,比如将神经中枢网路系统应用于信用风险分析,让人看到改进老旧过时的信用记分模型的良好前景。与其假设变量 X_i 对于 Z(即信用分值)只有一种线性的和直接的影响,或者用神经系统的语言,假设输入层对输出层只有一种线性的和直接的影响,不如通过考虑 X_i 之间的复杂关系或相关作用(其中的许多关系都是非线性的)来增强解释能力。比如说,Altman 的 Z 值模型中 5 个变量可以加上一个进一步的解释变量,如 X_1 和 X_2 的某些非线性转换的加总。沿着这一方向发展 Altman 的 Z 值模型的一个好例子是由 Coates and Fant(1993)给出的。用神经系统的术语,变量 X_i 之间的复杂的关系构成了一个“隐蔽的层次”，一旦用上它，就可以改善模型的拟合性，并且减少第一类错误和第二类错误。

然而，神经系统给金融经济学家提出了许多问题。应该将多少隐蔽的关系包括进来？用神经系统的语言，这种尝试应该什么时候停下来？完全有可能的是，一个包括变量 X_i 的 N 次非线性转换之和的庞大的神经系统能够将贷款的历史数据库的第一类错误和第二类错误减少到零。然而，众所周知，这会引起“过分拟合”的问题：一个在样本之内很有解释能力的模型可能在样本以外进行预测时却表现极差。更一般地问题是：什么时候停止增加变量——余下的错误什么时候能够被减少到10%，5%或更少？一度被认为可以使预测错误达到整体最小的做法，结果却有可能只达到局部最小。最后，经济含义的问题可能是让金融经济学家最费心神的事情。举例来说，杠杆比率和销售对总资产比率的一种指数形式转换之和的经济含义是什么？

第三节　信用风险的控制

一、对待风险的态度

1. 谁承受信用风险

银行所面临的信用风险除受贷款人还本付息总额的影响外，还受贷款人因互换、信用证、履约担保及远期利率协议等业务所形成的债务影响。而一般企业所面临的拒付或迟付的信用风险，主要是由于在商品或服务的销售过程中为顾客提供了商业信用。

当然，企业在与银行的业务往来中也承担了一定的信用风险。

如果现金过剩的企业将其多余的现金存入银行，企业就面临着因银行倒闭清算所可能引致的大量存款损失的风险。而在同一家银行拥有过多的存款也会面临较大的利率风险。因为银行对于老顾客再存款时所提供的利率肯定要比另一家银行为了争取新存款所提供的利率低。

信用风险的大小是指一旦风险成为现实，拒付或迟付债款所导致的损失的大小。其最大值为债务人拒付时的全部损失。对于商业债务，拒付债款意味着商业信用款项的全额损失；而对于银行贷款，坏账则意味着尚未收回的本金及逾期未付的利息损失(参见图10-5)。

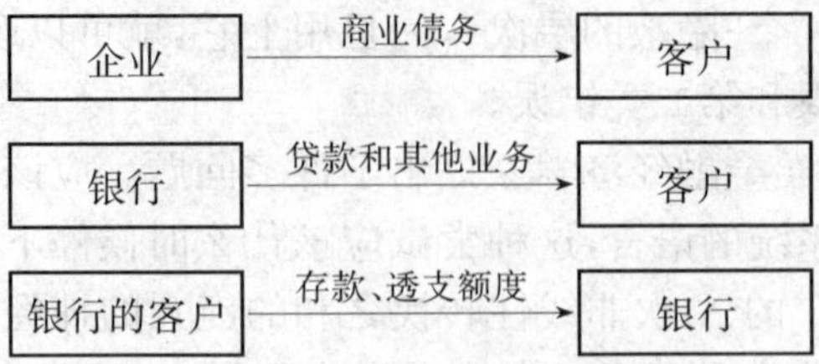

图 10-5　信用风险的大小及持续期

在极特殊的情况下，某一个客户给企业带来的坏账会迫使该企业破产清算。当然，这往往是因为该笔坏账的数额巨大，企业正指望利用这笔债务去偿付其他的债务或银行贷款。

在现实生活中，坏账并不意味着全额的损失。债权人一般可通过对债务人资产的清算收回部分损失，但值得注意的是，无担保的债权需要等待极长的时间才可能收回这部分损失。

与坏账不同，逾期付款不会造成直接的损失，但它会带来一定的间接损失，即对债务人提供融资的逾期债款利息成本。它可理解为债款按时收回后存入银行所获利息收入的损失。

例 10-6　Beta 公司出售了 600 万美元的商品和劳务给 Gamma 公司，双方约定 Gamma 公司每月付费 50 万美元，付款时间为 Beta 公司发货后的 30 天内。但实际上，Gamma 公司总在 Beta 公司发货后 2 个月后才能结账，而同时，Beta 公司欠着一笔年息为 12%的借款。

由于 Gamma 公司总比原计划延长 1 个月才能付款，所以实际上 Beta 公司总比原计划少收 50 万美元，这就意味着 Beta 公司额外借给 Gamma 公司 50 万美元。可见，Beta 公司因此而多付的利息费用为每年 6 万美元（$12\% \times 500\,000$）。

2. 风险和收益关系

当一家企业拥有 100 万美元的应收账款或一家银行发放了 10 亿美元的贷款时，理论上其潜在的信用风险至少是这笔应收账款或贷款本身。而现实生活中无法收回的债款毕竟是少数的，绝大部分债务人都会如数还债，因此，信用风险所致的损失往往只是小部分的坏账，以及比例相对大一些的逾期债款的利息损失。

信用管理者在进行风险管理时，主要考虑的应是边际客户所带来的坏账风险以及逾期债款的潜在成本。

企业往往通过提供优惠的商业信用条件来提高其营业额，并从新增的营业额中获取更多的利润。但与此同时，这种以优惠的信用条件换取的营业额隐藏着更大的信用风险，时时威胁着企业的经营活动。同样，银行也可以通过这种方式扩大其贷款总额，但这些新增的客户与原有的老客户相比，可能存在更大的信用风险。

经济的低迷同样会导致坏账的增加。经济衰退时，银行收不回的商业贷款和抵押贷款会明显增多，这就说明经济形势一旦朝不好的方向发展，必然会导致银行贷款的呆账比率升高、损失惊人，许多拖欠款项最终只能划为坏账处理。

尽管人们都已经意识到边际信贷或商业信用面临着极高的风险，但在竞争如此激烈的环境下，银行和企业不得不为了获取更多的利润去承担这种风险。企业必须通过提供这种信用去争取更多的销售额，而银行提供贷款本身就是创造利润的过程。

有些风险其实是不可避免的，因为没有风险就没有收益。在实际业务中，对于某些风险较高的贷款，银行往往会通过提高其贷款利率，作为对自己承担高风险的一种补偿。

不过，在处理这些高风险的业务时，决策者需要在风险和收益间做出正确的判断。他们要考虑是否要为潜在的高收益承担更多的风险，或承担如此风险是否会导致较高的潜在损失。

信用管理的目标应是控制信用风险水平，在预定范围内的销售或贷款，其风险都是可承受的。许多银行和企业通过建立一套完整的风险评估系统，可以在授信前对每笔业务的风险进行评判，对风险过高的授信申请给予拒绝。而且，对于已经发生的业务，该系统可以随时监控客户的信用状况，一旦客户出现类似可能逾期欠款的不良迹象，它可以发出早期预警。当然，还可以建立一套严格的债款回收程序。

二、信用风险的控制

1. 信用风险的预警信号

信用管理的一个主要任务就是及时发现高风险客户。许多银行对于坏账的起因主要存在于经济强势时期还存有争议，实际上，多数公司在宏观经济强势时期具有较好的盈利能力，而且发展前景看好，因此它们积极通过银行贷款扩大其业务。银行也因当前良好的盈利状况而看好其未来的发展，并愿意为其提供贷款。一旦经济出现滑坡，公司的经营状况就会发生逆转，利润萎缩，正常的还本付息也就会变得极为困难。此时，款已贷出，银行不得不面临坏账的现实。因此，对于银行来说，一个重要的任务就是在经济繁荣时期准确地判断出一旦企业业务滑坡或增长缓慢是否会带来过高的信用风险。

相反，当经济处于衰退的底部时，银行做出的贷款决定面临的风险就小得多。一个在经济萧条时期尚能盈利的企业，一旦经济情况好转，其经营状况自然会更好。因此，在经济萧条时期做出的贷款决定所面临的风险自然比经济繁荣时期的小一些。

某银行家曾对此做过形象的比喻。他说，在经济繁荣时期播下信用风险的种子，在经济萧条时期只能收割到坏账的恶果。

对于坏账发生的缘由和授信决定是否正确，信用管理人员和银行家往往有自己的看法。坏账的发生，可能是由于一些可预知或不可预知的原因使得贷款人的经营状况发生逆转造成的，也可能是由于银行授信过程的控制不力造成的。

以下是造成银行做出错误贷款决定的最常见原因：

(1) 借款人的过度交易；

(2) 对借款人不利的交易；

(3) 借款人经营中的现金流入不敷出；

(4) 借款人承担了过多的资本承付款项；

(5) 贷款人不当的信用分析；

(6) 借款人通过寻机性会计处理，掩盖其真实的财务状况；

(7) 借款人的欺骗行为。

当银行做出贷款决定后，前三种情况所存在的问题就会在借款人经营环境变化的过程中显露出来。即便如此，它们的信用风险预警信号也能够在较早的时候被发现。

第四种情况往往出现得比较突然，对于贷款银行而言，难以把握其预警信号。后三种情况并不是借款人的业务状况发生变化造成的，而主要是银行不当的贷款决策造成的。

2. 过度交易

顾名思义，过度交易就是企业过度伸延其资源，用过少的资本金去承担过多的业务量所造成的。过度交易的一个典型征兆是企业为保持一个较高的存货水平和支付债款，越来越多地使用商业信用或银行贷款。不断增加短期信贷、延长还款与纳税期限以及扩大信贷规模，这些终将会导致企业面临现金流危机，其结果是债权人要求立即还款、银行要求收回贷款。

3. 不利交易

交易成本可分为固定成本和可变成本两种。在某一时间内，不管业务量如何变化，每月或每年的固定成本基本保持在一个相对稳定的水平。相反，可变成本是指那些随着交易额的上升而上升、下降而下降的成本支出。

固定成本相对较高的企业，当其交易总额上升时能获得较大的利润，而当其交易额下降时，也容易因此而受影响。当其交易额下降时，由于固定成本仍然保持在一个相对较高的水平，必然导致企业利润和净现金流量的减少。因此，若企业的固定成本相对较高，且处于一个交易额变化较大的市场中，它就存在较高的潜在信用风险。

例 10－7 Delta 公司每年的固定支出约为 350 万美元，其可变成本约为全年营业额的 10%。目前，该公司每年的营业额为 400 万美元。

如表 10－3 所示，Delta 公司目前仍有盈利，但与可变成本相比，其固定成本相对较高。

表 10－3

	美　　元	所占收入比率(%)
固定成本	3 500 000	87.5
可变成本(400 万的 10%)	400 000	10.0
总成本	3 900 000	97.5
利润	100 000	2.5
销售额	4 000 000	100.0

可见，Delta 公司每增加 1 美元的销售额，其利润将增加 90 美分，因为可变成本仅为 10 美分。同样，其销售额每减少 1 美元，其利润也会相应减少 90 美分。

因此，在现有条件下，若 Delta 公司的销售额出现下滑，则其状况不容乐观。如果该公司销售额下降 10%，变为每年 360 万美元，公司将会出现亏损。如表 10－4所示。

表 10－4　　　　单位：美元

固 定 成 本	3 500 000
可变成本(360 万美元的 10%)	360 000
总　成　本	3 860 000
销　售　额	3 600 000
亏　　　损	(260 000)

而 Delta 公司提供信用的风险大小取决于其销售额的大小。若该公司的销售额上下波动较大，则其信用风险也会相对较高。

4. 流动性危机

企业有时会因为不可预知的原因而造成收入急剧减少或支出骤然增加。就拿食品生产企业来说，若市场上出现某食品有毒或对人体具有某种伤害的传言时，与之相关的食品销量就会锐减，企业的销售额也会急剧减少。超市也会停止储存、销售该类商品而转向其他替代品。这种情况虽然可能只是短期的，但往往会导致企业现金周转困难。银行一般无法准确地判断企业的财务状况，但可以通过判断企业是否具有充足的流动性资本或融资渠道来确定其解决流动性困难的能力。

5. 过多的资本承付款项

企业可能会承担过多的资本承付款项而大量增加开支。如果企业不能兑现其承诺，将面临破产的危险。贷款银行可能无法直接监督企业的额外支出，但可通过企业最近对外公布的报表，了解企业的资本支出情况。

6. 不当信用分析

导致银行做出错误的贷款决定，一般不是因为贷款企业的经营环境发生了变化，而是由于贷款企业在一开始就拥有较高的信用风险。因此，银行最初的贷款决定很可能就是一个错误的决定。以现有的信息作为贷款决策的基础可能会带来一定的风险，但通过建立一套系统化的工作程序并对员工进行系统培训，可大大降低该风险发生的频率。

7. 寻机性会计处理

寻机性会计处理是指企业利用现有的会计准则，对企业的财务报表进行加工，以误导公众、扭曲企业的财务状况。通过这种处理，企业的利润可能会显得更高、资产更充足、债务有可能不会在资产负债表中表现出来。例如，固定资产中的利息支出资本化和将开发成本变为固定资产而不从年度利润中进行冲抵，将各种成本冲抵利润储备而不计入当年损益。

对于信用管理人员来说，及时发现企业的这种寻机性会计处理是极为重要的。合格的信用管理人员应熟悉这些会计处理方法，并应掌握及时发现这些处理方法的特征所在。

如果某一坏账的发生是由于企业事先采取了这种寻机性的会计处理技术，那么，该信用的提供者也要承担一定的责任。

8. 债务人的品质

有时，债务人会通过故意制造坏账来欺骗债权人。债权人需要警惕这种可能性，尽力从客观信息中判断债务人的品质。

9. 信用风险评估方法

(1) 评估的资源。

信用评估的信息可以从外部的专业信用评估机构那里获得，也可以依靠自己的审计人员进行内部评估。

许多大的公司、银行、政府以及政府机构现存的债务都有各自的信用评级。评级通常是由穆迪(Moody's)、标准普尔(Standard & Poor's)和惠誉(IBCA)这样的专业机构完成的。根据企业评级结果，银行可以决定对该企业的贷款使用何种等级的贷款利率。例如，一个信用等级较低的企业的贷款利率会比较高。

企业可以利用银行评级来决定它们在各银行的存款额度。

信用评级只适用于大型的组织。小型企业的信用信息可以通过各种途径获得,例如信用咨询机构。这类机构会收取一些费用,但却提供了有用而且经济的服务。其他外部评估,如由该企业的服务银行所提供的参考信息,则可能在详细程度和可靠性方面稍显逊色。

依靠自身力量进行的信用分析(我们姑且称作内部评估),使用的基本评估方法与外部评级机构类似。信用分析人员可以通过以下方法监测企业或银行的信用状况:

① 收集有关企业和企业经营情况的所有公开披露信息,包括报纸、杂志上的文章和电视报道;

② 对于公开上市的企业,可以监控该企业股票的市场表现;

③ 分析企业的经营风险,在管理、各类资源方面具有的优势和弱势,以及在行业、市场方面面临的机会和威胁;

④ 利用财务报表所提供的信息,分析企业的财务状况。财务分析的基础可以是财务比率分析,也可以是风险评估的评分体系(参见图 10-6)。

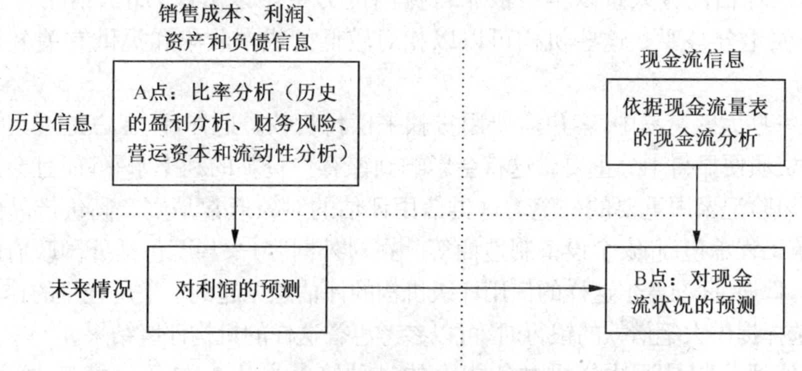

图 10-6　财务比率分析

(2) 财务评估。

对企业财务状况的评估,其分析基础通常是来源于年度报告的历史会计信息。这类信息主要是企业的利润表、与资产和负债有关的资产负债表。而信用分析人员则主要关注企业按时偿还贷款的可能性有多大。

财务比率分析的不足是利用利润、资产和负债的历史信息来评估将来的现金流状况。在图 10-6 中,分析师从 A 点出发指向 B 点。

在某些情况下,信用分析人员可以综合分析信用风险,来评估是否给予了特定行业或国家的客户过多的信用。因此,这就需要对一定的行业风险或者国家风险进行分析，尽管此类着眼长期风险的分析与投资分析人员（而不是信用分析人员）的关系更直接。

大企业的信用分析人员对银行进行评估时应考虑银行的资本充足性。众所周知，《巴塞尔协议》对银行的资本充足性做了国际性的规定。这些有关资本充足率的规定，可以限制一些银行扩充贷款规模的能力，有时甚至可以迫使银行减少贷款数量。

(3) 外部评估和内部评估的选择。

图 10－6 显示了各种评估方法。究竟何时使用外部评估、何时使用内部评估、这需要看具体的情况，但对于现有的客户，过去的支付危机记录总是最重要的信用依据。

对于独资或合伙企业，没有公开的会计信息可供查询。优良的信用咨询机构的服务可能更适合此类客户。

对于试图使交易信用突破一定限额、有一定规模的公司客户，比较好的办法是以对其公开会计信息的内部评估为主，不用或少用外部评估。内部评估使信用管理者能更好地了解客户的经营状况，并且长期监测企业的发展过程。但是，如果信用评估任务太重以至于依靠自身内部力量难以解决，那么信用咨询机构的服务便十分必要。这些机构可以以相对较低的成本收集和提供有关公司客户的信息。

在一些大宗交易中，客户需要用贷款来偿付货款。这样，该客户是否具备大量借贷的资质便显得十分重要。这将会影响到该客户贷款的利率水平，而且会成为客户信用风险记录中重要的一笔。这类信用评估的对象通常是生产高价产品的制造商、建筑工程承包商、安全设备制造商等。在对外国客户、甚至包括外国政府的信用决策中，穆迪、标准普尔这样的信用评级机构的评估意见起到了举足轻重的作用。同样，在选择提供大笔借款的银行时，可以参考惠誉这样的机构评级结果。

Z 值评分制是评估公司财务能力的一种统计方法。在 Z 值模型中，那些关键的财务比率被赋予不同的权重，利用这些比率可以计算出一个得分。如果一个公司的 Z 值低于一定的水平，那么它将会被认为有很高的潜在信用风险。Z 值评分长期信用的决策中比较有用，特别是对银行的帮助很大。但是银行对 Z 值评分的可靠性常常有自己的看法。它们会或多或少使用 Z 值评分或类似的信用评分模型，但这些可能只是它们对客户进行信用分析的一部分。

(4) 制定信用额度。

单个信用决策应该根据整体信用额度的框架下的个别部门信用限额和公司整体信用限额制定。这个限额应该与组织的信用战略相一致。

在信用政策制定方面，影响信用额度的因素包括：

① 坏账风险的整体比例。若风险很高，信用额度应该减少。

② 公司能承担的整体信用额度（或风险）。要在以下三者中保持平衡：从额外信用销售或者贷款中获取的潜在收益（从银行的角度）、坏账成本以及投资于额外的资本利息。

③ 现有债务。在制定方针时必须考虑现有状况。

④ 国家风险和行业风险，以及为信用设定国家额度和行业额度的有利条件。

⑤ 平均目标信用期限。

目标信用期限大多数是按照目前行业标准来制定的。如果一个公司期望得到1 200万美元的年销售额（以赊销的方式），行业标准是提供1个月的信用，那么该公司可以设定一个大约为100万美元的整体信用额度（1/12 ×12 000 000）。

最大的赊销额可以表示为一笔数目明确的资金或销售额的百分比。其上限会根据行业特性以及过去所提供的信用而变动。

公司制定的整体信用额度大多不超过前2个月销售额的80%。这个方针将以1.6个月（2×80%）的日平均赊销额为基础制定信用额度。信用期与客户的平均信用期限大致相当。这样可以监控信用额度。如果超过额度，信用经理需要说明，为了使整体信用额降到限额以内，他采取了什么措施以及为什么要采取这些措施。

例 10－8 Alpha公司是一家拥有三个生产部门的公司。信用决策是由地方管理部门制定的。Alpha公司的董事会决定公司全部客户的信用不得超过700万美元，每个部门的额度如下分配（参见表10－5）。

表 10－5 信用额度 单位：美元

部 门 1	3 000 000	
部 门 2	2 500 000	8 000 000
部 门 3	2 500 000	
公司整体	7 000 000	

三个单独部门加起来总共的信用额度是800万美元。它超过了Alpha公司整体信用额度100万美元。这并不是数学错误。

大概Alpha公司的董事认为由于商业的季节性，单独部门的额度总共是800万美元，和整个公司的限额700万美元并不矛盾。

然而，部门管理应该在全部授信额接近或超过限额时做出报告，指出正在采取的信用限额控制措施。

(5) 为什么需要整体信用限额。

整体信用额度的制定源自几方面的需要。应收账款代表着尚未偿付的销售额,但由于企业必须进行各种各样的支出,因此企业需要为其应收账款进行筹资。这些资金可以通过以下两种方法之一来筹集:

① 获得短期信用,主要由供应商提供或者从银行透支;

② 增加长期资金。

如果企业应收账款的增加由增加短期借款来弥补,这将会影响到企业资金的流动性,还会影响到企业在银行和供应商那里的信用评级。

如果企业应收账款的增加是由增加长期借款来弥补的,则资本得不到有效的利用。这会影响到企业每股收益以及资本回报率。

设定总的信用额度时,可以参考应收账款挂账期。应收账款挂账期代表的是销售额未被偿付的平均期限。另外,平均未结清销售额这一术语也常被用到。企业可以规定客户采用的平均信用期间不得超过一定的长度。例如,如果整体信用额度是营业额的 15%,这意味着平均应收账款挂账期不得超过 55 天(15%×365)。这种限额的指定给信用管理加上了严格的规定。

提供信用是有成本的,这种成本应该在计算收益或制定销售价格时就被确定。如果一家公司一般允许客户获得 2 个月的信用,利息成本是 12%,信用成本将使销售成本增加 2%(2/12×12%),这必将减少公司的净利润。这种成本是相当巨大的。

(6) 信用监控。

必须对信用进行持续的监控。

① 必须追缴被拖延的欠款,这是常规的信用管理工作。

② 应该根据个别客户的支付记录对他们的信用评级和信用额度进行再评估。

③ 在某些时候,可能要做出取消一笔已经不可能得到的贷款的决定,或者通过司法体系起诉客户。企业的坏账记录应用作日常信用政策评估的根据。

不同的公司和不同的银行有不同的客户信用监控报告。监督个别客户最常用的报告是逾期应收账款的报告。它是一张欠款客户的名单,上面列出了所欠的数额和欠款的时间。

报告的格式可以有很大的不同。一些报告根据信用是否逾期或者逾期多久列出了信用条款和所欠数额。其他报告通过显示从发票日起的时间长度,简单地列出未付金额。

报告可以有注释栏,以记录为收回逾期应收账款所采取的行动。

如果个别客户超过了他的信用限额,信用经理需要先对问题加以整理,然后向高一级的管理者解释超额的原因以及过程。

下面是一份专为逾期客户编制的应收账款的报告(参见表 10－6、表 10－7)。

表 10－6　应收账款

Gamma 公司

数据日期：1999 年 4 月 30 日　　　　报告编写日：1999 年 5 月 6 日　　　(单位：美元)

编　号	客　户	全　部	现　额	1月	2月	3月	4月	注释
465	Able	3 955.93	0.00	3 955.93	0.00	0.00	0.00	*
733	Baker	13 484.45	376.45	2 020.57	0.00	11 087.43	0.00	
216	Delta	13 130.27	13 130.27	0.00	0.00	0.00	0.00	
156	Echo	11 004.63	1 004.63	8 000.00	2 000.0	0.00	0.00	
231	Foxtrot	5 914.37	2 914.37	0.00	3 000.00	0.00	0.00	
204	Indigo	2 408.75	2 408.75	0.00	0.00	0.00	0.00	
254	Tango	5 041.00	0.00	0.00	0.00	0.00	5 041.00	*
113	Victor	2 347.45	1 587.45	760.00	0.00	0.00	0.00	
总共未付		57 286.85	21 421.92	14 736.50	5 000.00	11 087.43	5 041.00	

*1 要求客户 4 月 29 日付款,客户许诺在 5 月 4 日付款。

*2 准备进入司法诉讼程序。

表 10－7　逾期应收账款的特殊报告

5 个最大的逾期账户,逾期超过 30 天

逾期账户

单位：美元

客户名称	前 12 个月销售	全部应收款	31～60 天	61～90 天	90～120 天	大于 120 天	信用额度
Saturn	60 000	35 000	8 000	12 000	9 000	6 000	30 000
Mercury	8 000	6 000		6 000			6 000
Neptune	12 000	6 000	3 000		3 000		7 000
Orion	5 000	5 000				5 000	5 000
Pluto	25 000	15 000		5 000		10 000	16 000

注释：为什么会过期？采取的行动：延长信用的根据

a) Saturn　长期客户。1 个月以前与客户协商之后给予 8 000 美元的信用。已向该客户催收 1.5 万美元的款项。

b) Mercury　信用限额下的客户。正重估其信用评级。预计其在 7 日内付款。

c) Neptune　预计短期内支付 3 000 美元。

d) Orion　诉诸法律。

e) Pluto　1 个月前报告其有严重的财务问题,可能会坏账。

对于那些支付货款特别晚的客户，可能需要重新评估其信用限额。公司会提前通知客户这些变动。与大客户做交易时，信用部门经理会在做出减少信用额的决定之前与客户讨论付款的问题。

(7) 控制整体信用额度。

整体信用额度、个别信用额度以及支付记录，都应受到连续的监控。如上所述，逾期应收账款名单和异常情况的报告，可以为管理信用的经理提供控制信息。高层经理也将收到定期报告，并检查整体信用额度政策的执行情况。

信用使用报告可以显示客户使用他们的信用限额的情况，见表10-8。

表 10-8 信用使用报告 单位：千美元

客 户	限 额	已 用	差 额	注 释
XYZ	100	6	94	
ABC	50	45	5	
DEF	120	95	25	
NOP	30	32	−2	董事会 3 月 16 日批准
共 计	300	178		
使用率	59.3%			

信用使用情况报告可以用于确定那些希望很快再得到信用的客户，同时也可以表明公司的整体信用限额方针能否成为赊销的一种约束。例如，信用使用了 90%，表明许多客户已经达到或者接近他们的信用额度，暗示公司的信用政策非常严格。

另外，坏账记录也应该被监督。如果坏账比预算要多，则应该做出相应的紧缩信用的决定——给予更少的信用、更积极地追索应收账款等，或者决定接受更高水平的坏账，作为得到更高销量和利润的必要代价。

如果坏账记录很少，管理者可以提高信用限额，以获得更多的销量。

例 10-9 可以在一国内根据行业分析信用使用情况，或者在一种行业内依各国进行分析，如表 10-9 所示。

表 10－9　12 月 31 日应收账款的分析

行业	目前信用使用量（千美元）	占全部信用额的百分比（%）	年销售量（百万美元）	占全部销售额的百分比（%）
房地产	9 480	25.0	140.2	18.4
建　筑	7 640	20.2	140.1	18.4
工程业	4 350	11.5	112.6	14.8
电　器	4 000	10.6	83.7	11.8
电子产品	2 170	5.7	49.2	6.5
交　通	3 230	8.5	79.9	10.5
化工塑料	1 860	4.9	43.3	5.7
汽车飞机行业	5 170	13.6	105.8	13.9
共　计	37 900	100%	760.6	100%

行业的信用分析显示，在所有行业中，超过 45%的应收账款（大约 1 700 万美元）来自于房地产和建筑业。在公司管理中应该注意到这种行业风险的敞口。

考虑到这些行业的周期性、目前经济状况以及这些客户相对较低的支付率，建筑业和房地产的信用可能过大。这些行业只占企业年销售额的 36.8%，但却占有 45.2%的应收账款。管理层可以考虑是否要减少这种敞口。

企业应该决定是增加这部分的应收账款以保持销售量，还是认定信用风险过高而采取相应措施。

思　考　题

1. 如何认识信用风险？
2. 简述信用风险原因及其双向性的本质。
3. 如何看待集合信用风险？
4. 行业风险对企业影响度如何？
5. 如何看待信用风险的潜在成本？
6. 简述坏账的控制。
7. 试比较传统的信用风险要素分析方法。
8. 试述风险与收益的关系。
9. 信用风险控制的内容有哪些？

后　　记

本书以企业信用管理为中心，收集了国内外信用管理的相关理论及实践经验，系统地论述了信用管理的概念、信用管理的模式以及信用管理的内容，具体包括客户管理、合同管理、赊销管理、担保管理、风险控制等方面的理论知识与操作实务。

本书可以作为从事信用管理的领导及工作人员提高专业水平和管理能力的学习资料，也可作为从事信用评估、资信评级的中介机构及从业人员的培训教材，也可作为社会各界人士、广大企事业单位职工学习和了解社会信用建设的必要性、重要性及信用评价体系的参考资料。

本书由上海市信用评估分析管理师考核办公室组织，上海资信有限公司总裁陈志国教授主持，商务部国际贸易合作研究院信用管理部主任韩家平教授和中国注册资产评估师、高级信用评估分析师、高级会计师李敏教授主编。全书共分十章，其中由张美灵女士编写第一、二章，韩家平先生、蒲小雷先生编写第三章，李敏先生编写四、七、八、九章，杨伟暾先生编写第五章，刘建德先生编写第六章，张纯义先生编写第十章，全书由李敏先生统一定稿。

本书编辑过程中，得到了上海远程教育集团杨平院长、郑国瑞主任的大力支持，以及上海立信天友资信评估有限公司的全力帮助。在此，要特别感谢周厚文副局长亲自担当本书编委主任。同时，对于在本书编辑过程中做了大量资料收集、整理和具体工作的王晰、吴芸表示衷心感谢。此外，对复旦大学出版社为保证本书在短期内顺利、及时地出版所做出的努力，表示衷心感谢。

由于时间仓促和编者的水平原因，书稿中有不当之处，敬请读者指正。

编者

2004 年 5 月

图书在版编目(CIP)数据

企业信用管理/李敏等主编. —上海:复旦大学出版社,2004.7(2015.2 重印)
(上海市紧缺人才系列教材)
ISBN 978-7-309-04027-2

Ⅰ.企… Ⅱ.①李…②张…③韩… Ⅲ.企业管理-信贷管理-教材 Ⅳ.F830.56

中国版本图书馆 CIP 数据核字(2004)第 045757 号

企业信用管理
李 敏 张美灵 韩家平 主编
责任编辑/苏荣刚

复旦大学出版社有限公司出版发行
上海市国权路 579 号 邮编:200433
网址:fupnet@ fudanpress. com http://www. fudanpress. com
门市零售:86-21-65642857 团体订购:86-21-65118853
外埠邮购:86-21-65109143
上海春秋印刷厂

开本 787×960 1/16 印张 17.25 字数 319 千
2004 年第 1 版 2015 年 2 月第 1 版第 13 次印刷
印数 27 601—29 700

ISBN 978-7-309-04027-2/F·874
定价: 35.00 元